# Women Have Always Worked

## A Concise History

# 妇女一直在工作

Alice Kessler-Harris
[美] 爱丽丝·凯斯勒-哈里斯 著　　蔡萌 译　　浙江人民出版社

*Women Have Always Worked: A Concise History*
Copyright © 2018 by Alice Kessler-Harris
Simplified Chinese translation copyright © 2025 by Zhejiang People's Publishing House
All rights reserved.

图书在版编目（CIP）数据

妇女一直在工作 / （美）爱丽丝·凯斯勒-哈里斯
（Alice Kessler-Harris）著 ; 蔡萌译. -- 杭州 : 浙江
人民出版社, 2025. 8. -- ISBN 978-7-213-11880-7

Ⅰ. D441

中国国家版本馆CIP数据核字第2025CS7596号

浙 江 省 版 权 局
著作权合同登记章
图字：11-2023-049

# 妇女一直在工作

Funü Yizhi Zai Gongzuo

[美]爱丽丝·凯斯勒-哈里斯 著　蔡 萌 译

出版发行：浙江人民出版社（杭州市环城北路177号　邮编　310006）
　　　　　市场部电话：(0571)85061682　85176516
责任编辑：周思逸
营销编辑：陈雯怡　张紫懿
责任校对：马　玉
责任印务：程　琳　钱钰佳
封面设计：林　林
电脑制版：杭州兴邦电子印务有限公司
印　　刷：杭州富春印务有限公司
开　　本：880毫米×1230毫米　1/32　　　印　张：10.5
字　　数：215千字　　　　　　　　　　　　插　页：2
版　　次：2025年8月第1版　　　　　　　　印　次：2025年8月第1次印刷
书　　号：ISBN 978-7-213-11880-7
定　　价：68.00元

如发现印装质量问题，影响阅读，请与市场部联系调换。

献给伊洛娜

# 中文版导读

蔡 萌

在20世纪美国妇女史与劳工史研究领域，爱丽丝·凯斯勒-哈里斯（Alice Kessler-Harris）的名字具有标志性意义。她长期任教于哥伦比亚大学历史系以及妇女和性别研究中心，曾担任过美国历史学家组织（OAH）的主席，还曾到访中国多所高校，极富成效地推动了中美史学界的对话与合作。作为当代最具影响力的劳工与妇女史研究专家之一，她在1982年出版的《出门工作：美国工薪妇女史》（*Out to Work: A History of Wage-Earning Women in the United States*）一书被公认为该领域的里程碑式著作。该书系统梳理了美国妇女从事工资劳动的发展历程，因其鲜明的问题意识、开创性的研究视角和多维度的分析框架，至今仍是妇女史领域的必读经典。值得注意的是，在《出门工作：美国工薪妇女史》出版前，凯斯勒-哈里斯就已通过《妇女一直在工作》这部"精简版"通史，构建起其研究妇女工资劳动的核心理论框架。这两部著作在学术理念与研究方法上保持着显著的连贯性和一致性。相较而言，《妇女一直在工作》这部"精简版"通史更有助于我们清晰扼要地把握20世纪七八十年代以来妇女史研究的学术脉络，理解该领域若干经典议题的演进轨迹。

## 家务劳动的价值

《妇女一直在工作》开篇伊始,作者借由霍利斯·布什内尔(Horace Bushnell)的哀叹,精准定位到问题的发轫处:"生产与再生产的割裂"以及"家务劳动的无偿化"。前工业化时代,家庭是一个从事生产性劳动的场所,所有家庭成员共同劳动,共同构成家庭经济的重要组成部分。工业资本主义兴起之后,"生产性劳动"转移到家庭之外,进入了市场,变成了可见的、带薪水的"工作",从而让男性一跃成为家庭收入的最主要来源;保留在家庭之内的是"再生产性劳动",包括家务劳动、养育孩子、照顾病人和老人等,其中最主要的是家务劳动,变成了不可见的、无偿的、妇女专属的任务。

20世纪70年代,海迪·哈特曼(Heidi Hartmann)、艾丽斯·玛丽恩·杨(Iris Marion Young)等马克思主义女权主义者正是从这两点出发,踏上了批判资本主义父权制的旅程。按照她们的解释,资本主义与父权制相互强化,构成了一整套压迫系统,其共谋的逻辑在于:一方面,父权制通过将妇女承担的"再生产性劳动"无偿化和私有化,成功地为资本主义转嫁了劳动力成本;另一方面,资本主义通过将"有酬的生产性劳动"划归市场,将"无酬的再生产性劳动"归于家庭,反过来又强化了父权制的物质基础。

强烈的批判导向，让20世纪七八十年代的绝大多数女权主义文本宛如慷慨激昂的战斗檄文。虽然《妇女一直在工作》的底色也是具有批判意味的，但从字里行间可以明显感受到，作者在极力收敛马克思主义女权主义者身上的那种犀利锋芒，而是试图站在历史的高度，用一种冷静、克制而又不失温度的方式，讲述劳动形式、家庭形象和妇女职责在进入19世纪以后发生了何等剧变，以及家务劳动在其中发挥了何等重要的社会价值。在这一点上，作者与其他马克思主义女权主义者的结论是一致的，认为家务劳动虽然不直接生产产品，却生产并再生产了资本主义所需要的劳动力和社会秩序。因为其一，妇女"开朗热情"，"在家庭中传播幸福"，"负责家庭的平稳有序运转"，为丈夫提供足够的情绪价值和生活服务，保证了他们"生产性劳动"的可持续性；其二，妇女抚养和教育孩子，"既要符合神圣的价值观，也要满足未来在一个不信神的、竞争的世界中谋生的需求"，换句简单的话说就是，妇女通过抚养和教育孩子，在家庭内部实现了资本主义社会关系和文化的内化。

## 妇女的公共参与

早期美国妇女没有政治权利，不代表她们没有参与公共事务的机会和渠道。20世纪七八十年代的妇女史学者在这一问题上积累了丰硕的研究成果。她们认为，美国革命和建国初期的共和主义意识形态强调"母亲"在传承美德、教育未来公民和维系共和国方面的重要意义,从而给妇女的家内行为赋予了丰富的政治意涵。美国内战前,大量妇女在社会的默许甚至鼓励下,投身到治理犯罪、酗酒、卖淫、贫困等社会问题的改革运动中,因为当时人们普遍认为,妇女的某些"专属特质",使得她们在与"道德"有关的改革领域拥有与生俱来的优势和责任。这些妇女史家揭示了一个重要事实,那就是:"妇女的适当领域""专属特质"等传统观念虽然阻碍了妇女获得政治权利和平等,但经过特定的、有弹性的解释后,却能为妇女开辟一条参与公共事务、发挥社会影响力的替代性通道。

本书第四章系统性地整合了20世纪七八十年代妇女史家的研究成果。作者先描述了美国内战前的妇女改革者如何在不逾越"适当领域"的前提下,创造性地参与社会问题的讨论和治理。随后,作者把重点放在19世纪末20世纪初的进步时代,深入剖析了这一时期妇女活动家的策略突破——她们把"适当领域"概念的弹性解释推向极致,让自己的身份从"母亲"跃升到"社会管家",让自己的职责范畴从道德改革拓展到"为整个国家谋福利"。这种战略性的身份重构与职能拓展,为妇女的职业发展开辟出前所未有的广阔空间。进步时代涌现出大量新职业,这些职业是帮助性的、服务性的、福利性的,包括工厂巡视员、童工调查员、护士、办公室文员、人事专员、图书管理员等,成为初入职场的妇女的新选择。大学、研究所、医学院、法学院和各种职业能力培训机构也向妇女敞开了大门。然而,正如作者在第四章末尾所提出的,当"适当领域"

的弹性被拉伸到极致之后，摆在妇女面前的必经之路就是打破关于家庭、母性、美德的传统预设，勇敢地跨出"适当领域"，真正去攻占男性价值观的堡垒——市场。

## 劳动力市场的性别隔离与分层

继"生产与再生产的割裂"与"家务劳动的无偿化"之后，本书把批判资本主义父权制的视线转向劳动力市场，重点讨论劳动力市场的性别隔离与分层。在第三章和第五章中，作者花了大量篇幅来描述妇女进入劳动力市场之后面临的重重困境：她们从事的工作要在社会公认的"妇女的适当领域"之内，要符合社会对她们的期待；她们被迫接受低工资、低技能岗位，因为社会对她们的定位是劳动力市场中的"次级商品""弹性后备军"，她们的收入只能作为家庭的补充，是暂时的、次要的，绝不能成为家庭的支柱；她们大多只能从事护理、教育、服务业等工作，因为这些工作被视为"母职的延伸"，是"妇女的适当领域"；她们在职场晋升中面临"玻璃天花板"，在管理岗位中的人数占比远远低于男性，因为资本主义父权制将权威角色建构为男性特质，而妇女则早早被预设为只能充当"辅助者"。

在本书1981年的初版中，作者讨论的时间跨度有100多年，从18世纪后期工业化最初起步，一直延伸到20世纪70年代。其间，虽然妇女经历了进步时代和民权运动时代的多次赋权,虽然她们在二战期间还曾短暂打破职业隔离,接管男性的工作领域,虽然二战后在经济社会环境、技术革新、家庭规模、生育率等因素的推动下,她们的就业人数迅速攀升、就业机会快速增长,但从1975年的职业结构来看,性别隔离的色彩依然浓厚,妇女集中在文员、服务员、家政工、教师、售货员、打字员、会计、护士、营养师、电话接线员等职业,而这些职业本来就被社会公认是"妇女专属"的。

进步时代的一系列保护性劳工立法,规定了女工的工作时间、最低工资和工作条件,看似改善了女工的处境,然而作者强调指出,其实际效果却是降低了女工的吸引力,使妇女在与男工的竞争中处于劣势。更严重的是,这些只保护女工不保护男工的立法,本质上是把妇女归为一种特殊的劳动力类别,助长了劳动力市场的性别隔离和分层。20世纪70年代紧密出台的一系列公共政策,包括所得税立法、养老保险、失业救济、育儿补贴、单亲家庭补助、儿童福利政策等,其制定的基础都是预设妇女是家庭责任的主体,宣扬"回归家庭"的价值导向。这些深刻的分析,呼应了马克思主义女权主义者对美国福利政策背后"母权主义"逻辑一贯的批判——这些表面"赋权"的经济援助,其实是资本主义父权制的精密装置,它不仅强化了妇女作为"家庭照料者"的社会角色,还塑造了一种"受助妇女(福利依赖者)vs.纳税男性(劳动者)"的对立叙事,无助于消除劳动力市场的隔离与分裂。

故事并没有止步于20世纪70年代。在本书2018年的修订版中,作者特别增补了第六章内容,系统梳理了20世纪末至

21世纪初的性别平等发展状况。作者指出，进入21世纪以后，劳动力市场中性别隔离的高墙终于被穿透：传统"妇女专属"职业中的妇女从业比例大幅缩小；在法律、医学、学术等专业领域以及企业管理层中，妇女占比呈现跨越式增长；突破男性堡垒，登上政治舞台的妇女人数也达到历史新高。然而作者清醒地指出，这些进步并不意味着妇女已经摆脱了资本主义父权制的结构性束缚。家庭责任和带薪工作的矛盾仍是当代妇女面临的普遍困境。针对这一难题，作者提出了具有前瞻性的解决方案，包括推动家务劳动市场化、建立社会化的再生产服务体系（如普惠性托育机构）等制度创新，旨在帮助妇女真正超越"生产性/非生产性"的二元框架。这些见解为探讨当代性别平等议题提供了重要的理论框架和实践指引。

## 妇女之间的共性与差异

20世纪70年代美国妇女史研究的主题，如果用一个词概括的话，一定是"姐妹情谊"。早期妇女史学者关注两性之间的对立和公私领域的分离，强调传统性别秩序妇女的禁锢和压迫，注重探讨妇女的主观能动性，以及由"姐妹情谊"所构成的独特的人际关系网络和性别文化。她们立论的前提是不同阶级、种族、族裔、地域妇女之间的共性。例如，卡罗尔·史密斯-罗森伯格（Carroll Smith-Rosenberg）研究"女性世界"，认为19世纪的美国妇女是通过共享的日常经验而紧密联系在一起的。南希·科特（Nancy Cott）研究1780年到1835年新英格兰地区的妇女，也把妇女视为一个拥有共同身份、经历和使命的共同体，强调妇女是按性别分类的，性别决定了她们的情绪、能力、目标和潜在的成就。

然而，本书的论述重点并非妇女之间理想化的"姐妹情谊"，而是妇女内部的巨大差异和分歧。作者想要告诉读者：中产阶级妇女可以顶着"共和母亲"的光环，在备受尊敬的目光中守卫社会道德，而数量更多的农村和城市贫穷妇女因经济压力被迫率先迈入劳动力市场，从事报酬最低、强度最大的工作；富裕的中产阶级妇女可以享受技术革新带来的便利和舒适，而农村和城市贫穷妇女却因经济拮据只能继续承受传统家务的重负；中产阶级妇女可以在职场努力打拼、追求性别平等，而底层妇女可能还要同时与种族歧视作斗争；中产阶级妇女可以通过将家务外包给底层贫穷妇女来实现自我解放，而这种转嫁压迫的机制则进一步加剧了底层妇女的生存困境。从美国的社会现实来看，贫富之间的分化往往又与种族、族裔高度重合，因此，作者考察妇女内部的巨大差异，实际上构建了一个涵盖性别、阶级、种族、族裔等多维度的分析框架。

在本书初版问世的1981年，这样的多维度分析框架可谓开风气之先。20世纪80年代是妇女史研究的关键转型期。在保守政治回潮、黑人女权主义批判白人中心论和多元文化主义思潮兴起的多重背景下，20世纪80年代以后的妇女史学界逐渐开始突破"姐妹情谊"的单一叙事模式，将研究重心从妇女之间的共性转移到差异性上来，并最终在80年代末形成"交叉性"这一新的研究范式。从妇女史研究的发展脉络来看，本书在20世纪80年代初就尝试打破单一维度分析，系统阐释性别、阶级、种族和族裔的动态互构机制及其对差异化权力结构的形塑作用，其方法论的创新性和理论前瞻性是不言自明的。

在当下社会，关于妇女劳动议题的讨论往往充满张力。"职场妈妈如何平衡工作与家庭""35岁女性职场困境""丧偶式育儿"等话题动辄引发全社会热议和争论。在这种众声喧哗的舆论声中，本书尤为可贵之处在于，它摒弃了当下常见的情绪化表达，通过历史事实的呈现而非价值立场的宣示，为理解当代女性劳动议题提供了更为丰富的思考维度。它以历史学的视角，系统展现了妇女参与社会劳动的历史进程，还原了不同历史时期妇女劳动形态的特征与变迁，既避免了情绪化的表达，又保持了足够的人文温度。这种学术态度在当前充满对立情绪的讨论环境中可谓一股清流。本书适合所有对妇女问题，以及对劳动历史和社会变迁感兴趣的读者。书中那些普通劳动妇女的真实故事，跨越时空与当代读者的生活体验产生微妙的共鸣。这种共鸣的发生不是因为简单的情绪感染，而是源于本书对历史脉络的深刻把握。当跟随作者的笔触，在更宏大的历史坐标、更复杂的社会网络中审视妇女劳动议题时，我们往往能获得超越当下争论的思考维度。

# 目录

第一章　工作在妇女生活中的意义　　1

第二章　家务劳动　　27

第三章　为工资而工作　　79

第四章　妇女的社会使命　　141

第五章　改变劳动力的形态　　191

第六章　平等与自由的矛盾　　229

注　释　　273

索　引　　293

致　谢（2018年版）　　319

致　谢（1981年版）　　321

# 第一章 工作在妇女生活中的意义

19世纪初,多莎·布什内尔(Dotha Bushnell)居住于康涅狄格州的一个农场,是最后一代在家庭中生产所有生存必需品的美国妇女之一。她的儿子霍利斯(Horace)哀叹逝去的过往,为那些"朴素、忠贞、虔诚的家庭妇女"而痛惜,在她们生活的那个年代里,"家庭是矗立在农场里的工厂,而农场则为家庭提供生活所需"。一个生产流程会把一个家庭的所有成员联结起来,"年轻的、年老的,男人、女人,从驾马犁地的男孩,到戴着眼镜织毛衣的祖母"。[1]

无论是当时还是今日,没有人会怀疑多莎·布什内尔是否在工作。不管是在田里劳作的女奴,还是种植园家庭的契约仆或女主人,妇女都有工作要做。在前工业社会,几乎人人都工作而并非是为了工资。但是随着工业化的发展,家庭成员间的那种联结松散了。当生产开始从家庭转移到工厂、办公室和商店,那些在新工作岗位中获取酬劳的人成为毫无疑问的"工人"。与此同时,妇女在家里从事的工作种类发生了巨大变化。剩下的家务劳动,如照料孩子、做饭、清洁、洗衣等,不再被明确界定为"工作"。工业革命把两种类型的工作区分开来——一种是为维系家庭而不得不做的工作，一种是为获取酬劳而做的工作。于是，不仅两性的任务分配发生了变化，而且关于两性工作构成的观念也出现了转变。那些维系家庭且不领取工资的妇女，不再被视为"工人"。她们的家庭角色似乎是由爱或奉献来塑造的，只是生理差异的自然产物而已。我们或许可以思考一下，在我们当今的后工业社会或信息社会中，随着男女任务分配的再次趋同，关于工作构成的观念是否再次发生了转变。

在前工业时代，从某种意义上说，几乎每个人从事的工作都可以被称作家务劳动（domestic work）。作为仆人、奴隶或家庭成员，他们的工作均围绕着家庭这一生产中心。在家庭成员中，妇女和男人一样，其身份认同、自尊心和秩序感均来源于其在家庭中所处的位置。对于那些工作、生活以他人家庭为

在前革命时代，每个人在某种意义上从事的都是家务劳动。此图描述的大约是1776年的生活。（来源：美国国会图书馆印刷品和照片部）

中心的奴隶和仆人来说，家务劳动仍然是他们赖以生存的源泉。大多数情况下，核心家庭及其扩展成员所消耗的货物和食品都是自己家庭生产的，只有极少数自己不能生产的东西才会用交易的方式来弥补短缺。

在前工业时代的环境里，工作似乎有一种节奏，与乡村的季节变换以及村镇和乡村地区的家庭需求是协调一致的。到16世纪，大部分欧洲地区出现了我们如今所说的"失业"问题：工人太多，工作太少。提供最低水平的温饱和庇护所需要的工人数量，少于可供聘用的人口数量，于是工作便分散了。有证据表明，传统的角色分工，即把家务活和照料菜地、奶牛场、家畜以及小孩的任务分配给妇女，让男人比他们的妻子拥有更多自由。与妇女相比，男人更受益于不断增长的劳动力过剩。妇女的任务季节性更弱、更有规律。在一年里，男人承担的繁重和固定的责任更少。[2]

从这种相对自给自足的家庭经济转变为贸易依赖型经济，这一过程持续了几百年的时间，且在不同地区发展速度不一样。第一次进展发生在13世纪，当时的商业革命为制成品创造了市场，鼓励工匠及其家庭集中力量为获取现金而生产手工制品。工匠家庭原先自己制作和出售产品，此时则开始为商人制作产品。商人批量购买工匠生产的手工制品，再出售到遥远的地方。在这些家庭工业里，妇女通常被禁止参加正式的学徒训练，但她们能够通过向男性家庭成员"偷师"的方式成为技术工匠。从任何意义上说，她们都是合作伙伴。她们为学徒做饭、洗衣；她们承担一些生产任务；在大多数地方，法律承认妻子在丈夫去世后拥有经营权。菜园的地里仍然生产粮食,妻子和寡妇们监督和训练年轻的未婚妇女做家务。即便这些工匠家庭内部的劳动看上去还算相对均衡,但它远远不像田园诗一般浪漫。在家庭、店铺和农场工作总是很辛苦。一个舒适的小康家庭,如果遇到作物歉收或病虫害的话,也会陷入饥荒。

随着17世纪、18世纪贸易的发展,家庭工业出现了一个微妙变化。商人们一开始满足于拿现有的东西出售,但很快便开始要求工匠按照自己的规格制造产品。他们不再收集当地工匠的产品,而是向整个乡村地区的家家户户"发放"自己的订单。工人们失去了对自己产品的控制,但他们仍然能控制自己的时间。在自己家里工作的人不会仓促行事。他们手里或多或少还有其他工作要做,有时候他们还会浪费原材料。随着订单的增多,商人们要求更快、更可靠的生产,但是只有当劳动力集中到一处时,才能对工人进行有效监督。到18世纪末,蒸汽动力机械的发展要求劳动力向机器所在的地方聚集,让工厂对劳动力的需求变得更加急切了。

贫苦的劳动者们被迫缓慢而痛苦地放弃了他们对于"工作"的那种松散联结的、自我强加的定义。在16世纪、17世纪的英国,为几代人所共有的土地,以及一些传统上由家庭租种的土地,纷纷被大地主占为己有。这一过程被称为圈地,意味着一些农民家庭被强制驱逐,另一些农民家庭失去了共有的牧场。最终,他们都无法再以土地为生。被从农场驱逐出来的男人、妇女和儿童可以在城镇找到工作,但是他们是不情愿的工人。雇主只能用扣发工资或签订长达21年契约的方式,来说服他们按时工作。有时，雇主会殴打心不在焉的工人，尤其是儿童。国家常常颁布法律帮雇主稳定劳动力队伍。英国和法国制定了惩治流浪汉的严苛法律，人们被迫从事违反自身意愿的工作。不服从者可能会被打上烙印或监禁，后来则会被驱逐到遥远的殖民地。

## 殖民地的工作

与旧世界一样，北美殖民地的工人不愿意轻易服从于别人的工作节奏。在南部和西南部殖民的西班牙人发现，土著居民不愿意为殖民者干体力活。在弗吉尼亚殖民地早期，确立工作节奏更具有特殊性。历史学家埃德蒙·摩根（Edmund Morgan）描述了弗吉尼亚第一批殖民者如何宁愿饿着，也不愿向弗吉尼亚公司严苛的劳动纪律低头。他们选择每天只工作6小时到8小时，剩下的时间"在街上玩保龄球"。这些工作模式让人联想起英国的习俗，直到弗吉尼亚公司强制推行准军事制度才告终。[3]

北部的殖民者无须承受这么大的压力。由于他们的土地并不归一个外部公司所有，也由于他们中的很多人来到北美是为了共同的宗教，大多数早期新英格兰人有工作的动力。清教把勤奋工作等同于虔诚，把救赎看作上帝的慷慨，所以新英格兰殖民者激励自己去积累世间的财富。这种宗教训诫又因物质现实而得到了进一步强化。与弗吉尼亚定居者不同，普利茅斯和

5 女奴的任务各式各样，但摘棉花是其中最有代表性的。(来源：朔姆堡黑人文化研究中心，纽约公共图书馆照片和印刷品部，阿斯特、勒诺克斯和蒂尔登基金会)

6 马萨诸塞海湾殖民者们在早年无法向英国公司乞求食物补给。在整个殖民地时期，他们都面临严重的劳动力短缺，只有靠自己的努力才能弥补。由于缺乏与英国贸易所需的合适的原材料，他们对手织纱线和手织布的依赖程度远高于南部殖民者，后者迅速开发出烟草和大麻作为贸易资源。

由于所有殖民地或多或少都依赖于家庭生产，妇女的工作是必要的且得到认可的。北部和南部殖民地早早便学会利用女奴和契约仆来从事家庭服务和农业劳作。由于生下的孩子也是奴隶，女奴提供的是一种残忍但极富价值的服务。[4]白人妇女受到的对待要好一些。起初，殖民地给女性定居者及其家庭也分配土地。在马里兰和南卡罗来纳，作为一家之主的妇女能够分到和男性同等的土地。在短暂的几年时间里，马萨诸塞的塞勒姆镇曾向未婚妇女授予"少女地"（maid lots），宾夕法尼亚则授予每位未婚妇女75英亩\*土地。但是，反对未婚妇女持有土地的声音很早便出现了。历史学家朱莉亚·斯普鲁伊尔（Julia Spruill）曾援引过一项法案，该法案于1634年被马里兰议会通过，但随后被业主（proprietor）否决。法案规定未婚妇女"除非在得到土地之后的7年内结婚，否则她要么放弃土地，要么把土地转让给最近的亲属；即便她只有一个庄园，不能出让，那也必须放弃，除非她结婚"。[5]

没有土地，妇女就没有任何维持生计的来源，除非就业或者结婚。由于担心未婚者会变得具有依附性，殖民者迅速颁布法律，要求没有明显经济来源的人必须出去工作。妇女被认为特别容易堕落和不道德，所以，像马萨诸塞和弗吉尼亚这样不同的殖民地，都特别关注那些在传统意义上未成家的妇女，担心她们会养成坏习惯。[6]严酷的经济考量无疑是刺激殖民者的因素。由于不道德行为往往会导致怀孕，而未婚生子的母亲很难找到工作，这些妇女可能需要公共救助。出于对潜在成本的

---

\* 英美制面积单位，1英亩约为4046.86平方米。

担忧，社区尤其谨慎地拒绝给女性临时居民发放定居许可。[7] 一个不开心的妻子离开丈夫后，可能会发现丈夫跟自己断绝关系了。丈夫们更关心的是如何让自己摆脱经济负担，而非自己的妻子是否回归家庭。

> WHEREAS my wife Mary, without any juſt cauſe of complaint hath eloped from my bed and board, all perſons are therefore deſired not to truſt her on my account, as I am determined not to pay any debt ſhe may contract after this date, unleſs ſhe returns to her good behaviour. All perſons are forwarned, at their peril, harbouring her.
> MICHAEL M'KEEL.
> December 27th, 1796.

一个不再为丈夫服务的妻子，通常会被丈夫抛弃。

认为妇女能够而且应当参与生产生活必需品的观念，一直延续到18世纪，在很多地区存在的时间甚至更长。美国革命\*时期，当殖民者们担心布料和纱线的供应是否充足时，他们呼吁妇女爱国精神的支持。乔治·华盛顿写信给朋友拉法耶特勋爵†说，自己不会以损害农业为代价强行引进制造业，但是，他补充说："我认为发展制造业并不需要从农业耕作中抽出必

---

\* 又称美国独立革命，泛指18世纪末北美13个英属殖民地脱离英国当局，并创建美利坚合众国的一系列事件与思潮。

† 即吉尔贝·迪莫捷（1757—1834），法国将军、政治家，同时参与过美国独立战争和法国革命，被称为"两个世界的英雄"。

要的人手，依靠妇女、儿童和其他人就可以完成许多事。"[8]

在欧洲，强制推行工作纪律需要打破旧习惯，而与之相反，北美殖民地早在工业化启动之前便开始强调工作和勤奋。这让训练工人在工厂工作这一任务变得容易很多。清教徒将物质富足视为上帝恩典的显现，而19世纪初的人们则将其视为自我控制和正确生活的表现。宗教训诫加上个人主义的新观念，让每个人对自己的成功负责。革命时期出现的平等主义思想强化了这一观念。至少在理论上，除了奴隶、有色人种和妇女之外，即便是最底层的人也有可能获得成功。本杰明·富兰克林认为财富本身就是一种回报，他敦促人们"相信两个词：勤奋和节俭；既不浪费时间，也不浪费金钱，而是充分利用两者"。[9]

## 成功伦理

对个人成就的强调内生于美化成功的意识形态之中，并危及主张个人幸福与社会进步紧密相关的传统观念。为了公共利益而纺织并附带收获物质报酬是一回事，仅出于自身利益为他人工作则是另一回事。到1829年安德鲁·杰克逊（Andrew Jackson）担任美国总统时，很明显，那些能买得起一家小店铺或一块土地的工人们更看重的是创业精神而非工资劳动。

在这方面，美国白种工人比欧洲旧社会的工人更有优势。相对便宜和容易获取的土地鼓励了大量自由工人攒钱向西部移民。雇主愿意让这些工人离开，因为北部外来移民的持续涌入和南部奴隶制的不断扩张会替代他们。对于自由工人来说，独立自主和向上流动的许诺提供了努力工作的动力。对于奴隶来

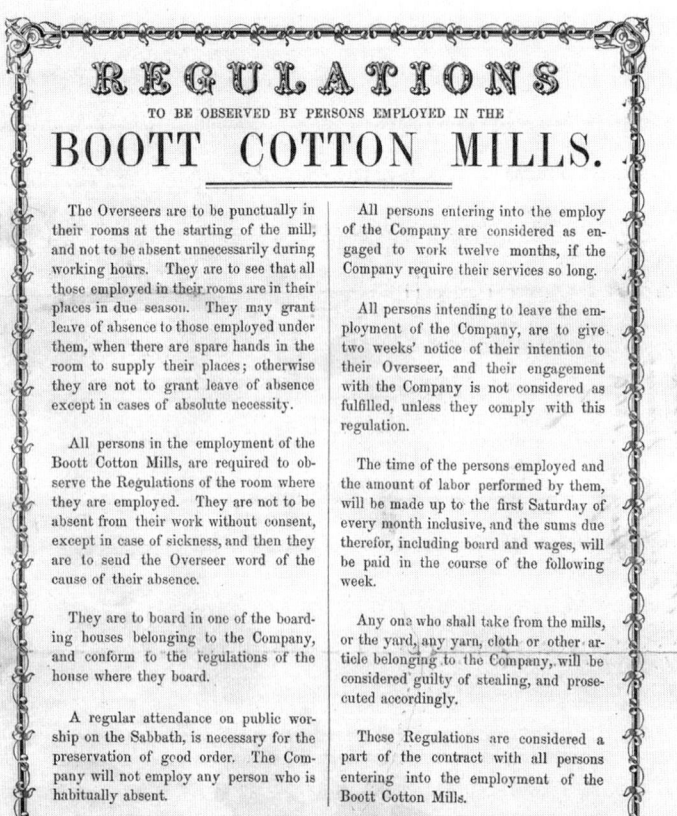

9　在罚款和锁门的逼迫下，工人们必须遵守工厂纪律，否则就会失去工作。布特纺织厂（Boott Mills）位于马萨诸塞州洛厄尔市。（来源：马萨诸塞历史协会）

说，日益加剧的压迫、体罚威胁，以及现实替代方案的缺乏，迫使他们不情愿地合作。然而，这些因素并不总能打造出雇主需要的劳动力类型。

正如历史学家赫伯特·古德曼（Herbert Gutman）所指出的，把本土出生和外国出生的农民、农场主、技术工匠和临时工整合到一个工业化社会里，需要一种持续的文化适应过程。每一代人都要学会抛弃旧的模式和习惯，接受成为一名常规工人所必需的那些新模式和新习惯。[10]为了做到这一点，工厂主们很快就求助于欧洲旧乡村（old-country）的纪律管理方法。美国的工厂可能坐落于田园般的乡村，如新罕布什尔州的多佛，或马萨诸塞州的北安多佛，但每天早晚催促工人劳动的钟声，跟英国曼彻斯特的任何恶魔工厂是一样的。罚款和锁门迫使工人们必须遵守工厂纪律。为了得到一份工作，工人们常常不得不同意至少工作一年，或放弃两周的工资。雇主无情地将令其不满意的工人列入黑名单，并奖励按时工作和不喝酒的工人。

工厂主们让工人一周工作6天，理由是保护他们不受闲暇的"引诱"，甚至还试图控制工人第7天的时间。

最极端的压迫现象发生在南部蓄奴州中。虽然很多北部州在19世纪30年代之前就废除了本州的奴隶制，但是南部的奴隶们却不敢对自由有丝毫的期待：他们辛苦工作是没有报酬的，且一旦松懈便会招致严厉惩罚。在南部，雇主偶尔会给奴隶提供机会，让他们用学会一门手艺来赎回自由。男奴可以成为铁匠或木匠，女奴可以学习花式缝纫或受雇当厨师。但在大多数情况下，我们能从奴隶对于为他人辛苦劳动的生活的反抗表现，尤其是从他们逃亡的努力中，衡量奴隶制的残酷。

自由的美国白人对工作伦理和成功的可能性有着强烈的信心，为此建立了一套维持他们所需的制度性支持机制。到19世纪30年代，很多州资助建立公立小学体系。工人团体以及社会改革者也都支持免费学校，理由是这有助于教育民众以达到民主政府要求的高水平。这些学校旨在教授基本读写能力和基础算术，同时也培养学生形成有规律的生活习惯、保持清洁和对细节的关注——这些机制都是为了打造一支高效的劳动力队伍。总的来说，这种教育靠的是练习和死记硬背。大多数公立学校很快就致力于再现儿童在工作中面临的情况。根据历史学家迈克尔·卡茨（Michael Katz）的说法，老师们用羞耻来贯彻纪律，儿童"从小就被设定了要相互竞争的程序"。通过灌输竞争意识和个人主义，学校有助于确保工人的孩子"不会成长为一种有凝聚力和威胁性的阶级力量"。[11]

与学校一样，新教教会对成功也推崇备至。对他们来说，成功是道德的证据。用一位著名牧师的话来说："在这片土地上，没有人会遭受贫穷之苦，除非这不仅仅是他的过错，还是他的原罪（sin）。"[12] 一些神职人员把低工资和贫穷正当化为磨炼品性的必要条件。他们提供的慰藉是：一个更好的世界将会到来。[13] 直到1877年，美国最有名的牧师亨利·沃德·比彻（Henry Ward Beecher）还因为强烈反对当年的铁路大罢工而被工人永远记恨。他认为，工人应该更高尚地忍受贫穷，毕竟，"难道每天一美元的工资不够买面包吗？水是免费的，一个不能靠吃面包生活的人根本不适合活着"。[14]法律体系确认了意识形态尚未完成的部分。法律指控为增强议价能力而成立工会的工人犯了"阴谋罪",并威胁将债务人关进监狱,让竞争失败的人挨饿。

很少有人能逃离工作生活的严苛约束。渐渐地,人们对长时间工作和最低工资的期望压倒了人道主义工作的理念。下班后的时间或闲暇时间,成为个人生活中的愉快时刻。竞争取代了合作劳动的观念。进入20世纪以后,技术革新让劳动过程变得越来越简单。工资劳动变得越来越单调、异化。家庭,依然是所有养育和照料之物的最后避难所。

所有这些变化都以"成功伦理"之名获得了正当性。如果努力工作是"成功"的一种方式的话,那么它就是能够被忍受的,甚至是值得赞美的。但是,男人的成功不等于女人的成功。社会学家爱丽丝·罗西(Alice Rossi)简明扼要地抓住了这一困境。她指出,站在一个白人男性的角度来看,"1820年的美国社会充满了机遇。凭借努力工作,他可以期待提升自己的社会地位;如果他在一个地方没有成功的话,他可以带着自己的技术,搬到另一个地方去"。至少在理论上,一个辛勤工作的白人男性,加上家庭给予的情感和资金支持,是有机会在医学、法律等行业谋到职位的。是否有很多人以这种方式获得了成功并不重要,重要的是他们相信自己能成功。但是对于妇女来说,无论是白人妇女还是黑人妇女,靠个人努力能获得成功的观念带来的效果却适得其反。在黑人妇女看来,这一观念使她们陷入了无止境的艰苦工作,而且,经济和社会歧视阻碍着她们获得应有的回报。与此同时，白人妇女一方面被禁止从事带薪工作；另一方面，还面对着在家庭中生产必需品需求的减少，用罗西的话来说，她们"实际上被切断了参与社会重要工作的途径"。[15]那么，如果妇女的劳动能力没有得到实际的证明，又如何能得到回报呢？对于那些因工业化而无法兼顾工作

当男人选择在西部寻求财富时，妇女别无选择，只能一起去。这幅素描绘于1866年，作者是詹姆斯·法灵顿·古金斯（James Farrington Gookins）。（来源：美国国会图书馆印刷品和照片部）

和家庭的妇女来说，她们对家庭的支持性作用就成了衡量妇女美德的标准。

## 妇女的分离领域

长达几十年的时间里，涌现出一系列生物学和社会学的论据，以证明妇女被排除在带薪劳动之外，并被降级至美国人所说的"分离领域"（"separate sphere"）里是合理的。当主要生活在农村地区的女奴和自由黑人妇女继续在不停劳作的时候，以白人为主的城市妇女则面临着一系列新的需求。随着工业革命的发展，妇女"天生低劣""脑袋小""缺乏体力""多愁善感"等说辞被用于证明妇女被迫承担的社会角色是合理的。这套说辞掩盖了19世纪本该显而易见的事实。剥夺妇女的有偿劳动制造了一个经济上的依附阶层。依附性反过来催生了一系列的行为特征、人格特质和文化期待，而对试图从事带薪劳动的妇女的持续歧视，又进一步强化了这些特征和期待。

带薪劳动力需求的不断变化进一步增强了"分离领域"的论调。如果城市工人不需要妻子在土地上与他们一起劳动，那么他们确实需要支持性的环境来帮助他们保持竞争力。

一个依附性的妻子不仅能证明男人有能力挣钱，而且还能提供干净的袜子，做好可口的饭菜，以及教育遵守纪律的孩子，这些都是辛苦工作的丈夫无暇参与的。到19世纪，对城市中产阶级妇女的经济期望下降了。中产阶级妇女不再在家里

这些妇女（1898年左右在新泽西州伊丽莎白工作）正在生产玉米粥。她们要去除之前浸泡过的玉米壳，然后将其碾碎，做成粗面粉或玉米粉蒸肉。图片中也有男人，表明这些妇女是为了工资而工作的。（来源：美国国会图书馆印刷品和照片部）

生产产品，而是把时间花费在生育、照料孩子和满足家庭成员的情感需求上。

"分离领域"对于很多妇女一定很有吸引力。对于需要工作挣钱的妇女来说，她们只能选择那些最卑微的工作种类。研究18世纪英国的历史学家艾维·平奇贝克（Ivy Pinchbeck）指出，工业革命首次让妇女从两份工作的负担中解脱。[16] 她们（主要指的是白人妇女）不需要既生产家中所需的某些产品又操持家务，而只需把注意力集中到后一份工作上即可。从这个角度来说，在一个维系家庭意味着要做种类繁多的杂事的时代，不必从事带薪劳动的可能性看起来的确有吸引力。

以维系家庭为己任而不从事工资劳动的妇女会保有一点点自由。家里尽管有时候贫瘠，却是一个避难所，可以让妇女逃避严苛的工厂纪律，或它的替代品——有偿家政服务的持续压力。在一种有点奇怪的道德权衡中，妇女成了家庭道德价值观的守护者，使男性能够承担竞争性角色。妇女的任务是在一个个人主义和竞争的社会中维系其人道的、养育的、集体性的、关怀的方面。待在家里的妇女也要工作。然而，她们过去是、现在仍然是少数有可能按照自己的节奏和意愿工作的人。她们从事的工作使她们能够相对脱离一个等级森严、竞争激烈、咄咄逼人、唯地位论的世界，而男人正是在这样的世界中完成社会化的。为自己和家庭而工作，至少保留了创造性、个性化和不异化的可能性。尽管工作往往很辛苦，而且可能变得很机械，但在自己家里工作提供了一种在别人家里或在工厂劳作所无法奢求的自由。

这种道德权衡的代价并不小，只是有性别的区分，而且受制于种族偏见。家庭本身再现了一些工作场所中工人身处的那种主从关系。按照历史学家芭芭拉·韦尔特（Barbara Welter）的定义，人们所期待的"真正的"妇女是虔诚的、纯洁的、顺从的、顾家的。[17]由于"淑女"（lady）的含义是由其父亲或丈夫来界定的，所以她一般是白人。毕竟，种族偏见让自由的黑人男性都很难实现经济独立，导致他们的妻子也不得不为家中生计操劳。社会制度使妇女的依附地位根深蒂固。法律剥夺了已婚妇女的财产，赋予丈夫对妻子所有工资的索取权；如果妻子有任何不正当的性行为或试图分居的话，孩子的监护权将转

一位妇女之所以有可能成为"淑女",是以其他人辛勤工作帮她照料孩子和家务为基础的。请注意照片中这位妇女的面部表情和姿势。(来源:美国国会图书馆印刷品和照片部)

交给丈夫。对于一位"淑女"来说,家庭是她唯一能发光发热的地方,是她的职业之所。妇女只能在学校低年级的外围就学并通常被排除在高级的学术研究之外。如果一名妇女被迫从事有报酬的工作,那么她通常会发现自己从事的都是最卑微和最贫穷的工作——这等于是再次确认了妇女根本就不应该工作的禁令。

由于缺乏工资劳动赋予的身份，妇女的身份是以家庭角色为基础的。尤其对于中产阶级妇女来说，她们的地位，甚至自尊，都来自男性，真是印证了那句老话：男人以成就论英雄，女人以行为获认可（man does, woman is）。虽然许多（也许是大多数）妇女从丈夫和孩子那里得到满足，但有证据表明，相当多的妇女渴望更大的自决权，并怨恨她们无法依靠自己的力量取得成就。玛格丽特·富勒（Margaret Fuller）在1843年写道："很多妇女都在思考，哪些东西自己需要但不能拥有，哪些东西如果自己需要的话可以拥有。"[18]然而，由于缺乏经济自主的机会，只有极少数杰出的妇女才能按照男性的标准取得成功。其中有一些最成功的妇女，比如寡妇莎拉·约瑟法·黑尔（Sarah Josepha Hale），她主编了一本名为《戈迪女士手册》（Godey's Lady's Book）的杂志，广受读者欢迎。还有作家莎拉·佩森·威利斯·帕顿（Sarah Payson Willis Parton），她更广为人知的名字是范妮·弗恩（Fanny Fern），两人都主张妇女应当沉默寡言，而她们自己并没有这样做。

## 面包和玫瑰

对于大多数普通妇女来说，缺乏吸引力的工资劳动使她们宁愿待在家里的火炉边。19世纪末20世纪初劳动专业化程度的提高，让大多数男女工人的工作经历变得沉闷无趣。从事工资劳动的妇女对自由和合作仍抱有充分的期待，她们不仅要求足够的工资，还要求有乐趣的生活。1912年，一群女工在马萨诸塞州劳伦斯市的大街上游行，罢工妇女举着横幅并宣告："我们要面包，也要玫瑰。"目睹此次游行的诗人詹姆斯·奥本海默（James Oppenheimer）在一首诗中写下了不朽的名句："心灵像身体一样忍饥挨饿。"[19]

对妇女进入劳动力市场的特殊期待，在某种程度上维系了妇女的从属地位。正如19世纪一位工厂经理写的那样，"妇女不吹毛求疵，也不像男工那样拉帮结派与工头作对"。[20]敏感和期待限制了妇女对于满意工作的预期，但同时也鼓励她们去争取更人性化、更舒适的工作条件。非裔美国妇女，像许多外来移民妇女一样期待持续性的劳动力参与。与中产阶级白人妇女相比，她们在家庭内外都表现出了更大的独立性和雄心。

无论种族或族裔出身如何，妇女的工作方式都牵涉到妇女生活的两个领域——家庭和工作场所——之间的持续紧张关系。这种紧张关系是我们理解妇女工作生活的关键所在。把妇女的家务劳动仅仅说成是对工资劳动的辅助，或者说一些妇女"不工作"，是忽视了家务劳动和照料孩子在维系劳动力方面的价值。与此同时，把妇女的工资劳动说成是"偶尔为之"或者"个人选择"，是忽视了妇女一直需要赚取收入的历史，以及工作在塑造男女期待和愿望方面所起的作用。工资劳动和家务劳动是一枚硬币的两面。过于强调一面，就会损害另一面。

有一种方法可以避免陷入"妇女如何工作"这一难题，那就是：将妇女在家庭和市场上所做的工作分为"非工作"和"辅助工作"两种。她们在家里做的事情，由于没有报酬，很容易被忽略。当她们开始大量进入工厂工作时，她们低工资和卑微的境遇被认为是合理的，理由是她们的工资劳动仅仅是为承担家庭角色而做的准备。用这种方式界定妇女的工作对经济是有益的。它确认了妇女的从属地位或辅助地位。由于妇女的工资不足以维持家庭生计，一个家庭被迫依靠男性的收入。而且妇女不太可能去找带薪工作，因为这些工作根本就没有吸引力。这些条件也保证了，在劳动力短缺时始终有廉价劳动力供应。

虽然很多妇女加入劳动力队伍只是暂时的，但大多数妇女都会根据家庭需求而选择时而加入，时而退出。直到1900年，14岁以上的妇女从事工资劳动的比例在任何时候都不到20%。黑人妇女几乎没有机会选择只在家工作，她们从事工资劳动的比例甚至是移民妇女的3倍左右。本土出生的白人妇女从事工资劳动的人数直到一战以后才显著增加。到20世纪60年代，虽然很多妇女在人生中的某个阶段，尤其是年轻时从事过工资劳动，但对白人妇女的普遍期望是让她们成为没有报酬的家庭主妇。在白人妇女看来，工资劳动不过是她们生活中一个暂时性的、次要的部分，她们至少希望自己能够在一段时间内摆脱工资劳动。而绝大多数黑人妇女和很多移民妇女则恰恰相反，她们期待成为家中的挣钱主力，她们的心态与很多白人妇女不同。

自二战以来，技术和劳动力结构的变化大大增加了妇女外

像这些零售店的工作人员一样，妇女也反抗过长的劳动时间和没有尊严的待遇。请注意，图中全是白人妇女。（来源：美国国会图书馆）

出工作的可能性。那种以家庭需要为理由要求妇女待在家里的论调已经站不住脚了。1970年，10位成年妇女中就有4位从事工资劳动；十几年后，一半的成年妇女都加入了劳动力大军；到2000年，有60%的妇女从事工资劳动，而此时男性从事工资劳动的比例只有不到70%。[21] 更引人注目的是，在一代人的时间里，育有学龄儿童的已婚母亲从事工资劳动的总体比例攀升至75%，然后回落至70%左右。抚养孩子并从事工资劳动的单身母亲的数量也急剧增加。这个新的现实让黑人和白人妇女的观念与目标更接近了。这两个群体如今都质疑了家务问题：谁应该做家务且在什么情况下做家务？家庭需求仍然要求妇女必须比丈夫从事更低要求的工作吗？有没有可能改变所有的工作，让伴侣双方（异性恋和同性恋）都能分担经济责任和家务劳动？家庭能否做出改变以适应成员们不断变化的个人需求？如果妇女要适应新的劳动力需求的话，需要什么样的公共政策？

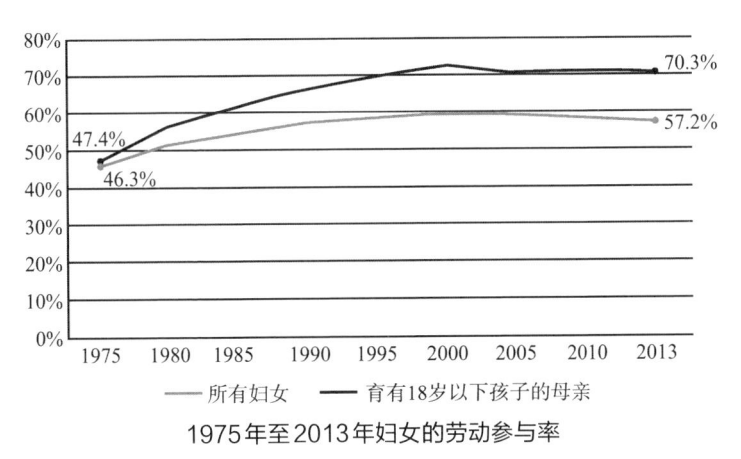

**1975年至2013年妇女的劳动参与率**

注：所有妇女的劳动参与率为1975年至2013年的年度平均值，育有18岁以下孩子的母亲的劳动参与率是1975年3月至2013年的数据。
资料来源：美国劳工统计局，当代人口调查。

从这些质疑中产生的问题就在我们身边：同工同酬、平权运动、日托中心、带薪探亲假、新型家庭、对家庭的新定义。关于这些问题的很多争论，都与妇女工作的陈腐观念相关。本书将借用美国卫生、教育和福利部在1973年任命的一个委员会的定义来界定"工作"的含义。该委员会在其最终报告中写道，工作是"一种为他人生产价值的活动"。[22]报告里没有提及生产出的产品是否被出售还是免费分发，在后来的报告中，委员明确地将家务也纳入到"工作"的范围之内。该报告还列举了一些人们熟悉的例子来解释什么叫"工作回报"。工作是身份的来源,帮助人们在社会中自我定位并感受到作为贡献者的价值感。工作能够提高自尊,提供一种对自我和社会的掌控感。工作能够提供经济保障,而经济保障往往又与家庭稳定息息相关。工作有助于创造一种结构和秩序感,使人们能够在自己能力所及的范围内决定在哪里以及如何生活。没有工作,人们无依无靠,祸患无穷,就像在经济萧条时期那样,社区建设停摆,人们流离失所。

可以说,在过去的200年里,妇女所从事的工作创造了不同于男性的情感。多年来,妇女已经把她们的"分离领域"变成了一个培育家庭生活的工作空间。这个空间现在正受到威胁。大多数妇女和男人一样承担着养家糊口的责任,她们不可能再无偿从事这项工作。妇女能放弃自己的"分离领域",或者与男人分享这个领域,而不放弃她们生活中最美好的东西吗?如果家庭工作(比如养育孩子)像一些经济学家所说的那样"完全商品化",或者服从市场报酬和市场需求的话,那么合作的价值观会发生什么变化?妇女有没有可能在与男人平等的基础上加入劳动力队伍,同时又能根据自己的感受来改造它?在一个竞争激烈的世界里工作的男人,有没有可能充分分担养育的责任?本书将要帮助你思考这些问题。

# 第二章 家务劳动

没有什么比家务劳动的转变更能体现妇女工作方式的变化。一位殖民地时期的家庭主妇即使转世到21世纪仅存的几个家庭农场里，也几乎认不出此时家庭主妇的样子。我们这个时代的城市妇女看到摆在殖民地妇女面前的家务劳动可能会被吓得不寒而栗。然而，尽管她们的具体任务发生了很大变化，但有一条始终不变的线索将两位女性的角色捆绑在一起。17世纪殖民地妇女的工作与21世纪美国妇女的工作有很多相似之处，只不过被工作环境的变化掩盖了起来。长期以来，社会对妇女的期待几乎是保持不变的，直到20世纪70年代才遭到挑战。然而，无论妇女做什么工作，她们都得养活自己和孩子；无论富有还是贫穷，她们都面临着维系家庭和照料孩子的责任。在20世纪末技术快速变革的动荡中，家务劳动作为女性工作的定义已经改变。

妇女家庭工作的转变可以从多个方面考察，但其中最重要的可能是家庭规模。1850年，美国人家庭平均由7个人组成。2000年，如果一个美国人住在家里的话，那么这个家可能只有3个或4个人。[1]但在2000年，只有20%的家庭有一对已婚夫妇和孩子，1/4 的家庭只有一个人。[2] 家庭规模的变化、新技术和新服务的出现改变了家务劳动的结构和组织。而且，从乡村到城市，从物质匮乏到相对富裕，从与世隔绝到虚拟社区的发展，这些也都给家务劳动带来了变化。我们逐渐开始用新的方式思考家庭工作。家庭不再是妇女从事无休止体力劳动的场所，照顾性劳动（caring labor）现在占据主导地位。

洗衣、晾衣、熨衣世世代代以来都是妇女的工作。如果没有技术的帮助，仅洗衣、晾衣可能就要花费很多妇女一整天的时间。（来源：美国国会图书馆印刷品和照片部）

## 殖民地家庭

长期以来，前工业化经济的现实决定了绝大多数妇女的工作方式。至少在18世纪中叶之前，几乎没有商品交换市场，家庭就是一个生产单位，其核心是自给自足的农场或工匠作坊。要想满足衣食住行的需求，全家所有成员必须一起努力。大多数家庭几乎生产他们所需的所有家庭用品。尽管有些家庭会用一些剩余粮食来购买朗姆酒、咖啡、茶、盐、糖和土豆等东西，但很少有家庭为了"市场"或售卖而生产。部分盈余要用于偶尔给律师或牧师支付服务费，或者向熟练工、商人和工匠购买自己难以制造的物品。有些家庭自己做靴子，而另一些家庭则依靠流动的鞋匠。基本的木工活、肥皂和蜡烛制作、纺纱、织布、缝纫和针织等，都是由每个家庭自己完成的。[3]

人们所做的工作有着惊人的灵活性。虽然妇女的劳动通常集中在家庭内部或周边，但妇女在收获季节撒干草或在春天犁地也并不罕见。同样，黄昏时分男人也和妻子一起织布，在整个18世纪里，男孩都和女孩一样要接受纺纱和编织的训练。这一时期，性别分工虽然很普遍但并不严格。例如，生产一块亚麻布需要家庭成员之间的合作程度在以下段落中可见一斑。该段落节选自爱丽丝·莫尔斯·厄尔（Alice Morse Earle）的《殖民地主妇》（*Colonial Dames and Goodwives*）一书：首先，亚麻被拉出来，成行摊干。

> 这项工作可以由男孩来做。然后由男人抽打、脱粒或把所有的种子都打出来当作食物；然后，把亚麻的茎放在水里浸泡一段时间。……接着，由强壮的男人用一个沉重的大棒槌把亚麻压碎，再用一把有点像木制匕首的刀拍

打。……接下来,由家庭主妇把亚麻剪断或进行梳理,于是就得到了粗的短纤维,然后它被拉直,最后被缠绕到整齐的卷线杆上。……麻线在一个"小轮子"上旋转。人们认为,一天的工作量应当是织两打麻束,或四打亚麻短纤维,或纺六码麻布。女孩工作一周能得到50美分的报酬和一些"生活必需品"。因此,她织布的酬劳是不到1.5美分一码。[4]

某些杂事是季节性的,比如织亚麻布、浸渍蜡烛、保存水果、肉类和蔬菜等,每年做一次。其他的杂事则更加频繁。每个月都要把衣服放在一个巨大的热气腾腾的大缸里清洗。每年要做好几次肥皂。当家中有人生病时,家庭主妇要负责采草药、准备药剂、照顾病人,并兼顾日常杂事。儿童需要监管,奶牛需要喂草,鸡舍里的蛋需要捡,炉火需要有人点,还需要有人一直照看着,面包每周需要烘焙好几次,做饭更是耗费不计其数的时间。在相对平静的一天里完成了大部分工作后,家庭主妇才从事纺纱、织布和缝制衣服等傍晚活动。

家务劳动的模式因地而异。比如在南部,由于气候比北部更温和,土地比北部更肥沃,贫穷的白人或自由黑人妇女耗费在织布和缝衣上的时间要少一些。在食物方面,她可能更依赖于猪,这些猪得用泔水喂食或自行觅食,全年都能供应充足的猪肉。然而,这些优势被较长的生长周期抵消了,这意味着如果想要菜园产出足够的土豆和蔬菜的话,就需要更多的户外劳作。南部边境地带的家庭比社区导向的新英格兰家庭更封闭。

艰苦的环境需要体力充沛和自力更生：妇女经常用步枪来打猎、诱捕和抵御食肉动物。这都是她们工作的一部分。

富有的妇女就不必如此。她们依靠其他妇女——奴隶和仆人——来做完这些事。然而，富有的妇女对自己从事家务劳动颇感自豪，这也许是自给自足必要性的一个衡量标准。研究南部殖民地的历史学家朱莉亚·斯普鲁伊尔描述了当时一名上流妇女的生活：她做"碎馅饼、芝士蛋糕、蛋挞和辣味饼干……"，还要每天把这些食物分发下去。[5] 一位南卡罗来纳州妇女，同时也是当时一位著名的知识分子，在给自己女婿的信中不无骄傲地表示："我很高兴你的小妻子很会料理家务。"[6] 对于这些妇女来说，日常工作通常指的是发号施令而不是做苦差事。然而即便如此，她们的责任仍然是很重的。与纽约庄园里的家庭主妇一样，种植园里的家庭主妇要为一大户人家和经常来访的客人监督食物的生产，还要经营奶牛场，打理花园，监督和指导仆人，订购生活用品以及筹备菜单。她关照家人的健康，有时也要关照许多仆人和奴隶的健康。她还负责所有的社交活动。作物的种植、采摘、贮存和销售往往也要由她来做决定。在丈夫不在的时候，甚至有时当着丈夫的面，妇女还接管了用农作物换取家庭用品的易物贸易，从而当之无愧地赢得了"精明女商人"的美誉。我们的确不需要同情种植园主这个社会特权阶层，但我们至少应该承认这些妇女作为一个复杂机构的业务经理所做的工作。

然而，正如历史学家塔沃里亚·格林夫（Thavolia Glymph）所提醒我们的，种植园的白人女主人与奴隶工人的显著不同在于，前者享有对后者的操控权。南部家庭的日常劳动，包括所有维持家庭运转的杂活，都是由奴隶承担的。起初，奴隶的地位并不明确。大多数早期殖民地人把奴隶看作契约仆人，在奴隶服役几年后便给予他们自由。但在1619年第一船黑人奴隶被贩卖到詹姆斯敦之后的20年里，殖民地便开始终身奴役有色人种及其子女。因此，作为仆人，黑人比白人更有价值。由于没有法律契约作为依据，男女主人可以任意奴役黑人奴隶。在南部的种植园家庭里，女奴完全任由女主人支配，后者用鞭打、殴打和"野蛮暴力"的方式来指导和规训女奴，可能会导致她们永久性的身体伤害甚至死亡。[7]

那些适用于白人妇女的非正式保护措施都不适用于黑人妇女。白人主人让黑人妇女在田里工作，和她们的丈夫一起种植、耕地、挖掘和收割，不会有任何良心不安。事实上，在1660年之前，弗吉尼亚和马里兰两个殖民地实际上已经明确承认了黑人妇女在田里的劳动，因为两地对黑人妇女征税的方式与男性耕作者完全一样。不过，女奴不会因此而免于家务劳动。她们在主人家里洗衣、喂奶、打扫和做饭，还承担对其他奴隶和自己家庭的所有义务。就像一位前奴隶后来说的那样，她们干活"从日出干到日落，从干得动到干不动"。[8]女奴还有一项额外任务，也许是所有任务中最难的：为了维系自己在种植园里的位置，她们必须生孩子，而她们的孩子也会成为主人的财产。尽管面临着猖獗的性剥削与频繁的家庭分离，女奴仍然艰难地维持着家庭的存在感。

北部家庭不那么依赖奴隶，而是更依赖男仆和女仆。仆役

## 第二章 家务劳动

在19世纪的大部分时间里，各式各样的农业劳动仍然是男人和女人的工作。这张照片描绘的是一群人在南卡罗来纳州埃迪斯托岛的霍普金森种植园里种植红薯。（来源：美国国会图书馆印刷品和照片部，格莱斯顿藏品）

有不同形式。在殖民地时期，大多数人的共同特征是被"束缚"。为了换取船票，或是为了偿还欠下的贷款，或是出于对安全或饥饿的恐惧，一个人让自己服役一定年限，最长的可能是一辈子。

这种行为并不总是自愿的。例如，在英国，囚犯可以被释放，条件是同意去殖民地卖身服役一定年限，直至付清旅费并免除被指控犯下的任何罪行为止。但殖民者常常给小女孩签订家庭服务契约，希望能减轻其父母养家糊口的负担并养或遵守纪律的习惯。

雇用一名契约仆需要承担对等的义务。作为回报，主人要

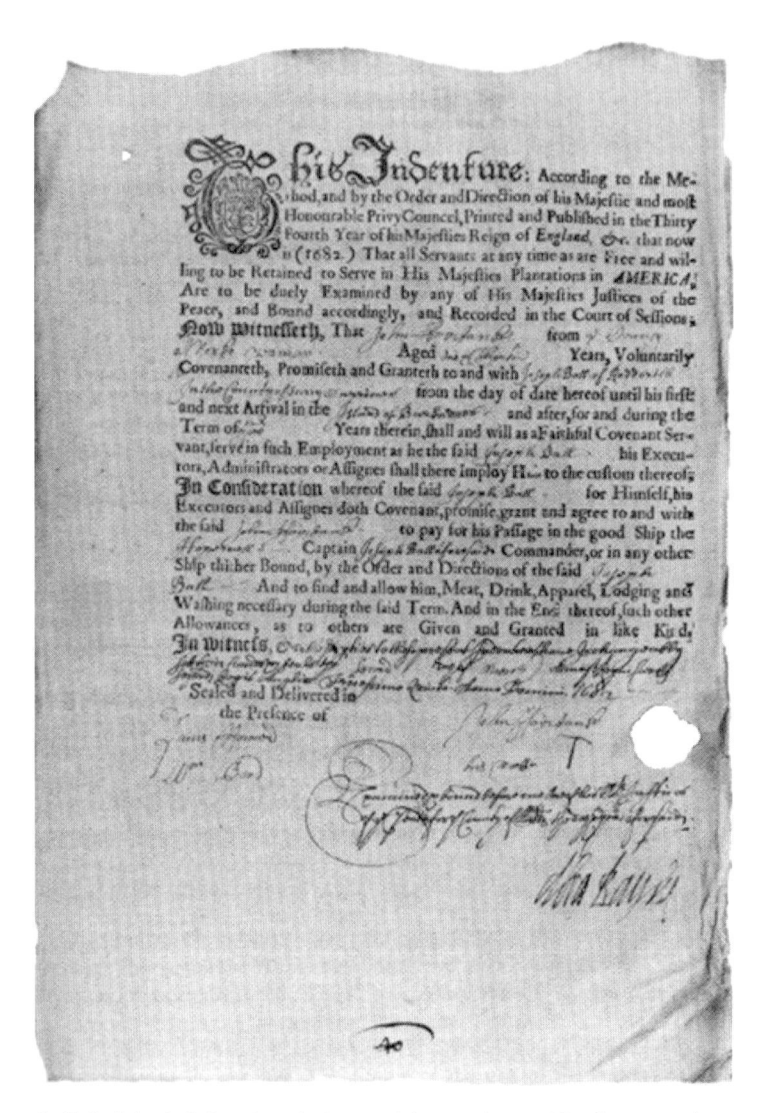

28 契约仆的契约明确规定了主仆双方的相互义务。这样的契约可以在仆人不知情或不同意的情况下买卖。

承担很多义务，从维系仆人的生活，到教他们读写和算术，有时还要训练他们从事贸易。如果一个年轻女孩学习做家务的话，主人必须教她纺纱和织布技艺，还要教她管理家庭所必需的技能。主人有时候不履行义务，仆人常常诉诸法院迫使主人遵守契约。男人和妇女都要遵守契约。殖民地时期大约有2/5的仆人（以及1/3的奴隶）是妇女。人们以何种方式签订仆役契约决定了他们所需工作的种类及其工作待遇。

在离开欧洲前就签订契约的契约仆，通常是卖身5年到7年以换取去新大陆的船票，以及服役期间的食物、衣服和住所。大多数契约仆如果完成契约的话会得到一笔"自由金"，通常是一套服装、一点钱或一头牲畜。靠出卖劳力来抵偿船资的移民（即赎回者，redemptioners）不同于契约仆，因为他们通常不是自己谈判，而是在下船时被船长"出售"，以换取旅费。因此，他们在服务期限或种类方面没有讨价还价的能力，也没有选择权。他们不如契约仆幸运，却比奴隶好得多，因为他们的服务期限、工作环境和报酬都受到契约的保护，还有严格的殖民法律来强制执行。在实践中，女契约仆或靠劳力来抵偿船资的妇女通常要履行女主人交代的任务。她在奶牛场、菜园和家里干活，还常常和女主人一起纺纱织布。她也有可能被要求干田里的活，通常是为了满足关键需求。

做契约仆并不丢人。在很多方面，特别是在18世纪，契约仆与被父母束缚的年轻女孩难以区分，因为年轻女孩的父母要么无法抚养她们，要么认为由陌生人来训练她们做家务更好。契约仆的待遇与没有家庭的妇女也没什么区别。没有家庭的妇女会签订仆役契约以保证自己有个家。这些不同形式的仆役契约一直持续到美国革命之后,为大量女孩和年轻妇女提供了住所和训练。作为回报,这些妇女提供自己的服务使家庭得以运转。

但是,仆人毕竟是仆人。妇女在服役期间不许结婚。怀孕的女仆,由于会损害主人的利益,将被处以延长契约期限的惩罚——有时延长3年到4年。甚至还有无耻的主人让自己的女仆怀孕,然后要求延长她们的工作期限,这种情况并不少见。殖民地法律无法阻止主人时常试图从仆人身上压榨更多的劳动力。一些女仆的抱怨流传至今。例如,一位自称"被困少女"的人声称自己是被迫来到弗吉尼亚的,请求她的读者"倾听一位最近遭到背叛的少女的心声"……

> 自从我第一次踏上这片
> 被称为弗吉尼亚的乐土,哦,
> 斧头和锄头就把我打倒了,
> 我厌倦了,厌倦了,厌倦了!

她列举的抱怨包括以下内容:当主人"坐着吃肉时,我没有任何东西可吃。……我带来的衣服太薄了。……我没有舒适的床,只能随意躺在地上。……我悲痛地躺在稻草铺的床上。……我没有啤酒喝,只能喝清水。……我在田里当牛做马,还要去林子里负重背木头"。[9]虽然这位"被困少女"的命运很糟糕,但她似乎不像可怜的伊丽莎白·斯普利格斯

（Elizabeth Spriggs）那样绝望，后者不知为何冒犯了自己的父亲而被赶出了家门。她写道：

> 我们这些不幸的英国人在这里所遭受的苦难是你们在英国无法想象的。作为这群不幸之人的其中之一，我几乎日夜劳作，当牛做马。即便这样你仍觉得不够，还把我捆起来鞭打，对待牲口你都不会这样。除了印第安人的玉米和盐，你什么都不给我吃。即便是黑人的待遇也比我好。我几乎赤身裸体，没有鞋子和袜子可穿。在取悦主人之后，我唯一的安慰就是把自己裹在毯子里，躺在地上。这就是你可怜的贝蒂所遭受的苦难。我请求你，如果还有一丝同情心，就请给我一些救济吧。衣服是最急缺的东西。[10]

不是所有女仆都愿意忍受如此恶劣的待遇。有些女仆逃离主人家庭，有些偷主人的食物、衣服或者偷钱买食物和衣服。尽管有奖金，但抓捕逃跑的女仆并不是件简单的事，因为她很容易就混进城市的人群里。被抓的妇女往往付出高昂的代价：法庭会在契约上增加额外的服役期限，即每逃跑一天，服役期增加4天至8天，同时她还要承担抓捕自己的费用。

直到18世纪末，超过90%的人口都住在农村。在逐渐发展起来的商业村镇里，熟练技艺成为家庭经济的基础。铁匠、鞋匠、银匠、锡匠、裁缝和制帽工一般会在住宅里（有时是在家门前或地下室）留一块地方当作手工作坊。住宅里还住有在作坊里工作的学徒和熟练工、其他仆人以及所有家庭成员。女仆为家庭成员和学徒们洗衣、做饭、打扫，但女性家庭成员也需要做家务。不仅如此，她们与男性家庭成员和学徒一样，也要从事家中的手工劳动。被行会排除在外的妇女通常不能做学徒和发展自己的手艺。但是很多父亲会教自己的女儿经营印刷厂甚至铁匠铺所需要的一切知识和手艺。很多寡妇在丈夫在世的时候就承担照顾家庭生意的责任，在丈夫去世后很容易继续操持旧业。

没有财产、单身以及那些丈夫不争气或生病的妇女，她们的工作选择很少。她们中最幸运者能在某个行业里立足，充当中介人或经营小店铺。有丈夫的妇女经营小旅馆或卖啤酒的情况也不罕见。妇女只要受一点训练便能成为一位制作女帽、女士外套的工匠或者女裁缝。她可以在家里织袜子到镇上去卖，也可以把自己织的袜子卖给代理人——商人，由他再转卖给远处的店铺。经过稍微多一点的训练，妇女就可以为小孩子开办家庭学校。而且她们还普遍负责本社区的卫生健康工作，如接生婴儿、给幼儿喂奶、照护病人、照顾老人。

但是最后，除非有家庭支撑，否则很少有妇女能舒适地生存。那些没有家庭的妇女往往只能卖身为仆。单亲妇女的处境更边缘化，城镇担心她们会成为公共负担而通常不允许她们定居。为了确保这些临时居住者没有合法权利申请救济，城镇会通知或"警告"她们在规定的几天后必须离开。性别并不能让妇女免于被驱逐。有历史学家注意到，被驱逐的妇女和男性人数是相等的。[11]只有少数幸运者能在公共救济所找到纺纱和织布的工作。

妇女最重要的任务是生育和养育孩子。由于大多数人口统计数据是基于幸存的儿童，所以一个典型妇女的生育次数可能与统计数据有很大差异。在大量婴儿夭折的社会中，现有的数据严重低估了妇女用在生育上的时间。然而即便是从如今留存的少量数据里也可以看出，生育是多么不容易的事。一位典型的自由妇女在20年的时间里大约每两年生育一个孩子。如果她22岁左右生育第一个孩子，40多岁生育最后一个孩子，那么她总共会生10个或11个孩子。其中可能只有8个能活到青年时期。如果最后一个孩子15岁离家，那么这位母亲要花35年时间生育和养育孩子。女奴的牺牲更大。如果一些女奴在生育前后被分配洗衣和做饭的话，那么无休止的工作会对婴儿的生命构成更大的伤害。即便是幸存下来的孩子，一断奶就可能被卖掉或从母亲身边带走。[12]

美国第一位诗人安·布拉德斯特里特（Ann Bradstreet）是最早的定居者，也是普利茅斯殖民地早期一位总督的女儿。她有8个孩子。她很幸运，因为8个孩子都活到了成年。然而她在诗里描写了一些孙辈的死亡，难掩自己失落的情绪。她"亲爱的外孙伊丽莎白·布拉德斯特里特，死于1665年8月，享年一岁半"；安妮·布拉德斯特里特，与她同名，"死于1669年6月20日，享年三岁零七个月"；以及可怜的西蒙·布拉德斯特里特，"死于1669年11月16日，享年一岁零一天"。[13]

虽然生育孩子是妇女独有的任务，但婴儿期之后抚养孩子却不是。父母共同承担训练孩子的责任，分担教育和管教的任务。母亲通常教女孩做家务,父亲则训练男孩耕种畜牧。他们教育的并不都是自己的孩子。因为家庭是一个生产场所,出于有效利用劳动力的考虑,父母会把自己的孩子送到别人家培训,同时自己也培训别人的孩子。因此,孩子常常在9岁或10岁时,在他(她)去的那个家庭里充当仆人或学徒的角色。1688年,12岁的伊丽莎白·内文森(Elizabeth Nevinson)离开父母家,来到了哈蒙德家。劳伦斯·哈蒙德(Lawrence Hammond)在他的日记中写道:"伊丽莎白将作为仆人,与我的妻子一起生活6年,接受教育、指导和抚养,在此期间,未经我妻子的同意,她不得离开我们家。"[14]伊丽莎白的父母大概以为,用这种方式让女儿成为学徒可以使她不至于过分放纵自己。虽然习俗和法律能保护她们免受身体上的虐待,但这些年轻的女孩终究无法逃避辛苦的劳作,这是殖民地时期每个家庭要求其成员必须完成的任务。

伊丽莎白也许发现,哈蒙德家里的家庭结构与她自己家非常相似——一个普通的、相对舒适的新英格兰家庭,丈夫和妻子都是35岁左右,家里可能有一群孩子,从哺乳期的婴儿到青少年都有。年纪最大的2个或3个孩子,尤其是男孩,可能已经和别人签订劳役契约了。10岁到11岁的孩子在家里帮助母亲干活。在这样的家庭中,很可能有年迈的父母和未婚的妹妹来帮忙做家务。稍微富裕一点的家庭可以雇一个女仆——这种做法在18世纪越来越多,因为旧的观念被打破了,父母们越来越不愿意用自己的女儿来交换仆役。对于家里的男人来说,雇用帮手肯定是存在的。在更远一些的南部地区,富裕家

## 第二章 家务劳动

庭用奴隶取代仆人,而且家庭规模越来越大。

那些没有奴隶也没有仆人的殖民地妇女,一定能意识到她们自己的重要性。在当时的殖民地社会中,生产和消费没有分离,丈夫、妻子和子女从事一项共同的事业,工作无论多么辛苦,都是家庭共同目标的一部分,所以妇女根本感受不到今天社会学家所说的那种角色冲突。关于妇女应该做什么的观念,

母亲通常教女孩子家务,但鉴于很多女孩被送到别的家庭学习家务技能,所以我们无从知晓图中这个孩子是家庭成员还是仆人。(来源:美国国会图书馆印刷品和照片部)

与她们在日常生活中实际所做的事情是密切相关的。家庭妇女的良好表现不仅会给丰衣足食的富裕家庭带来实实在在的满足感,还会赢得社会的赞誉。但是,甚至在美国独立战争之前,这种情况就已经开始发生变化,妇女扮演的角色明显变少了。

## 家庭转型

妇女家务劳动的转变不是某个单一因素决定的,妇女生活的改变也不是一朝一夕完成的。在殖民地时期,至少有两个独立的进程推动了家务劳动的转变。两者都始于北部,再向南部和西部发展。第一个进程源于家庭本身想要减轻生存重负的自然愿望。第二个进程是由英国的商业政策推动的。两者都与正在进行的城市化和刚刚开始的工业化交织在一起。

只要家庭农场相对自给自足,妇女的日常工作和社会对她的要求就不会发生实质性的变化。然而,自给自足并不意味着不与其他家庭进行产品交换。很早以前,大多数城镇都建造了自己的谷物加工厂,这大大减轻了家庭的负担,不必自己磨粮食了。家庭之间用交换劳动的方式完成一些艰巨任务,比如盖房子、缝被子、煮甘蔗糖蜜。更常见的情况是家庭之间交换产品。一个家庭缺少蜡烛,可以用肥皂、鸡蛋或家里任何剩余产品来向别的家庭交换。以物易物扩展到了杂货店。妇女用编织布、帽子、纱线和彩旗等物品来交换现金等价物。有时,她们用自己生产的东西来换取服务,以减轻自己的劳动负担。

以梳理羊毛为例。当剪完一只羊的毛，从成堆的羊毛中挑出毛刺和细枝后，妇女就必须对羊毛进行梳理，为下一步纺纱做准备。这项任务是漫长而艰巨的。当职业梳毛工宣称自己愿意迅速完成这项工作时，妇女便很乐意把任务交给他们。梳毛工表示愿意梳理、清洗、漂染一定数量的羊毛，以此换取一磅的成品。以产品交换服务为诱惑，让人们更有动力生产剩余产品。很快，商业因素渗透到农村地区，妇女也开始为了贸易纺纱，通常用以交换几码的织布。

这种形式的贸易交换，在小型家庭制造业领域持续的时间比预期的要长。这是因为，英国的商业管制强化了妇女生产在殖民地经济中的重要性。英国的商业政策要求殖民地为母国刚刚开启的制造业生产原材料，或者提供食物或烟草。但英国很快发现，除了南方的烟草、沥青、焦油以及后来的糖和棉花成为经济作物，殖民地既不能用足够数量的原材料或食物来购买英国商品，也不能靠依赖英国来满足自己的所有需求。

早在1640年，当英国内战暂时切断了商品供应，各个殖民地就开始鼓励妇女用羊毛、大麻和亚麻来纺纱和织布。有一年，马萨诸塞州下令对本地的纺纱能力进行系统调查，并敦促要教男孩和女孩纺纱。为了鼓励生产，马萨诸塞州还同意额外给织布工人一笔相当于织布价值25%的奖金。后来的法律对妇女的规定更加具体，比如规定"所有没有被其他工作雇用的人，像妇女、女孩、男孩等，应当根据自己的技能和能力来纺纱"。[15]法律还要求，每个有纺纱机的家庭每周要生产3磅亚麻、棉花或羊毛，每年持续30周。随着各殖民地经济状况的变化，妇女纺织的压力时大时小。但是没有人怀疑一旦有需要，妇女应该立刻拿起她们的纺车轮。

英国的商业管制在17世纪末18世纪初变得更加严格。殖民地之间的某些制成品交易被禁止了。例如，1669年英国禁止殖民地居民在马、手推车或马车上装载任何羊毛制品，也就是说，至少在纸面上，贸易是不可能的。随着美国革命的临近，从英国向殖民地输出技术、信息和机器也成了非法的勾当。

商业禁令从未得到严格执行。然而，虽然这些禁令阻止了任何规模工厂的发展，但却鼓励了家庭制造业的延续。当然，家庭制造业不仅仅是妇女的任务。鞋子、锡制品和铁制品都是从男性工匠的店铺里买来的。但是妇女承担了织布，做衣服、帽子和食物的重担。殖民地的法律和规章制度向完成任务的妇女提供奖金，以此来弥补英国商品的匮乏。

18世纪下半叶，重商主义的压力不断增加，殖民地对英国商业禁令的抵抗也不断增强。最后，1765年不得人心的《印花税法》(Stamp Act)导致殖民地人采取一系列报复措施来抵制英国商品进口，于是，购买本地产品被视为一种爱国行为。在马萨诸塞州的林恩市，从1760年到1768年，鞋匠生产的鞋子数量增加了大约10倍。对手工纺织品的需求大涨，促使商人想方设法加快生产。公共的纺纱比赛邀请妇女把织布机搬到波士顿公地（Boston Common）。随着商人为纺纱开出更高的价格，家庭制造业急剧增长。针织品的市场扩大了。[16]

以前，妇女纺织主要是供家庭使用，而此时她们发现，能从自己的产品中获得稳定的收入，尽管收入不多。但是，鼓励

这幅版画出版于1884年,描绘的是1820年左右,一位妇女对家用纺织产品的需求达到了顶峰。参考资料:*A Family Flight Around the Home* by Rev. E. E. Hale and Miss Susan Hale, New York: D Lothrop and Company, 1884。(来源:美国国会图书馆和斯隆基金会)

妇女在家工作的那些压力很快产生了相反的效果。殖民地的政治独立运动促使妇女提升了家务技能,同时也刺激了技术的革新,进而增加了制成品的数量。随之而来的是家庭制成品和工厂制成品之间的竞争,前者在竞争中迅速失去了优势。

研究家庭制造业的历史学家罗拉·米尔顿·特里昂(Rolla Milton Tryon)指出,从1783年美国革命结束到1815年拿破仑战争结束，美国的制造业发展经历了三个阶段。首先，妇女们争相购买在长达7年的独立战争中被禁止的进口商品。其次，爱国主义和昂贵的开销让她们重新选择购买家庭制成品。最后，新兴国家的工业独立浪潮推动技术的快速发展与小商店和小工厂的迅速扩张，让家庭制造业彻底失去了发展的动力。

1800年，某些地区的妇女可以选择支付一个或多个生产工序的费用来代替自己在家里的手工劳动。漂洗厂和染色厂为接下来的缝纫准备好羊毛布料。在使用原料相等的情况下，梳毛厂能够比手工梳毛产出更多纺纱。亚麻的切断和漂白被集中到同一个地点。有一大批流动织工，还有为数众多宣称愿意用纺纱来换取部分布料成品的代理商，为大量社区提供服务。有能力购买这些商品的妇女几乎不愿意再继续从事繁重的工作。蒸汽动力的机器能比家庭主妇生产出质量更好的布料和更细的纱线，而且价格优势也很明显，这些因素让家庭主妇完全停止了手工纺纱和织布。

从19世纪早期家庭生产的数据中可以看出，家务劳动发生了多么剧烈的变化。例如，在1825年的纽约州，每个家庭成员仍然生产近9码的织物。不到10年，这个数字就下降到了4码多一点。到1855年，纽约州家庭成员平均每人只生产1/4码的布料。家庭纺纱和织布的技术已濒临消亡。[17]

这些数据反映出新的市场经济的影响力。随着家庭生产负担的减轻，对妇女劳动力的需求也减少了。虽然没有人会认为家庭功能与家庭构成之间是一种对应关系，但是到19世纪初

## 第二章 家务劳动

出生率已经开始下降，家庭的规模也明显缩小了。人口统计学家菲利普·格雷文（Philip Greven）发现，像马萨诸塞州安多弗这样的村镇，人口数量出现了绝对下降。[18]到1850年，本土

1807年国际奴隶贸易被禁止，提高了生孩子的女奴的价值。这是1863年新奥尔良等待出售的奴隶一家。（来源：美国国会图书馆印刷品和照片部，格莱斯顿藏品）

出生的白人妇女平均只生育5个孩子——这个数字只有她曾祖母的一半。在较贫穷的家庭中，家中的长女现在更容易摆脱家务劳动，有时候她们在回家前可以去工厂工作一段时间。家里的附属成员越来越少。未婚的姐妹可以在城里谋职，也许是在学校教书。在整个19世纪上半叶，家庭的规模持续缩小，因为原先在家庭里完成的工作如今则被吸引到了商业作坊里。

在北方，仆人和田里的帮手不再像过去那样容易得到，对他们的需求性质也开始发生变化。虽然南部和北部的富裕家庭可能仍然有很多仆人或奴隶，但进入19世纪以后，家庭越来越多地依赖于一个"包办一切工作的女仆"，她的处境明显恶化了，因为她必须承担过去可能由洗衣女工、厨师和多位女仆完成的工作。而且与殖民地时期相比，仆人的带薪劳动与"淑女"工作之间的差别更大了。

女奴对家庭繁荣的贡献发生了另一种不同形式的变化。随着1807年国际奴隶贸易被禁止，以及19世纪20年代奴隶制在大多数北部州被废除，不断扩张的棉花产业需要更多的劳动力。奴隶主们有意或无意地参与把女奴从"存货"（"stock"）变为"繁殖者"（breeders）的行动。在我们当今21世纪的人这里，这听起来都很残酷，那么对于亲历者来说则更加残酷。

非裔妇女越来越多地遭受白人主人及其亲属的强暴，被迫与她们素不相识的男人建立伴侣关系，其子女可能会被任意售卖。[19]

## 第二章 家务劳动

### 富裕的家庭主妇

整个19世纪,大多数妇女都继续在家里辛苦工作。女奴继续在田间和家里劳动。农村妇女以及无论城市和农村的贫困妇女,要么自己做家务,要么和仆人一起劳动。然而,对于富裕的城市妇女来说,她们家务劳动的性质(虽然不一定是数量)发生了显著变化。南方和北方的"淑女"放下了纺车。对于越来越多的中产阶级妇女来说,生育、抚养孩子,以及让家庭成为"舒适"场所,这些任务扩展并取代了早前的生产职责。因此,在整个19世纪,富裕中产阶级的妇女与贫穷工人阶级的妇女所从事的工作之间的差距急剧扩大。

中产阶级妻子的新角色包括维持家庭的价值观和生活。在中产阶级家庭里,丈夫不再与妻子一起工作,而是外出闯荡。于是,人们期待妇女应当是开朗热情的,负责家庭的平稳有序运转,为丈夫提供其维持工作生活所需的服务。用历史学家南希·科特(Nancy Cott)的话说,她的主要任务是"为他人服务和在家庭中传播幸福"。[20]但是这些只是她履行自己"命定职责"(ordained role)的方法。她还是社会中道德价值观的守护者,有了这些价值观,一个突飞猛进的商业文化才不至于堕入粗俗物质主义的泥潭。随着男人越来越注重外出工作谋生,妇女则以一种在上帝面前值得称赞的方式继续塑造家庭。在日常生活中,"塑造家庭"涵盖了各种具体的任务,包括监督和培

41　最能体现妇女虔诚的,莫过于她们在养育子女上所付出的努力。这张图刊登于1840年的《戈迪女士手册》。请注意,父亲外出上班的时候,母亲在参加孩子的祈祷仪式。参考资料:*Godey's Lady's Book*, Philadelphia: L. A. Godey, 1840. (来源:林肯金融基金会馆藏)

## 第二章　家务劳动

训仆人以及承担那些以前由社区集体负责的慈善活动。还有交际拜访、在主日学校教书等，这些都是一个妇女认真履行自己使命的标志。

最能体现妇女虔诚的，莫过于她们在养育子女上所付出的努力。越来越多的父亲外出工作，留下母亲单独在家抚养孩子。她抚养孩子的方式既要符合神圣的价值观，也要满足未来在一个不信神的、竞争的世界中谋生的需求。在杰克逊时期，广泛传播的平等主义观念要求即便是出身良好的人也要努力提升自己，这大大加剧了两者之间的矛盾。个人主义思潮把失败的责任完全归咎于竞争者本人。只有一个既能灌输信仰又能培育自律精神的母亲角色，才能调和这种矛盾。当时流行的观点认为，共和国的未来取决于母亲为继续复兴道德目标所作的努力。

最清晰地表达出这些观念的是富裕和不断壮大的城市中产阶级。历史学家伯纳德·维西（Bernard Wishy）认为，19世纪30年代之后，人们开始重新评价家庭生活，于是，母亲的重要性上升到了新的高度，孩子成为妇女活动的焦点。人们要求母亲放弃财富、轻浮和时尚，以便准备好迎接自己的伟大使命。"母亲显然是一切拯救或毁灭孩子的根源，美国的历史和精神命运掌握在她手中。"[21]与此同时，妇女变成了"淑女"。人们期待妇女温顺而被动、谦虚而沉默，屈从于丈夫和父亲意志。虔诚、纯洁、顾家、顺从，成了理想。妇女只有在家里才能履行这些戒律。正如一位傲慢的作家所指出的那样："在这个问题上，自然的指示是明确而迫切的，《圣经》给出的禁令也同样是确凿无疑的。"[22]

以这种方式把家庭神圣化并没有减少家庭中的体力劳动量。但是它的确降低了艰苦劳动的重要性,在19世纪20年代和30年代改变了家庭的公共形象——家庭从一个从事生产性劳动的地方转变为一个以维系美德和道德为主要目标的场所。这一时期涌现出大量讲述妇女应该如何生活的文学作品,为美化妇女在家庭中的精神和情感角色做出了贡献。多年来,历史学家一直将这种规范性文学作品视为对妇女实际生活方式的描述。然而近年来,一些历史学家开始阅读19世纪妇女的日记和信件,揭开了中产阶级家庭妇女生活的另一幅图景。美国内战前,许多"运转良好"的家庭中都住着一位过度劳累的妇女。缺少家务劳动的帮手,没有现代化的便利设施,而且经常怀孕,这些妇女痛苦地抱怨自己艰苦的生活。1847年,玛莎·科芬·赖特(Martha Coffin Wright)在给妹妹的信中列出了一份指导意见清单,并评论道:"我只知道一件事——如果我有一笔独立的财富,我很乐意把我所掌握的有关这方面的宝贵信息都告诉你,但是关于继续做家庭妇女这件事,我相信我已经做得够多的了。"[23]即使是奴隶环绕、坐拥豪宅的南方"淑女"也要劳动。安妮·菲罗·斯科特(Anne Firor Scott)描述了维克斯堡一位铁路官员妻子的生活:她"不停地缝纫,家务负担极其沉重,连坐在客厅里与客人交谈几句都会感到内疚,除非手里拿着针线活。虽然事实上她从来不缺家庭奴隶的帮忙,但她还是要亲自打理花园,在春天要铺地毯,还要做饭洗衣、照顾孩子"。[24]

因此，必须以大多数妇女在家庭中所做的实际工作为背景，重新考察凯瑟琳·比彻（Catharine Beecher）的《家政论》（*Treatise on Domestic Economy*）。该书出版于1841年，书中给妇女提出了一些建议，教她们如何重新安排家务劳动以便减轻负担。比彻意识到，管理家庭是一件极其复杂的工作，要求充分的准备和训练，所以她给妇女撰写了一本手册指导她们做每一件事，从如何正确地设计厨房，到什么是适当的家庭礼仪，等等。1841年到1869年，比彻率先提出了高效家务的原则。她与妹妹哈丽雅特·比彻·斯托（Harriet Beecher Stowe）合作，于1869年出版了该书的第二版，书名为《美国女人的家》（*The American Woman's Home*）。该书体现了时代的变化，也预示了即将发生的事情。它由38章构成，合在一起就是一部百科全书，主题包括房屋设计和装饰，家庭通风，供暖，卫生保健，营养与烹饪，锻炼，清洁，礼仪，家庭经济，照顾婴儿、仆人和病人，社会责任，以及厕所建设。

作为家庭的中心，厨房要按照船上厨房的原则来布置。需要用的物品必须近在咫尺，整齐有序，标签清晰，并摆放在适当的位置。这本手册希望"让那些承担了艰巨而神圣的家庭责任的职业拥有更高的荣耀和报酬，从而让每一个'妇女的真正职业'（women's true profession）都像男性最受尊敬的职业一样，得到人们的渴望和尊重"。[25]

与前一版《家政论》一样，《美国女人的家》默认家庭生产不再是妇女的主要职责。它承认家庭主妇的工作需要知识和组织，与此同时它含蓄地抓住了美国独特的个人主义核心。随

凯瑟琳·比彻的手册建议妇女建造高效的厨房,节俭持家。(来源:哈佛大学拉德克利夫学院施莱辛格图书馆)

着家务劳动生产功能的减弱,妇女的地位可能会骤降,但比彻姐妹把科学的要素引入家务劳动,成功地提高了妇女家务劳动的地位。比彻姐妹开启了一场运动,最初是在赠地大学(land-grant colleges）*和妇女机构进行家庭艺术的培训。新的家政计划鼓励妇女获得大学学位，前提是不威胁到当时人们对于妇女地位的常规认知。

开发妇女的天赋，使其从最糟糕的家务苦差事中解脱出来，这为她们从事其他职业提供了可能性。一些人开始怀疑家庭生活是否应该是妇女的最高使命。像梅鲁西娜·费伊·皮尔斯（Melusina Fay Peirce）这样的人，试图找到一种方法让妇女完全走出厨房。皮尔斯在1869年创立了剑桥合作社（Cambridge Cooperative Society），目的是为家庭组织服务。该组织开办了一家合作商店、一家洗衣房、一个面包房。与此同时，她还力主修建一批带有集中家政设施的无厨房公寓，但没有成功。玛丽·史蒂文斯·豪兰（Marie Stevens Howland）和爱丽丝·康斯坦斯·奥斯汀（Alice Constance Austin）试图改造集体生活中的平等主义理念，以完全消除私人家务劳动。[26]这些妇女绘制了她们理想社会的蓝图，但却无法在实践中落实。

对于大多数妇女来说，建筑反映了社会对家庭生活的看法，限制了集体家务劳动的可能性。大多数妇女都受限于当时的意识形态和家庭空间的壁垒。然而，随着新能源的引入，妇女在家庭内部所做的事情发生了改变。19世纪中期，一些家庭

---

\* 指由美国国会在1862年和1890年通过的《莫里尔法案》（又称《土地拨赠法案》），因而获得国会资助的美国高等教育机构。具体来说，联邦政府向各州拨赠公共土地，并要求各州用这些土地的收益资助至少一所学校。这些学校以农业教育与工艺机械教育为核心，以此推动工业革命和社会阶层的改变。

开始使用廉价的天然气。到19世纪末，富裕家庭开始用电力取代木材和煤炭。煤气和电力为家务劳动的转变提供了潜力。对于有能力承担的人来说，清洁燃烧的燃料减少了砍伐和搬运的辛劳，清除了家庭中的大部分烟尘和灰尘，而且能立刻取暖照明。19世纪末，富裕家庭用自来水取代了井和街道上的抽水机，以前人们普遍从井和抽水机里人工抽水，有时还要爬好几层楼梯。最后，进入20世纪初以后，石油或天然气炉的出现让除赤贫家庭外的所有人都能获得冷热自来水。19世纪末，配有丰富能源和自来水供应的个人住宅刺激了小功率电动机的发展，于是，长期以来用手工完成的家务劳动，被电力驱动的机器取代了。

中产阶级妇女生活变化之迅速从洗衣设施的改进中可见一斑。当一个人在洗衣服时需要打水、砍柴加热、手洗每一件衣物、用清水冲洗，最后还要清理灰烬时，难怪那些负担得起的人经常雇用洗衣女工。即便家庭主妇和洗衣女工一起劳动，也要花一整天的时间。在家庭用电出现之前的简陋洗衣机需要蒸汽加热，而且设备体积巨大。正是因为它们太麻烦了，所以凯瑟琳·比彻建议开设社区洗衣店，妇女可以把家里要洗的衣服送到那里。甚至在19世纪晚期，手摇洗衣机的绞干机和锅炉，跟普通家庭在洗衣时的机械辅助差不多。1889年小型电动马达的发明并迅速改良为家用，开创了一项使电动"自动"洗衣机成为可能的技术——到20世纪20年代，中产阶级家庭的洗衣负担大大减轻，一个上午就能完成。[27]技术变革并不意味着消除了家务劳动。以前需要两个妇女洗的衣服，或者需要全部送出去洗的衣服，现在只需要一个人就可以完成了。

炉灶、吸尘器和冰箱也改变了妇女工作的性质。新的设备减轻了日常购物出行的负担，清洁工作可以更快地完成，做饭消耗的时间越来越少。在这些技术的发展中，工厂发挥了很重要的作用。19世纪80年代，为美国内战时期的军队发明的加工食品和罐头食品进入了普通家庭。到19世纪和20世纪之交，中产阶级妇女可以为全家人购买成衣。买面包比自己烤面包也要容易得多。和新式洗衣机一样，这些技术变革虽然没有彻底清除，但确实实改变了家务劳动中一些单调辛苦的活儿。

到20世纪初，如此多的劳动任务不再由家庭承担，以至于有些人担心家庭本身是否会解体。妇女的家庭工作类型因工业革命而从生产性工作转变为维系性工作。一些人担心，当工人阶级妇女进入工厂工作时，中产阶级妇女会面临一位作家所说的"家庭空虚"（"domestic void"）。1911年，《妇女家庭杂志》（Ladies' Home Journal）的一位编辑指出："今天，某种类型的妇女最需要一种能将其捆绑住的劳动任务。我们的整个社会结构会因此而变得更好。太多的女人无所事事，这很危险。"[28]

诸如此类的情绪让一些中产阶级妇女投身于19世纪末兴起的家庭科学运动（domestic science movement）。就像比彻姐妹时代的家政运动一样，家庭科学运动的出发点也是让妇女的劳动任务合理化，其早期阶段强调效率和良好的培训，后期又增加了道德目标。这场运动旨在通过教导妇女"何为正确的生活方式"来维护家庭。该运动让家庭主妇的劳动更有目的性，因此有助于阻止她在家庭之外寻求满足感。而且，另外一个附带的好处是，中产阶级家庭主妇将为那些没有经过培训的移民树立一种家庭生活的榜样。1899年，家政协会（Home Economics Association）的创始人们在纽约普莱西德湖（Lake Placid）开会，狂热地讨论培训妇女料理家务的可能性。他们相信，这样做能抵制激进思想，加强社会流动性，还能通过抑制罢工和不满来维持工作场所的和谐。家政协会的成员们相信自己找到了真理，他们怀着这种满腔正义开始着手教育美国妇女。

家庭科学运动有三个方向，都源于当时对科学方法的关注。首先，家庭主妇必须了解她所面临的问题性质。该运动的领导人艾伦·理查兹（Ellen Richards）主张"思想态度"（attitude of mind）的改变将引导女性对自己的任务进行反思："我能比现在做得更好吗？我还可以使用其他设备吗？我房子的清洁设施安排得对吗？我的食物是最好的吗？我选对服装的颜色和布料了吗？我是否充分利用了时间？"[29]第二个方向是探索。家庭主妇掌握着前沿科学知识。19世纪70年代，细菌理论兴起。家庭主妇探索着细菌对家庭卫生的影响。在美国医学协会（American Medical Association）的支持下，妇女被要求无论是个人还是她们的家庭都要保持清洁。每年一次的春季大扫除已经不可行了。控制细菌需要持续的监视。医学研究人员还提供了营养数据。家庭主妇需要在这些新发现的背景下了解食物的准备和烹饪。生理学知识可能会有所帮助。大学开始鼓励妇女学习植物、动物生物学和家政科学的知识。这些新学科让妇女接受大学教育变得合法化了。妇女们现在可以说，教育会让自己成为更好的家庭主妇。家庭妇女困扰于不断提高的标准和对管理技能的新要求，于是不得不求助于知识，仿佛知识是灵丹妙药。

家政科学的第三个方向提供了解决办法：科学管理（scientific management）。早在20世纪初，弗雷德里克·泰勒（Frederick Taylor）提出的提高生产率的方法就已经在美国工业

1917年，一位营养学家拜访公寓居民，教授她们营养烹饪的诀窍。

中传播开来，即通过把权力集中在一个管理集团手中，让它来选择最有效的工作组织方式。1912年，克里斯蒂娜·弗雷德里克（Christine Frederick）将泰勒的一些想法应用到家务劳动中。她认为，家庭主妇应该把管理工作和体力劳动分开。为此，她必须分析如何使用时间并用心组织她一天的工作，以便把苦差事减少到最低限度。把必须要做的事情列成清单，有助于家庭主妇估算所需的时间。每一项任务都应该用最有效的方式来完成。家庭主妇要仔细记录她的时间以确保没有任何一件事超出规定的时间。例如，给婴儿洗澡不应超过15分钟。高效而有条理的工作不仅会减少雇用仆人的需求，还会让家庭主妇有更多的空闲。

事实上，家庭科学运动与家庭科学管理产生了许多相互矛盾的结果。从最好的方面来说，两者都鼓励使用新技术，减轻了一些家务。但对一些家庭主妇来说，这意味着所有的家务现在都落到了她们的手中。减少或取消家务帮手让家庭妇女更加孤立无援，有时还增加了她们实际花在家务劳动上的时间。

## 贫困的模式

富裕妇女不需要对家庭经济作出以前那么多贡献了，然而城市和农村的贫困妇女却发现，工业化和城市化不过是用另一种生产性劳动取代了前一种而已。对于获得解放的妇女来说尤其如此。她们发现，随着奴隶制的结束，自己面临着极其艰难的经济环境。非裔美国妇女要赚钱谋生,但新的流浪法却规定不能证明自己从事带薪劳动的黑人妇女(而非白人妇女)要接受惩罚,所以她们只能靠做家务劳动以获得微薄的报酬。只有为白人家庭,有时甚至为曾经的主人家庭清洗和熨烫衣服,她们才能勉强维生。

由于没有自己的土地,许多黑人家庭采取了分成制(sharecropping),即耕种一块土地,然后与土地所有者,通常是白人,分享收益。贫穷的佃农中有妇女和儿童,有黑人和白人。他们轮流在甘蔗、烟草和棉花地里耕种。家庭生存要求孩子也要参与家庭劳动。对于佃农家庭的妇女来说,极度的贫困和沉重的债务使她们的地位与奴隶相差不远。她们不得不种植经济作物来偿还开办农场所欠的债务,几乎没有时间打理家庭花园或饲养家畜。她们从当地商人那里购买食物和生活用品,而这立刻又增加了她们的债务,于是这种半奴役的状况便无休止地循环下去。即使是最好的年份,她们也不太可能还清债务,因为丰收增加了供应,会导致每蒲式耳\*作物的单价下降。

贫困家庭妇女的家务劳动和家庭维系即使与条件最差的城市家庭主妇相比也毫无相似之处。由于没有电(电力直到20世纪30年代在政府资助下才在美国南部农村普及)或自来水等便利设施,再加上债务的折磨,农村贫困家庭中妇女的劳动负担几乎不比殖民地时期的妇女少。就像时钟停止了一样,农

---

\* 英美容量单位,主要用于度量大量干货尤其是农产品的容量,1蒲式耳约为36.37升。

村妇女依然要为家庭提供食物和衣服,这种状况一直持续到20世纪。她们偶尔会去西尔斯百货公司,或在罗巴克百货公司的商品目录中买一件新衣服,但大多数农场妇女仍然制作几乎所有的家庭服装、烤面包,以及加工所有的水果、蔬菜、肉和家禽。在20世纪30年代,美国南方仍有数十万户农村家庭以这种方式生活。人口普查显示,在1935年仅北卡罗来纳州就有75万户贫困家庭。

社会学家玛格丽特·贾曼·哈古德(Margaret Jarman Hagood)访谈了1937年和1938年大萧条时期的佃农家庭,生动地描述道:在厨房里,"一个木炉子或炉灶,一张盖着油布的桌子,是用来准备食物和吃饭的,还有一个用来储存和保存食物的保险箱",这些是仅有的标准设施。一个屋子有四间房,但连一个壁橱都没有。地板上几乎没有任何覆盖物。偶尔会有一位母亲离开访谈人员"去隔壁房间赶一头猪,它是从一扇没有遮挡的门里窜进来的"。在这种情况下,屋子需要不断地"被整理"。做饭要耗时一整天,因为妇女不得不面对"需要生火燃烧的木炉子,相应的老式器具,要养活更多人的家庭,要满足户外工作者的更大胃口,要从头开始准备原材料而不是使用昂贵的、买来的半加工食物,要适应饮食偏好——每餐都要有热面包、家庭烘焙的馅饼和蛋糕,以及煮了好几个小时的蔬菜"。[30]

城市贫困则是另一种情况。家里不能生产或不再生产的东西,必须用现金支付。对一些妇女来说,这意味着要外出谋生——要随着工作进入市场。这是一个困难的选择,除非有人

分成制需要每个家庭成员的劳动，包括年幼的孩子。即便如此，1914年描绘的这个北卡罗来纳州九口之家也只能勉强生活。（来源：美国国会图书馆印刷品和照片部）

替代她做家庭劳动，因为孩子需要监督，工资劳动者需要有人在家里做饭、洗衣和完成其他家庭服务。在没有自来水、靠煤炉或柴炉取暖的家庭里，维系家庭的运转需要投入大量时间。一个工人每天工作10个到12个小时、一周工作6天，是无法完成采购、做饭、洗衣和修补衣服等家务劳动的。工人们在工业化进程早期就意识到了这一点。为了在家庭中获得妇女的服务，并将其延续下去，他们提出了"家庭工资"（family wage）的要求。1835年费城行业工会（Philadelphia Trade Union）这样警告说："我们必须努力为我们的劳动争取足够的报酬，从而让我们的妻子、女儿和姐妹留在家里。"[31]

大多数家庭会指派一个妇女——妻子、女儿或姐妹——来

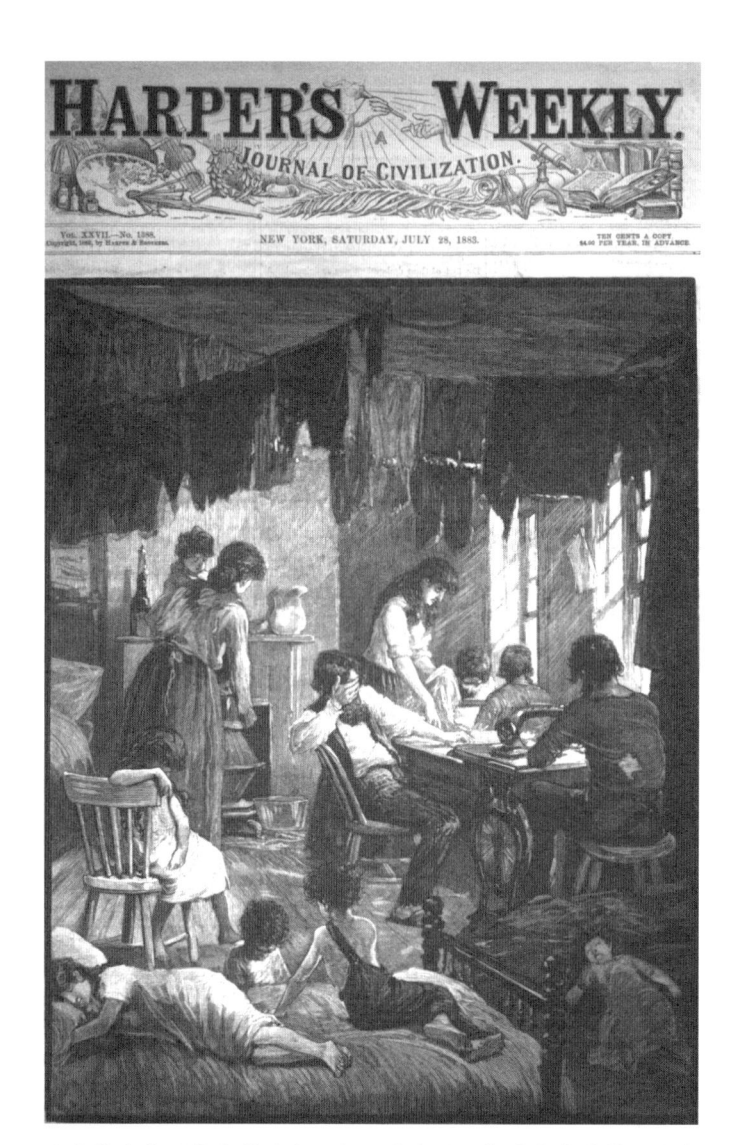

无论是城市还是农村的穷人都无法实现理想的家庭愿景。这张 1883 年《哈珀斯周刊》(Harpers' Weekly) 的封面揭示了许多家庭生活在水深火热之中。参考资料:《哈珀斯周刊》, 1883 年 7 月 28 日。(来源: 美国国会图书馆)

## 第二章 家务劳动

组织家务劳动和添补家用。这项工作并不容易。它包括对儿童的养育和管教,以及对男人在情感和物质上的支持。但最重要的是,它需要负责一个家庭的吃和穿,而且有时是在极其艰苦的条件之下。衣服要手工做,穿坏了再重新做。买东西时会为了不新鲜的面包和半腐烂的蔬菜而陷入无休止的讨价还价。

家庭中工资劳动者的技术水平和收入越低,家庭主妇就越难维持生计。在最贫穷的情况下,家务只不过是一种幻想。至少从19世纪30年代起,每个大城市中都有相当一部分劳动人口生活在极度悲惨的环境中。19世纪40年代的纽约市已经有了"地窖"人口("cellar" population),即住在黑暗和不透气的地下室里的人。到19世纪60年代,大约有2万人住在曼哈顿上西区的木制"棚屋"(shanty houses)里,所谓"棚屋",只不过是几块隔板敲在一起而已。短短几句描述,就能揭示出在这样的环境下"管理家务"一定异常困难。1845年,一位城市督察向一个工业委员会报告说:"发现一家人挤在一个房间里,只有几张脏的坏掉的椅子,几个炊具、炉子,通常还有一张床,一只狗或一只猫,有时或多或少还有几只家禽。在房间外面,很多情况下是在门边,有几只猪、羊和其他家畜。没有水槽或排水系统,泔水都倒在地上。"[32]即使这些最恶劣的情况在19世纪末被消除了,住在廉租房里的家庭妇女也很少能负担得起技术革新的费用,这些技术让富裕的家庭妇女的生活更加舒适。

在一些工人阶级家庭中,较高的收入让妇女能够从这座19世纪城市迅速发展的便利设施中受益。但是,即使是备受尊敬的工人的妻子，其受益程度也比不上中等专业人士和管理人员的妻子。19世纪末，匹兹堡市为工人阶级社区铺设的下水道和街道要少于中产阶级社区，供水也不太可靠。男人往往居住在他们工作的工厂附近，所以他们的妻子要与源源不绝的污垢和煤烟作斗争。未铺砌的道路比已经铺砌的道路更难清洁，生活垃圾和马粪堆积在街道上，让穷人的疾病率和死亡率都高于富人。[33]

19世纪末20世纪初，像巴尔的摩、费城、芝加哥、波士顿等主要城市，其人口中有1/3到1/2是贫困移民家庭。他们大多居住在肮脏拥挤的地方。室内自来水几乎不存在。往往四五个家庭合用一个厕所。贫民窟并不新鲜，但从未有如此高比例的美国人生活在如此拥挤的条件下，管理家务也从未遇到如此大的障碍。家庭主妇遭受这般苦难，直接原因是市政服务的缺失。为了收集足够的水用以满足一天的洗衣、饮用和做饭需求，她们不得不早起，把巨大的浴缸填满水，然后把它们拖到室内，有时还要爬好几层楼梯。这么多水用完要处理掉的话，还必须拖下楼或倒下楼。很少有工人阶级妇女用得起洗衣机、室内厕所或中央供暖。没有冰箱意味着她们每天还要去购物。[34]

以1905年纽约下东区一位典型的犹太移民女性为例。那一年纽约州的人口普查手稿让我们得以清楚地了解了她的生活。她和丈夫住在一个有卧室、客厅和厨房的公寓里，供养3个或更多的孩子，以及两个可能是远亲的房客。这7个人分散在公寓的每个房间里睡觉。在这个狭小的空间里，家庭主妇

## 第二章 家务劳动

洗衣、做饭、打扫卫生。她没有冰箱。她的炉子仍然是烧煤的，需要定期清洁和细心照料。购物时她会找便宜货买，为一分钱讨价还价。打扫卫生时她得与无穷无尽的蟑螂做斗争。小说家安齐娅·耶泽尔斯卡（Anzia Yezierska）讲述的故事生动呈现了这种生活。小说的女主人公回忆起无尽的贫困："椅子的扶手是用绳子绑着的，柜子上杂乱的东西，被撕破的购物袋里撒满了土豆，面包和鲱鱼被一起扔到床上。一切都那么臭，那么脏……"[35]

这种描述反映了许多移民妇女的生活。社会学家玛格丽特·宾顿（Margaret Byington）在1907年和1908年研究了宾夕法尼亚州霍姆斯特德钢铁厂工人的家庭。在同一个社区里，一个移民家庭每天的生活费大约需要1.65美元，一周的生活费需要11.55美元，而一个不熟练的工厂工人通常每周的收入还不到10美元。因此，一个由丈夫、妻子和三个孩子构成的典型家庭里，可能会有1个到4个房客住在一个四间房的公寓里。房客的租金让家庭收入提高了25%，而妻子除了为自己家人以外，通常还需要为所有房客购物、做饭和洗衣服。[36]

这种情形并非霍姆斯特德钢铁厂所独有。只靠一位家庭成员挣钱通常是无法维系家庭开支的。即使一个人的收入可以负担基本生活必需，这个家庭也经常依赖其他成员，特别是妇女的额外经济贡献，才有可能攒钱买一小块土地、一所房子，或在西部买一座农场。人类学家安东尼·华莱士（Anthony Wallace）记录了他对美国内战前宾夕法尼亚州一个磨坊小镇的研究结果。妻子们可以，也确实在工厂工作，但对她们来说，在家里照顾房客要赚钱得多。单身汉需要地方住，3个或3个以上房客的租金就能抵得上整个家庭在工厂的全部收入。一个家庭，无论户主是男是女，如果没有多个家庭成员的综合工资收入和房客租金的额外收入的话，就无法维持舒适的生活。[37]

家庭主妇的这种挣钱模式是整个19世纪和20世纪早期工人阶级家庭的特征。在19世纪50年代的纽约，有1/4到1/3的爱尔兰裔移民的妻子在家接收房客。在19世纪和20世纪之交的宾夕法尼亚州霍姆斯特德，妇女外出工作挣钱的机会比较少，超过40%的家庭至少有一个付费的房客。即使在拥有众多小型工业的布法罗市，也有超过10%的意大利已婚家庭主妇接

如果只有一位家庭成员挣钱的话，家庭是无法生存的。这是一位母亲和她的孩子们在用线穿扣子。这张照片是1912年刘易斯·海恩（Lewis Hine）在马萨诸塞州威廉斯堡拍摄的。（来源：美国国会图书馆印刷品和照片部，美国全国童工委员会的记录）

## 第二章　家务劳动

收房客。[38]这些贡献往往没有被计算在内,甚至没有被她们自己的家庭计算在内。一个14岁的女孩向报纸询问她是否应该辍学来帮助养家。她写道:"我的父亲身体虚弱,是唯一努力支撑整个家庭的人。"她解释说,她想帮助父母,接着说:"我母亲现在怀孕了,但她仍然要照顾我们家里的三个房客。"跟那些从不把照顾房客算作工作的人口普查员一样,当这个女孩忽视自己母亲的劳动时,也就忽略了25%的家庭收入。[39]在许多家庭中,家庭主妇的赚钱能力至关重要。家庭主妇管理稀缺资源、精明购物、仔细缝补家中衣服的能力,决定了一个家庭是仅仅能勉强为生,还是能摆脱贫困。

在这种情况下,中产阶级妇女努力培训移民妻子,不免显得有些绝望。美国国内的改革人士通过教会团体、养老院和妇女俱乐部,尤其是通过学校,敦促移民妇女养成那些被认为能维持美国价值观的性格习惯。其中,节俭是最重要的——便士储蓄银行就是最好的证明。接下来依次是清洁、烹饪碎肉和缝纫。尽管这些学习课程在一个不那么贫困的环境中可能是有用的,但当它们遇上移民家庭的生活现实时,便呈现出荒谬的一面。当人们彼此挤在一起住的时候,哪里顾得上家庭礼仪?当家里连刀叉都不够的时候,餐桌布置有什么重要的?当一个房客搬进另一个房客搬出时,床铺是否需要整理得四角方正?只有移民妇女有了更高的收入和更稳定的经济保障,她们才会关注到这些事情。

然而她们的孩子学习了这些课程。一位妇女在接受采访时谈到了她在美国的早年生活,描述了她在夜校学到的礼仪知识。"我们穿着长裙……当然,我们不允许把裙子抬得太高,只允许露出一点点鞋子。老师以此来给我们在生活中的行为树立范例。我们应该小心翼翼,不要沾染上任何现代气息。"⁴⁰《为了她自己好》(*For Her Own Good*)一书的作者芭芭拉·艾伦瑞克(Barbara Ehrenreich)和迪尔德丽·英格利希(Deirdre English)讲述了二战后一个移民家庭的孩子与母亲抗争的故事。在回忆起她的家庭科学课时,这位妇女评论道:

> 我还记得氨气的味道——他们在教我们清洁地毯。谁家有地毯?我的想法是,如果家庭环境不好的话,你就必须让它做出改变。比如,我们知道唯一正确的烹饪方法是分开烹饪……(但事实情况是,我家里)所有食物都是混在一起吃的,像炖菜这样,被认为是农民的食物。我绝不会向老师承认我们家的食物是混在一起吃的。……
>
> 家庭科学课教我们用"医院角"这种特定的方式铺床。整洁和折叠,这就是它的全部,对吧?然而在家的时候,你只是把床单塞在什么东西的下面而已。……然后我会批评我妈妈,她会很生气地对我说:"这不是一间豪华的屋子。"现在回想起来,这或多或少就是我和母亲一直在为之争吵的原因。我们在为家庭生活应该是怎样的而争吵。⁴¹

## 一战后的繁荣

随着经济繁荣程度的提高，这些问题最终得到了一定程度的解决。一战前大量涌入的移民定居下来，开始在职业阶梯上往上爬。黑人家庭离开了他们租种的农场，向北迁移到纽约、芝加哥和底特律。在这些美国北方大城市里，男人和女人慢慢地进入了工业岗位，而后者还承担了家政服务和家务劳动。工作结构发生了变化，出现了更多的文员和白领职位。贫穷问题仍然普遍存在，但它们越来越被视为个别问题。由于可申请有限的抵押贷款，一些黑人和移民家庭开始买房。他们成了所有人效仿的榜样。也许最重要的变化是，制造商发现，家庭可以作为他们的商品市场。

这些变化引发了一些被称为"疯狂的20年代"（the frenzy of the twenties）的现象。在一个看似无限乐观和富足的时代，家庭改变了人们的生活方式，让人们能够参与购买消费品的浪潮中去。罗伯特·林德（Robert Lynd）和海伦·林德（Helen Lynd）在对米德尔敦（Middletown）的经典研究中报告了一件逸事，并从中捕捉到了这种变化的本质。据林德夫妇报道，一位有五个孩子的工人阶级母亲抱怨说，她11岁和12岁的女儿"太自大了，我再也不会给她们缝衣服了"。作为补偿，她曾试图在家庭之外找工作，以便能够"雇人做针线活"。[42]妇女从生产者到消费者的角色转变，反映了一种普遍的社会趋势。随着消费观念渗透进家家户户的厨房和壁橱，家庭收入的压力增加了。为了应对这种压力，妇女的经济功能进一步从生产者转变为消费者。一些妇女可以通过有效的购物来满足新需求；另一些妇女则需要分担挣钱养家的角色，以维持家庭的生活水平。

大规模的广告运动鼓励了消费主义。20世纪20年代，分期付款购物发展成为一门艺术。由于广告针对的是那些对家庭功能不甚了解的妇女，消费者的销售额飙升。大众传媒的发展起到了助推的作用。电影和广播传播了美满家庭和幸福家庭主妇的形象，为所有妇女树立了榜样。每3个到4个家庭中就有一个家庭订阅《妇女家庭杂志》和《好管家》（*Good Housekeeping*）。像广告一样，媒体也创造了一种妇女的形象——她们偶尔做做家务，用"空闲时间"来陪孩子玩耍、抚慰丈夫与积极参与社交生活。媒体还创造了关于穿衣打扮和行为举止的形象。这些形象渗透到许多少数族裔群体的生活方式中，促使他们为达到新标准而努力。

当然，带来的效果是参差不齐的。贫穷妇女由于无法购买任何消费品而蒙受屈辱。工人阶层的家庭主妇外出工作，以支付新冰箱和吸尘器的费用。富裕家庭的妇女提高了打扫房屋的标准，从而利用好机器省下的劳动时间。妇女向"专家"寻求建议。她们主要的关注对象是孩子和饮食。一些人提倡严格管教孩子，而另一些"专业人士"建议以宽容的方式抚养孩子。两种意见相互竞争，试图获得母亲们的支持。如果大多数妇女用罐装蔬菜和商店里购买的面包代替自制的蔬菜和面包的话，

## 第二章 家务劳动

那么她们就会有更多时间来操心饮食的均衡和美观，乃至晚宴的着装。

新的家庭技术最终突破了大多数经济障碍。到20世纪20年代末，2/3的美国家庭用上了电。在米德尔敦，1925年有99%的家庭都安装了电线，但1/4的家庭仍然缺乏自来水，更多的家庭还没有室内浴室。虽然一个家庭可能没有装水管，但也许有一个吸尘器或电熨斗。这项新技术最初之所以受到人们欢迎，是因为它能减少家庭对仆人的依赖，让母亲们能把注意力集中到家庭的"更高价值"上，但它也有自己的必要性。在减少家庭苦差事方面，它让一些妇女有可能完全从家务劳动中解放出来。

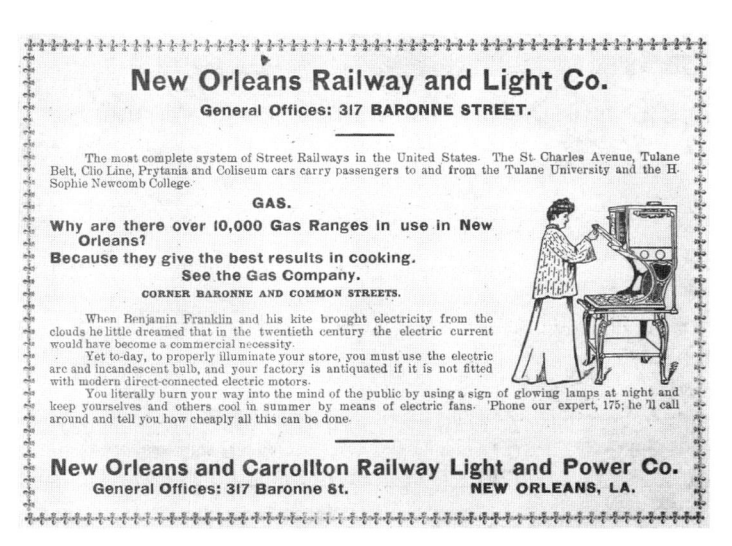

这是1907年的一则关于电炉和电动插座的广告，它试图吸引新奥尔良的家庭主妇们利用这项新技术。当时只有不到1/4的美国家庭有电。（来源：维基共享资源）

60　　正如乔安娜·瓦内克（Joann Vanek）所指出的，大多数妇女一开始并没有充分利用新技术带来的好处。她们反而提高了清洁标准，更多地在家娱乐，花时间做更精致的饭菜，可能还增加了在家劳动的时间。[43]但是从20世纪20年代开始，外出谋生的已婚妇女数量稳步增加，这一事实证明：许多家庭主妇发现打理家务越来越不令人满意，也越来越不划算。尽管巨大的压力敦促妇女待在家里，但越来越多的妇女发现购买和维护新的技术设备需要有额外的收入。大多数妇女无法再通过接收房客或家庭工作来赚钱。大萧条时期出现了缩短工时的趋势，让工作时间从10小时减少到8小时甚至更短，这鼓励了更多妇女外出去寻找带薪的工作。

　　人口的变化进一步加剧了这一趋势。到20世纪20年代，有更多的家庭居住在城市或城市附近，有更多的工作机会。在30多年的时间里，随着出生率下降了近1/3，平均家庭规模也在下降。在寿命延长的情况下，不到20年就可以把孩子养大成人。成年的孩子搬离父母的房子，制造了所谓"空巢"综合征（"empty nest" syndrome）。上了年纪的父母很少和孩子住在一起。到了20世纪30年代，已婚妇女寻求带薪工作的压力已经变得不可抗拒。然而，主流的社会思潮仍然宣称妇女首先应当是家庭主妇，直到20世纪50年代，像《生活》（*Life*）和《展望周刊》（*Look*）这样的杂志还称赞道："这种美妙的生物比以往任何时候都结婚更早，生更多的孩子，外貌举止比20世纪20年代甚至30年代的'解放'女孩更女性化。"如何解决这个矛盾呢？妇女是否应该悄悄潜入劳动力市场，就像《展望周刊》所指出的那样:"不是为了干'大事业',而只为了实现希望,或者买一个新冰箱?"[44]劳动力的历史性变化将为这个问题提供新的答案。

# 第三章　为工资而工作

18世纪后期,塞缪尔·斯莱特(Samuel Slater)开设在罗得岛波塔基特河(Pawtucket River)上的工厂,标志着珍妮纺纱机(spinning jenny)的发明和动力机器发展的巅峰。这家工厂把为织布机准备纱线的主要工序都结合了起来。1793年斯莱特的工厂绝不是第一家。我们有记录显示,18世纪的羊毛纺纱厂和棉纺厂雇用了200多名妇女和男孩。[1]其中大部分工厂,既雇用在家里工作的人,同时也雇用少数在工厂里工作的人。斯莱特的工厂标志着各种不同的制造工序开始被整合到同一个屋檐下。如果这些工序是在当时所谓"工厂"内部进行的,那么妇女也必须去"工厂"工作。

　　工厂需要工人。然而,那些信奉杰斐逊笔下坚定的自耕农田园主义价值观的人们并不看好工厂工作。杰斐逊本人曾力劝美国人"让我们的工人留在欧洲",也曾公开表示,希望"我们所有的公民都是农民"。[2]当亚历山大·汉密尔顿(Alexander Hamilton)断言,国家要想自给自足必须努力发展工业时,那些持怀疑态度的人们,脑海中不断萦绕的是欧洲那令人窒息的工厂景象。汉密尔顿在1791年发表的《制造业报告》（Report on Manufactures），只得到了少数远见卓识者的热情响应。法国工业革命斗争和随后的拿破仑战争，为发展制造业带来了广泛支持。杰斐逊总统担心在必需品上永远依赖欧洲，也意识到进口是多么艰难，于是不得不承认需要发展某些工业。与此同时，一些有创业精神的当地工匠也开始意识到开发新能源的利润潜力。

工厂的发展同时也在一定程度上导致了妇女在家庭中无法充分发挥作用。起初，工厂接了纺纱的活儿，把纱线分发给妇女们，让她们在家里编织。随着织布机工艺日益变复杂，这些工序都被搬到了工厂里。后革命时期的美国，由于拿破仑战争几乎切断了与欧洲的贸易，对制成品的巨大需求大大刺激了工

农民们欢迎女儿带回现金补贴家用。操作纺纱机可能是年轻女性的第一份带薪工作。（来源：美国国会图书馆）

厂的发展。工厂生产的织物质地更均匀，质量往往也更好。很快，妇女从工厂购买宽布就比自己织更便宜了。

与此同时，美国东海岸城镇的不断扩张，鼓励农民为市场而不是为家庭需求而生产。要在市场经济中竞争，就必须重视经济作物，必须重视在机器上投资。市场波动以及由日益扩大的运河网络而开启的西部土地竞争，都很容易影响到农民。为了保护自己不受这些因素的影响，也为了偿还债务，他们被迫越来越依赖经济作物和忽视多样化经营，后者正是他们以前自给自足的保障。农民们害怕彻底失去农场，所以他们放弃了自给自足，变得依赖于市场和银行家。因此农民们欢迎女儿（从工厂）带回现金补贴家用。农业负债的累积模式、因家务减少而闲置的女性劳动力，以及对工厂产品的巨大需求，这些因素为工业化乃至妇女进入工厂创造了条件。

## 打造一支劳动力大军

早期的制造商可以也确实引进了熟练的男性工匠来做一些工作。他们还需要大量可靠的工人从事相对不那么需要技术的工作。一开始，斯莱特的目标是新英格兰地区因不断增加的负债而失去土地的农民。他雇用了急于找工作的整个农民家庭，因为农民们认为这样可以攒钱为西进做准备。但事实证明，这样的工人太不稳定且太过临时：独立的农民不愿意适应工厂纪律。正如汉密尔顿在其《制造业报告》中所提出的，斯莱特转而雇用寡妇和儿童,因为他们"在制造业比在其他地方更有用"。³ 事实证明,他们是很好的劳动力来源。这种为工厂配备人员的方法一直持续到19世纪早期。但它无法提供足够数量的工人。雇用农民的妻子也不起作用。让妇女离开家,对于那些对妇女角色有着一致认知的农民来说,是没有吸引力的。工厂主们不断抱怨找不到足够的劳动力供应。⁴

新英格兰农民家庭的未婚女儿似乎成为唯一可选择的劳动力来源。由于年轻妇女在家内的必要工作逐渐减少,她们开始寻求新的方式来维系家庭经济和自身生存。她们或是外出工作(通常是做家庭佣工),或是接受新工厂分配的带薪工作。对于

孩子被证明是很好的劳动力来源。这张照片是刘易斯·海因1911年在密西西比州的西点拍摄的。请注意,照片中一个小女孩光着脚,另一个小女孩的靴子破了。(来源:美国国会图书馆印刷品和照片部,美国全国童工委员会的记录)

## 第三章　为工资而工作

制造商来说，这群妇女是天赐之人。许多新工作都被认为是"妇女"的工作，因为传统上妇女就是家中生产纱线和布料的主力。历史学家有时将这一过程描述为：妇女"跟随"她们的工作走出家门，进入工厂。

然而，让妇女进入工厂有破坏家庭的危险。不但家务需要妇女的关注，而且她们作为妻子和母亲所具有的抚育和付出的品质，也可能会因艰难谋生而被抹杀。这种紧张关系直到19世纪初才完全显现出来，因为只要绝大多数妇女仍然是通过外出服务或在家里工作来谋生，家庭生活的价值就仍然会得以强化。随着对非家庭劳动力需求的增加，如何协调两种冲突的需求——对女工的需求和保持"家庭"完整的需求，成为决定妇女应该在哪里工作以及如何工作的主要因素。

弗朗西斯·卡伯特·洛厄尔（Francis Cabot Lowell）的天才之处就在于，他想出了一种方法以协调家庭的道德需求与工厂雇用年轻妇女的需求。他呼吁农村家庭里年轻的单身女儿们，用离开家庭外出努力工作的方式来履行她们的家庭责任。1821年，马萨诸塞州洛厄尔的纺织厂终于开业了。他提议为年轻女孩们提供精心监管的宿舍，让她们把结婚前的几年时间花在纺织厂里。他给出的工资相对较高，其中一部分可以很容易地留作嫁妆、帮助偿还抵押贷款，或供一个兄弟上大学。与此同时，他向父母们保证，他们的女儿将经历艰苦的工作和严格的纪律。在工厂里拿着高工资工作几年可以使她们成为更好的妻子和母亲。洛厄尔和新英格兰其他地方的工厂吸引了可靠的劳动力，这些劳动力很容易便接受了工业纪律，而且比男性劳动力便宜。作为回报，工厂成了一个道德训练的场所。

在这种情况下，工厂主为雇用妇女的行为做辩护，说自己是在为国家服务。自己不仅能提供国家所需的商品，而且还能"为体面的妇女提供就业机会，使她们免于贫穷和无所事事"。工厂主们辩称，他们这样做是为了维系勤奋工作的共和美德，并提高这个国家的道德和智力水平。[5]

对女工自己来说，至少在最初几年，她们也下定决心要保持自己在公众眼中的体面地位。她们意识到自己在很大程度上抛弃了自己珍视的价值观，但她们仍然坚持认为自己可以保持"贤良"。在洛厄尔早期，女工们下班后会抽空阅读和缝纫，定期去教堂，晚上还会组织讨论小组。在一篇广为流传的小说中，苏珊·米勒（Susan Miller）在父亲去世后，家里负债累累，于是决定去洛厄尔工厂。她向牧师保证："这么多人中一定有好人；当我去那里的时候，我将尽量远离坏工厂……"[6]为了维持高标准，宿舍里的女工彼此"监督"，排挤任何道德可疑的人。宿舍生活塑造了一种强烈的自豪感和自尊感。

但是，工厂主们急于获取利润来偿还投资办厂的贷款，所以他们无法长期维持较高的工资和良好的工作条件，而独立的妇女们正是因为这两个因素才来工厂工作的。到19世纪20年代末，工厂主们已经提高了女工的工作量，还在不增加工资的情况下提高了住宿费。和东北部各地工厂里的女工一样，洛厄尔女工也抱怨超长的工作时间、削减的工资和额外的工作量。她们发现很难养家糊口，又无法维持自己的衣着和教育标准，于是便提出抗议。罢工时有发生，从罗得岛州的波塔基特到新泽西州的帕特森，再到宾夕法尼亚州的费城，都能听到女工不满的声音。1828年，新罕布什尔州多佛的女工们第一次走上街头，在旁观者的嘲笑中游行。费城的一份报纸说，政府可能"不得不召集民兵来阻止妇女起来当家做主"。[7]

19世纪30年代的情况进一步恶化。女工的工作时间更长了，而且还经常被随意罚款。女工们一再抱怨，她们再也没有时间阅读或社交了。但都无济于事。洛厄尔妇女于1834年和1836年发起两次罢工。她们诉诸独立的革命精神。"就像我们的父亲用鲜血抵抗英国政府的贪婪一样，"她们宣称，"我们，他们的女儿，永远不会背负为我们备下的枷锁。"当行进在街头时，她们高唱起这样一首歌：

哦，难道不是一种遗憾吗？
像我这么漂亮的女孩
被送进工厂里日渐消瘦和死亡？
哦，不！我不能变成奴隶！
我也不会变成奴隶。
因为我是如此热爱自由，
所以我不能变成奴隶！[8]

1845年，洛厄尔工人自己建立了女工改革协会（Female Labor Reform Association）。她们不仅罢工，而且还向州议会请愿，要求10小时工时。她们的理由是：13小时或14小时在工厂劳动会使思维变迟钝，让她们丧失阅读能力，也会由于过于疲劳而不愿去教堂。她们宣称，更短的工时是工人独立性的基础。议会拒绝了她们的请愿。此时，工厂主们不再认为雇用年轻妇女有助于维系道德。他们利用爱尔兰移民不断涌入的契机，迅速淘汰了旧的劳动力。1845年，洛厄尔的八家工厂只有7%的工人是爱尔兰人；到1852年，超过一半的劳动力是外国人。马萨诸塞州、新罕布什尔州，以及康涅狄格州的其他工厂城镇也出现了这种模式。原先受保护的新英格兰工厂"女孩"迅速消失了。

从工厂支持的刊物《洛厄尔奉献》（Lowell Offering）中可以看出，对于一种替代性的廉价劳动力的渴望，如何彻底压倒了雇主所称的"为国家服务"的愿望。直到1849年，一些操作工仍然相信工厂主会提高工资，"以再次吸引那些造就了该

到1850年，洛厄尔已经有了许多欣欣向荣的制造业公司，每家公司都有自己的工厂综合体和宿舍。请注意街道两旁的小型宿舍，以及后面的工厂烟囱。（来源：波士顿公共图书馆，诺曼·B.列文索尔地图中心收藏）

行业的女孩"。[9]有些人觉得，由于道德准则和相互监督的旧精神已经衰落，工厂失去了社会的尊重。专门研究纺织工业的历史学家卡洛琳·瓦雷（Caroline Ware）是这样评价雇主的地位的："需求迫使他们必须获得并保持社会的尊重，以吸引必不可少的工人。当出现一种既在社会中没有地位，又对工厂工作没有偏见的劳动阶级时，他们便非常渴望摆脱这种需求。"[10]本土出生的妇女不再申请去工厂工作。1852年，马萨诸塞的一份报纸评论奇科皮\*工厂说："雇用的外国女孩的数量太多了，以至于美国女孩很难在工友中找到与自己趣味和感情相投的。"[11]

　　早期工厂的影响力很容易被夸大。只有一小部分妇女住在宿舍里或者每天工作14个小时。在19世纪40年代中期，只有10%的妇女在从事带薪劳动。然而，工厂里一半以上的工人是妇女，工厂依赖女工。在纺织、鞋帽等行业的工厂里，女工的数量甚至更多。在新英格兰的一些工厂里，80%到90%的技术工人是妇女。如果工厂能继续提供第一批工人所期望的那种合理的工作环境的话，他们就可能实现早期的承诺，为妇女持续提供体面的就业机会。但事实并非如此。到19世纪50年代，移民妇女承担了美国工厂里的大部分工作。土生土长的美国人千方百计地避免去工厂工作，美国本土出生的白人妇女则极力逃避大多数带薪工作。

　　到19世纪中叶，甚至传统妇女从事的家庭服务也失去了殖民地时期的那种牢固的体面地位。在殖民地和后革命时代的

---

\* 美国马萨诸塞州西南部工业城市。

美国，家务帮手持续短缺，大多数女主人对她们的帮手有一定程度的尊重。平等待遇、法律保护、与主人共同分担任务等因素增加了仆人对"更好东西"的期望。19世纪初，平等主义的狂热也提高了妇女的期望。仆人的从属角色与革命活动所产生的平等主义期望发生了冲突，从而加剧了女主人和女仆之间的紧张关系。

由于这种心照不宣的紧张关系，"仆人"（servant）一词除了用于指涉非裔美国人，几乎从词汇表中消失了。取而代之的是白人家庭工人被称为"帮手"（"helps"）。[12] 关于这种不满，更具体的证据是美国内战前后家庭工人构成的变化。城市化和制造业的兴起给白人妇女提供了新机会，由于依附地位带来的污名，她们纷纷转而寻求工厂、学校和商店里的工作，于是，整个佣工群体迅速转变为以黑人和移民妇女为主体。

与仆人和工厂人口发生转变的同时，城市中产阶级出现了。这一群体中妇女的生活相对悠闲，与那些必须自己谋生的妇女形成了鲜明对比。历史学家用"家内准则"（domestic code）的说法来为两者之间的区别正名。该法则为妇女确立了合适的角色。对于富裕的妇女来说，这一角色是对行为的规范；而对于贫穷妇女和移民妇女来说，这一角色则是只能向往的东西。

## 家内准则

这一重大意识形态转变的根源尚不完全清楚，但其要素是相当清楚的。工业化和城市化缓慢增加了在冷冰冰的工厂中工作的男性工人数。男性长期疲于工作以至于无法接触孩子，于是，培训孩子以满足未来劳动力需求这一重任便落到了妇女肩上。与此同时，强调道德、努力工作和共同体的旧清教伦理，被一种强调个人主义、成功和竞争的自由放任的经济政策取代。那些努力工作、为成功而奋斗的男人们，需要能够提供情感支持和胜任家务的妻子。我们已经清楚地看到这种意识形态对家庭角色的影响。同样，它对工作场所的影响也十分显著。

这种正在发展的意识形态，其最极端的形式是把妇女描述为"仅在她的关键领域发挥作用"。历史学家艾琳·克拉多特（Aileen Kraditor）指出："并不是社会秩序要求妇女处于从属地位，而是……它需要一种家庭结构，其中就包括妇女应当处于从属地位。"[13]一本19世纪十分流行的教科书说："当一个妇女离开了她自己的专长……她便离开了自己在社会秩序中被指派的领域，因为她无视自己的责任，让自己的专长浪费着……"[14]虽然很多人强烈反对这些限制，但大多数中产阶级白人妇女却纷纷表达些许支持，她们相信这些限制是起作用的。妇女放弃了广泛的社会和经济选择，换来的是一种将她们的角色理想化，或许还赋予她们在家庭中一定权力的意识形态。到19世纪50年代中期，一位"体面"的妇女唯一被允许从事的职业是教师，以及家境困难时在家缝制裙子或女帽。少数有才华且幸运的人可能以写作为生。

对外部活动的严格限制，让妇女几乎没有空间从事工资劳动。家内准则将家庭角色定义为体面的衡量标准，因而加剧了阶级差异。它将大多数不得不在一生中的某个时期从事带薪劳动的妇女，排除在"体面"之外，还鼓励妇女通过家庭来展示自己的美德和道德。工厂工作和家庭服务的地位进一步下滑。移民、黑人妇女以及其他迫不得已从事苦差事的人，几乎不可能取得成功。他们在劳动力队伍中不属于受人尊敬的行列，并遭受着工业化社会中工资劳动者的一切剥削。

雇主们从中产阶级妇女的家内准则中不断地获得好处。家内准则鼓励妇女顺从，让她们大多相信自己真正的使命在于结婚和养育孩子，对工作只有短暂的兴趣。妇女渴望体面，就像男人渴望向上流动，让她们满怀期待，这一点阻碍了她们对于工人利益的认同，缓解了她们对于当下所受剥削的抱怨。正如1887年劳动骑士团（Knights of Labor）的组织者利奥诺拉·M.巴里（Leonora M. Barry）所总结的："劳动妇女被紧紧捆绑住，如果要找一个最重要的原因的话，那就是她们愚蠢的骄傲。她们认为，被人知道自己正在勤勤恳恳劳动是一种耻辱。"[15]

认为妇女属于家庭，这种观念使得雇主能够理直气壮地剥削劳动妇女，把她们的收入仅仅当作是补充性的。直到19世纪末，妇女的工资通常只有当时男性工资的1/3到1/2，这个数目很难让一个单身妇女足以养活自己。19世纪晚期的统计学家发明了"生活工资"（a living wage）的概念。所谓"生活工资"，就相当于我们的贫困生活水平。

但是，这些不指望能养活家庭的妇女们发现，她们的收入只够维持自己最低水平的生活。1884年，劳工统计学家卡罗尔·赖特（Carroll Wright）发表了一份关于波士顿劳动妇女的调查报告。他的结论是：妇女平均每周挣4美元到6美元，如果幸运地一整年都有工作的话，也只能勉强维持生计。但很少有妇女能指望全年都有工作。大多数妇女一年有20%的时间没有工作，这进一步降低了她们的工资。[16]因为雇主们认为妇女属于家庭，她们可以靠家庭来弥补自己收入和生活开支之间的差额。招聘政策也考虑到了这一点。百货公司的经理们拒绝雇用没有家庭的售货员，因为担心经济需求会迫使她们卖淫。那些相信妇女应该待在家里的雇主们，拒绝培训妇女从事技术工作，这一点加剧了她们的贫困，让她们别无选择，只能继续从事非技术劳动。

雇主们还受益于男女工之间的竞争，他们通过维持不同的工资标准来加剧这种竞争。男工认为女工压低了工资。他们在19世纪30年代提出，如果妇女被排除出劳动力队伍的话，男工的工资将会更高。1836年，美国全国行业工会联盟（National Trades Union）的一个委员会敦促把女工赶出工厂。该委员会报告解释说，妇女天生的责任感和道德感最适合家庭生活。接着，报告指出，女工"给男工带来了毁灭性的竞争……"，最终的结果将是"男工被解雇，或男工的工资降低到与女工同等的水平"。报告继续说道：

> 每一个善于思考的女性都必须清楚……一件事：她所有的努力都不足以维系自己的生存；她的劳动力价格每年都在降低；在某种程度上，她会妨碍男人提高自己的劳动

力价格,或实现劳动力的均等化。她努力维持自己和家庭的生计,实际上等同于把一块石头绑在她的天然保护者——男人的脖子上,她想要帮助男人,结果却是毁了男人。这就是妇女劳动一旦超出家庭范围后所导致的真实且自然的结果。[17]

费城行业协会(Philadelphia Trades Association)主席建议妇女完全退出劳动力队伍。"你做得越少,男人可以做的就越多,他们的报酬也就越高,最终你就会成为你应该成为的人,不必再从事那种仅为男人而设计的劳动。"[18]

男工害怕被女工取代,或者工资被女工拉低,似乎是有道理的。虽然男、女工通常不会竞争同一份工作,但雇主经常用

这些妇女为一家先进的百货公司制作服装。她们挣着"忍饥挨饿"的工资,在男性主管严密监督下工作。1875年。(来源:美国国会图书馆印刷品和照片部)

其中一种来替代另一种，以应对不断变化的技术和劳动力市场状况。这个过程是双向的。1828年，新英格兰地区的纺织厂有90%的工人是妇女，而到了1848年，这一比例降低到只有69%。然而，更常见的情况似乎是女工取代男工。部分由于美国内战，马萨诸塞州的男性教师比例从1840年的50%下降到1865年的14%。[19]这一趋势还在继续。到1865年，劳工新闻界开始抱怨"资本家和雇主们不断企图让妇女进入迄今为止由男性占据的各个劳动部门"。[20]人们担心，这样做的后果将是把劳动力价格拉低到"妇女工资的标准——通常不到男性工资的一半"。雇主们有时训练妇女充当"工贼"（strikebreakers）的角色。参议院的一份报告显示，芝加哥的一家报纸出版商"将材料放在城里偏远的房间里，偷偷指导女孩们排版，一直让她们留在那直到她们得以足够熟练地进入印刷车间"……[21] 1910年，一位丝绸制造商作证说："只要有横向整经女工（women horizontal warpers）的存在……（制造商）就能有力地抵抗男工的要求。"[22]

家内准则另一个深远的影响，是把妇女排除在工会之外。如果说男工组织起来尚且有困难的话，那么，认为自己真正的责任在于家庭的女工们要想组织起来，就要克服巨大的障碍。由于许多女工认为自己的工作是暂时的，所以她们几乎没有动力和其他妇女一起为更好的待遇而斗争。1889年，利奥诺拉·M.巴里抱怨说，在没有直接不满的情况下，对婚姻的期望让妇女看不到加入工会的长远好处。[23]即便是倾向于加入工会的女工，也会面对雇主的敌意和男工的恐吓。雇主们不会容忍工会的存在，因为工会不承认低工资和温顺所带来的好处。1910年发布的一份政府报告指出，女工加入工会的那一刻，"便削弱或破坏了她在雇主眼中的主要价值。因此，雇主明确反对女工参加工会"。[24]

男性对妇女组织的态度因其特定的环境而异。有些人强烈地感受到，由于雇主利用妇女来破坏罢工或拉低工资，自己面临着激烈的竞争。他们经常清楚地看到，在19世纪的劳动力市场上女工与男工之间是一种鹬蚌相争的关系。他们没有否定关于妇女社会角色的传统观念，而是试图将妇女排除在劳动力市场之外，或者限制她们只能从事某些特定的工作。他们偶尔也会支持试图成立工会的女工。在19世纪30年代，巴尔的摩的裁缝、纽约的装订工和马萨诸塞的鞋匠都鼓励自己的女工同行团结起来，以争取更好的工作环境。19世纪60年代晚期的美国全国劳工联合会（National Labor Union）不懈地敦促女工组织起来。劳动骑士团在19世纪80年代初的平静时期组织了约5万名妇女加入地方工会。[25] 但是，同样常见的情况是：男性用罢工的方式抗议雇用妇女。进入20世纪以后，很多行业工会都订立章程，要求暂停那些培训妇女或与妇女一起工作的成员的资格。

在整个19世纪和20世纪初，妇女多次成功地组织了起来，但是她们加入工会的努力仍然面临如何获得承认的问题。随着19世纪和20世纪之交全国工会结构的发展，男性工会成员经常拒绝接纳他们的姐妹成为会员。费城的糖果工人、诺福克的女服务员、纽约的印刷工人申请加入各自的全国工会，但都

第三章　为工资而工作　　　　　　　　　　　　　　　　97

家内准则把妇女设定为家庭角色，确保只有最迫切需要帮助的妇女才  75
能找工作。图中这位幸运的妇女雇用了另一位妇女来照顾自己的孩
子。参考资料：*Miss Leslie's Magazine; Home Book of Fashion, Literature
and Domestic Economy*. Philadelphia, 1843 (January), plate 3。（来源：美
国国会图书馆印刷品和照片部，玛丽安·S.卡森收藏）

徒劳无功。即便男性不是直接拒绝女工，他们也会拖延，直到妇女屈服于雇主的压力而自己放弃。到19世纪末，一些工会的态度软化了。这些工会认为，既然妇女无论如何都在工作，那么，让她们加入工会比把她们排除出工会更安全。国际印刷联合会成员在压力之下于1869年接纳了妇女，雪茄制造工人在自己的工作受到竞争威胁时也开始接纳妇女。

家内准则，或者说"对真正女性的崇拜"，美化了家庭结构，促进了家庭的稳定，鼓励甚至强迫男人更努力地工作养家。因为妻子工作就意味着丈夫的失败。对许多男人来说，妻子挣钱而拥有独立性肯定是一种威胁。为了确保妻子在神坛上的地位，男人不得不孤独地、永无止境地寻求向上流动和经济成功。认为妇女应该待在家里，这样才能更好地照顾孩子——这种观念将男工的艰苦劳动、长时间工作、经济剥削以及其他一系列苦难正当化了。1829年，《纽约邮报》(*New York Post*)的一位作者准确地概括了当时流行的观念。他说，让丈夫保持清醒和勤劳的唯一办法就是，用不充足的工资让妇女依赖于自己的丈夫。

以道德必要性为理由把妇女限定在家里有很多好处。它通过提供稳定的家庭来维持社会秩序。它将大多数已婚妇女和许多未婚妇女排除在劳动力之外，把她们限定为与男性劳动力相关的支持性角色。它为工业提供了家庭内部的无偿劳动力服务，其主要任务是提高男性的工资。它有助于确保那些赚取工资的妇女只会短暂地留在劳动力市场，而会把主要精力留给家庭并满足于低收入的工作。妇女作为劳动力中收入最低、技能最低的成员,她们的特殊地位引起了非技术男工的敌意。由于担心妇女会抢走他们的工作,一些工人可能不敢向飞扬跋扈的雇主提出公正的要求。

对妇女领域的有限界定,最直接、最迫切地影响到那些完全靠一己之力养活自己和家庭的妇女。她们被迫从事工资最低和最卑微的工作,为了谋生,她们流入城市地区和工厂城镇。早在美国内战之前,她们就构成了一个庞大的"失业者"阶层。1845年,《纽约每日论坛报》(*New York Daily Tribune*)曾估计,想当裁缝的妇女人数可能是"能拿到公平工资"的妇女人数的两倍。该报的结论是,这一万名妇女是过剩的劳动力,她们不可能挣到足够的钱来维持自己的生活。它宣称:"每周1.5美元到2美元,是干得好的普通女裁缝的平均报酬,有很多既有信念又勤奋的女工,每周连1美元都挣不到。"[26]

大多数其他职业也好不到哪里去。在19世纪末,制作人造花的女工每周能挣3.5美元,还不到非技术男工的一半。该行业的结构是这样的:雇主雇用11岁或12岁的女孩,并承诺教给她们这项技能,每周薪水是75美分到1美元。这些女孩在她们学到技术之后就被解雇了,雇主们又开始雇用新的"学徒"——同样是每周75美分到1美元。制作火柴盒的女工每个毛坯赚5美分——这一利润非常小,以至于那些为了把火柴盒粘在一起而不得不买面粉的妇女,只能自己承担亏损。制作帽子的女工每天挣30美分左右。她们的工作条件臭名昭著,以至于《纽约每日论坛报》好奇地问道,为什么她们中居然有人没有在品位、举止、习惯和谈话方面变得堕落和野蛮。折纸工和装订工据说是"更好的阶层"。由于在纽约从事这一行业的人有9/10与家人住在一起,所以她们的贫困并不那么明显。从某一行业中"美国人"的数量可以衡量出该行业的相对价值。印刷业和技术含量较高的女帽制作业是相对高薪的行业,很少有移民妇女能够参与其中。[27]

对于女工供过于求的困境,《纽约每日论坛报》给出了简单的解决方案——把她们送到西部,那里有"可用的"男人。该报还时不时地建议读者订阅,以帮助筹措旅行资金。有时,妇女就业的领域也可以扩大——例如,可以去商店工作,不过此时商店还不太习惯使用妇女作为售货员。

妇女们自己也有其他选择。她们可以向当地的济贫院申请救济。1845年,《纽约每日论坛报》曾将该机构描述为"在申请者瑟瑟发抖、饥肠辘辘的乞讨中濒临窒息"。她们还可能走上犯罪之路,或靠卖淫谋生。正是因为选择后一种途径的妇女人数多到令人震惊,工资女工的悲惨境况才最终走入公众视野。低工资不可避免地导致卖淫。权威人士威廉·W.桑格(William W. Sanger)写道,1857年纽约布莱克威尔岛济贫院里有60%是妇女。监狱里妇女占27%,济贫院里妇女占55%。桑格是布莱克威尔岛的一名住院医生。他估计,该岛的大多数女性居民都是妓女——比例不等,占济贫院中妇女人数的50%,占监狱中妇女人数的近100%。[28]

要想防止妇女卖淫,不仅需要有适当的谋生方式,还需要有适当的工资。1861年,弗吉尼亚·佩妮(Virginia Penny)撰写了两卷本著作,讨论妇女就业的可能性。她在《思考与行动》(Think and Act)一书的序言中写道:"我了解到,很多妇女由于物质匮乏和对有价值的职业一无所知,而坠入邪恶男人精心设计的狡猾陷阱,很多妇女陷入悲哀和不幸,堕落和毁灭,所以我竭力主张,所有女孩要尽自己所能……去学习一些商业、某个行业或专业的知识。"[29]

那些"陷入悲哀和不幸"的妇女,并不一定认为自己陷入了罪恶。相反,她们似乎认为,卖淫是增加收入或弥补失业造成的工资损失的必要途径。不久之后的一项政府调查得出的结论有些令人惊讶,因为一个女人"用这种方式挣钱,并不意味着她'迷失了'。她认为这只是她人生中的一个插曲,而不是一场大灾难"。[30]

对于许多体面的妇女来说,一个妇女是否真的卖淫是无关紧要的,因为她们认为,从事有偿劳动本身就足以证明道德败坏。年轻的工资女工常常煞费苦心地证明自己品行良好。到了19世纪晚期,一些调查人员开始着手帮助她们。他们把卖淫的工资女工的数量制成表格。令调查人员惊讶的是,在受访的3 866名妓女中,有近1/3的人曾"被雇用着"(in service)——要么在私人住宅,要么在酒店和餐馆。另有1/3的人说,她们从来没有为工资而工作过。剩下的人则从事各种非技术和低工资的行业。[31]数据表明,在别人家庭里工作并不一定有利于维持劳动妇女的美德。这些数据为贫困滋生卖淫的观点提供了佐证。这项研究提出了一个严重的问题:一个社会愿意让某些妇女像弃儿一般生活,以维护有权势者的道德,而这些有权势者一边利用妇女,一边又谴责她们。

## 从家庭工人到工资工人

家内准则在19世纪大部分时间里占据主导。大多数妇女从事工资劳动只是出于经济需要。在1900年以前的任何时候,除了那些在农场劳动的妇女,只有不到20%的白人妇女从事带薪劳动。在非裔美国妇女中,从事带薪劳动者的比例至少是前者的两倍——这是由于黑人男性很难找到好工作以及新解放的人口中普遍存在贫困现象。美国内战后奴隶制的终结和随后移民群体的涌入,慢慢改变了可用劳动力的构成。到19世纪和20世纪之交,新的妇女群体开始投身于工资劳动。

哪些妇女进入了劳动力市场呢?考虑到社会对工资劳动的限制,她们很可能是穷人。必要性是首要的决定因素。妇女进入劳动力市场,多数是因为家庭状况没有为她们提供足够的谋生手段。而其中,绝大多数是单身女性——她们已长大成人,她们的家庭需要额外的收入,而不是额外的帮手。在19世纪早期,从事工资劳动的妇女通常是十六七岁的新英格兰农民的女儿。到19世纪末,她们更有可能是一个城市移民家庭的孩子,或者是非裔美国家庭的女儿。对于城市移民家庭来说,依靠一个人的力量尚可维持运转;而对于非裔美国家庭来说,除非所有家庭成员都出去挣钱,否则他们根本无法养活自己。一个13岁的女孩,早年可能在农场里帮忙处理乳制品和照顾婴儿,如今则被派出去工作。她可以增加家庭收入,缓解一直存在的失业和低工资的威胁。

在一战前的几年里，这样的家庭预算是相当普遍的，它表明，对于男性非技术工人（无论白人还是黑人）家庭来说，如果家中没有好几个人同时挣工资的话，是无法生存的。下图描述了1907年宾夕法尼亚州霍姆斯特德市90个家庭的收入来源。

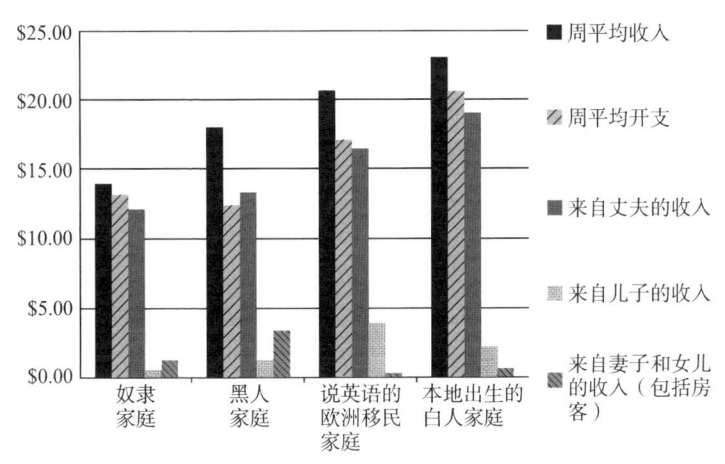

| | 周平均收入 | 周平均开支 | 来自丈夫的收入 | 来自儿子的收入 | 来自妻子和女儿的收入（包括房客） |
|---|---|---|---|---|---|
| 奴隶家庭 | $13.87 | $13.13 | $12.08 | — | $1.10 |
| 黑人家庭 | $17.96 | $12.30 | $13.23 | — | $3.35 |
| 说英语的欧洲移民家庭 | $20.64 | $17.02 | $16.43 | $3.99 | — |
| 本地出生的白人家庭 | $23.07 | $20.66 | $19.02 | $2.19 | $0.56 |

1907年宾夕法尼亚州霍姆斯特德市90个家庭的收入来源

在有些地区，妇女工作机会较多。来自这些地区的证据表明，尽管男性的工资一直高于妇女，但工人阶级家庭中的女性成员对家庭收入的贡献可能大于男性。[32]这一结论适用于黑人妇女和白人妇女，适用于本地出生的妇女和移民妇女，也适用于各种各样的族裔群体。在正常情况下，这些妇女在结婚前都住在家里。如果她们离开家庭到其他地方谋生——黑人妇女往往被迫这样做——她们会把大部分收入寄回家。相反，男人们经常会有几年的喘息时间，家里人会鼓励他们出去闯闯，看能否在社会上立足。

由于妇女的工资水平假定妇女要么依赖父亲，要么依赖丈夫，20%左右没有"家庭"的工资女工必须用极低的工资养活自己，这是非常悲惨的。这些妇女没有父母，没有能帮助她们的兄弟姐妹。其中一些人是独自从欧洲或农村地区移民过来的。还有一些人从未结过婚，或者家人都去世了。许多人寄宿在表兄妹或远房亲戚家里。还有人把出租屋当作避难所。直到20世纪20年代，在经济条件允许的情况下，许多妇女才开始考虑从自己的家里搬出来，住到合租公寓里。

再看一些预算概况就更能说明问题。1907年到1909年，波士顿450名"自给自足"的工资女工的收支数据显示，妇女靠工资生活是多么困难。除了一些"专业"人士，所有人都入不敷出。为了维持收支平衡，她们不得不省吃俭用，在各处节省开支。例如，与其他妇女相比，售货员往往在服装和房租上花费更多，以保持优雅的外表。但她们几乎没有储蓄，很可能还削减了食品开支。高收入人群，如专业人士和办公室职员，花在食品和房租上的比例是合理的。但收入最低的群体，也就是绝大多数工资女工所属的群体，食品和房租加起来占据工资收入的50%到80%。

数据表明，一位单身妇女——有时被称为"漂泊"的妇女（a woman "adrift"）——几乎无法维持日常生活，更不用说未雨绸缪了。1869年，一群波士顿缝纫妇女敦促州议会提供住房，她们就属于这种类型。她们争辩说，只要"给我们善良体贴的丈夫和合适的家"，她们就会收回诉求，"男人单身不好，女人单身同样不好"。[33]

带着孩子的寡妇情况更糟。从一开始，美国北方的工厂城镇就吸引了特别多带孩子的寡妇。她们自己在工厂里工作，如果幸运的话，可以让大一点的孩子去工作，而她们自己则负责管理宿舍或洗衣。几个孩子的微薄收入加在一起，可以让一个家庭勉强度日。对19世纪50年代宾夕法尼亚州罗克代尔小镇的一项研究显示，母亲和孩子都进入了工厂。唯一不变的模式是：一名妇女留在家里照顾家庭。家庭成员选择从事工资劳动，似乎更主要的原因是为了让作为一个整体的家庭获得必要的收入，而不是任何别的因素。在其他城镇，如纽约的科霍斯，已婚妇女离开了工厂，只能通过其他方式来

为了维持生计，父母必须依赖所有家庭成员的收入。在密西西比州比洛克西的这些捕虾人当中，有一个5岁男孩站在盒子上。（来源：美国国会图书馆印刷品和照片部，美国全国童工委员会的记录）

获得收入。[34]

19世纪50年代，有丈夫的已婚妇女很少从事公共工作。到1900年，这一比例显著上升，尤其是在移民和非裔美国人群体中。[35]在非裔美国家庭中，丈夫遭受严重的就业歧视，妻子很少能奢侈地腾出一名家庭成员来照顾家庭的需要。南方各州仍然沉浸在奴隶制思想中，它们无耻地利用流浪法来强迫非裔美国妇女加入劳动力大军，即使她们本可以不参加。移民和移民家庭的女孩通常在十几岁的时候就开始工作，直到结婚。

一些数据显示了妇女的生活如何在19世纪和20世纪之交开始发生变化。1880年，人口普查人员发现，在所有16岁以上的妇女中，只有不到13%是在非农行业从事工资劳动。1900年，这一比例为17.3%。到1910年，有超过20%的16岁以上妇女从事农业以外的工资劳动。在非裔美国妇女中，这个比例翻了一番。在20世纪早期，有超过40%的黑人妇女赚取工资。1920年，每5个工资工人中就有1个以上是妇女。[36]

哪些家庭成员去工作？这个问题取决于当地的劳动力市场，以及特定移民妇女和本土妇女的家庭情况和文化规范。例如，如果可能的话，有小孩的母亲就会避免做住家女佣，因为这样她们就不得不把照顾自己孩子的工作交给别人。一些母亲选择去工厂上夜班，这样她们就能在白天照顾自己的孩子。北方的妇女不惜一切代价避免做家务，许多移民群体也是如此。"这不是工作，而是一种堕落，我不会屈服于它。"这是路易莎·梅·奥尔科特（Louisa May Alcott）笔下的女主角克里斯蒂说的话，但她最终还是屈服了。[37]这是奥尔科特自身经历的写照。由于家里需要收入，又没有其他工作机会，她在1850年找了一份女佣的工作。尽管有经济上的需要，但家人还是极力反对。在一篇题为《我是如何出去做女佣的》（How I Went Out to Service）文章中，奥尔科特写道："离开父母的家去给别人洗茶杯，照顾别人的病痛，服从别人的命令——这是一种堕落。固执的路易莎如果这样做的话，她就永远声名狼藉了。"[38]大多数北方妇女更喜欢在家里做针线活，因为在家里，工作谋生的屈辱可以被隐藏起来。甚至，她们宁愿为此付出代价——在家里做针线活的收入只有做女佣收入的一个零头而已。

妇女的工作选择范围越来越窄，究其原因，主要是歧视。雇主只会在很有限的一些工作岗位上雇用妇女，而且他们还按照种族、族裔、宗教的划分随心所欲地歧视她们。"爱尔兰人不用申请"（"No Irish Need Apply"）的标语在波士顿大街小巷随处可见；犹太人不愿在星期六工作，统统赶走；大多数雇主只会雇用黑人妇女做卑微的工作。例如，烟草加工商雇用黑人妇女剥烟草，而白人妇女只有在万不得已的情况下才会选择这项工作。百货公司是最体面的工作场所之一。在百货公司里，看门的往往是有色人种妇女；负责收银找零的女孩可能是移民的孩子；售货员可能是更"文雅"、更土生土长的妇女。雇主们利用语言和种族，在员工周围建立起重重屏障。例如，一些服装厂故意雇用说不同语言的女工，以防止她们之间交流。20世纪初，就连被视为最低贱的工人之一的女服务员，她们内部也有自己的等级制度。尽管卖酒的地方小费更高，但有些人仍然不愿意在那里工作。

家庭需求、个人偏好、可供选择的机会，多重因素综合在一起影响了工作选择。对黑人妇女来说，家政服务似乎比田里劳作要好一些，但往往后者是她们的唯一选择。缺乏选择机会可以从以下数字中看出来。在一战之前，每10个挣工资的黑人妇女中，有7个从事家政服务或洗衣工作。有3%或4%幸运的、受过良好教育的黑人妇女当教师或护士。除此之外，她们几乎没有其他工作机会。

白人妇女的选择范围虽然也是有限的，但比黑人妇女要大一些。芭芭拉·克拉琴斯卡（Barbara Klaczynska）对费城的研究显示，在大城市，妇女的工作偏好会受到通勤成本、通勤距离以及是否需要得到家人认可等因素的影响。住在服装业中心附近的第一代犹太妇女，几乎都从事缝纫的工作。美国本土出生的白人妇女选择在百货商店工作，虽然收入最低，但从名声上看，百货商店售货员却是最有尊严的工作。[39]在小城市，如新罕布什尔州的曼彻斯特，以及南卡罗来纳州的工业村镇等，亲属关系网决定了妇女在哪工作，何时工作。在这些地方，已婚妇女更有可能终身从事工资劳动。她们可能在有了孩子后的几年时间里不工作，但只有在孩子长大成人能够赡养她们之后才会永久离开工作岗位。当然，黑人妇女的情况也不一样。她们通常是持续不断地工作，甚至在生育的那些年都无法从带薪工作中抽出时间。同样，她们往往也是做了祖母之后就退休了，不过与工厂妇女不同的是，她们还会轮流照顾孩子。

西海岸的罐头厂工人通常是季节性地工作，加工当地生产的鱼类和蔬菜。他们经常在恶劣的条件下一连工作好几个星期,然后就一直失业,直到下一季到来。[40]布法罗市的意大利妇女通常不接收房客,也不在工厂工作。但她们在夏天的收获季节把孩子收拾好、采摘水果和蔬菜,也为家庭做出了贡献。她们在不威胁到自己的丈夫,也不违反社区规范的前提下,成功扮演了自己的家庭角色。犹太人对于自己女儿可以从事什么工作几乎不加限制,但他们通常不允许妻子从事工资劳动。孩子比母亲更早被送去工作。妇女真正的经济贡献被隐藏在"夫妻店"("mom and pop" stores)和小贩的手推车里。大量犹太妇女最后还是只能做缝纫,这并非偶然。像其他移民一样,这些犹太妇女选择与同胞一起工作。只要有可能,那些已经受雇的人就会为语言和文化与自己相同的新来者找工作。

移民妇女一方面想要为家庭经济安全作出贡献;另一方面,又面临着文化上的各种限制,她们必须在两者之间进行权衡。镀金时代(the Gilded Age)和进步时代(Progressive Era)的新移民,主要是南欧和东欧的天主教徒和犹太人,他们涌进了不断扩张的城市贫民区里。对于来自农村地区的妇女来说,强烈的家庭忠诚和工作导向是她们传统文化的一部分。她们认为没有必要扮演受限的角色。无论在哪里,她们都会安排自己的生活,让带薪劳动变得合理。

## 不令人羡慕的工作

如果贫困,尤其是城市贫困,意味着一个妇女可以用她的赚钱能力，而不是节衣缩食来为家庭做贡献的话，那么工作就成了一种现实需要。在美国，出于经济原因需要工作的妇女，在所有工资女工中占据多数，而且还将一直持续下去。到1900年，在所有从事非农工作的工资女工中，近50%要么是移民，要么是移民的女儿。另外有15%是有色人种妇女。本土出生的白人妇女在整个妇女人口中占55%，但在有收入的就业妇女中只占据35%。

在有限的就业市场上，妇女不得不在自己的喜好愿望和自己所能得到的工作机会之间做出权衡。大多数人最终还是接受了并不令人羡慕的工作。1900年，大约33%的妇女是家庭佣工或服务员。近25%的妇女在工厂工作。10%的妇女从事农业劳动。不到10%的妇女是售货员或职员，11%更幸运的妇女是专业人士。剩下12%左右的工资女工在自己家里做洗衣工、裁缝和宿舍管理员。极少数妇女是电话接线员。

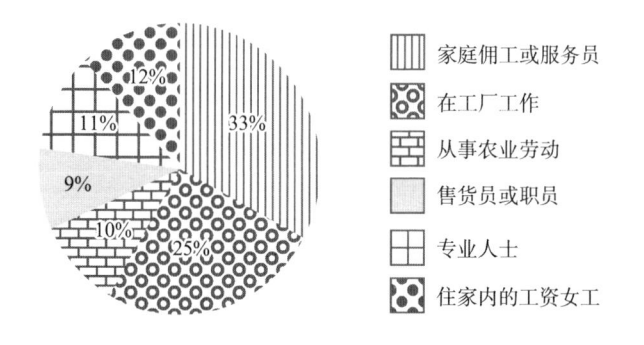

1900年女工的就业分布情况

在所有的工资女工中,做家庭佣工可能是最不令人羡慕的。19世纪末的一个女佣要打扫整个房子,要熨烫和修补,还可能要洗所有的衣服、做饭、上菜,并在一天三餐后打扫卫生。除此之外,她们还常常有额外任务,如烤面包、看孩子、买东西、照顾生病的家庭成员等。那时,许多家庭仍然使用煤炉,而煤炉需要每天生火,并且每两周清洁一次,因为它产生了大量煤烟和污垢;那时,铁器十分沉重,会使双手结茧;那时,还没有真空吸尘器;那时,准备食物的工作还包括储存水果、制作果酱、腌制泡菜。[41]

家庭佣工的处境可能在19世纪和20世纪之交达到了最糟糕的时刻——刚好在家用电器广泛使用之前。但在家用电器问世之后,许多妇女相信她们几乎不需要帮助就能过活。先进的家庭技术可以减轻佣工的负担,但也可能使情况变得更糟。有时候,随着燃气和电器的出现,一些在早期从家务清单中被移除的任务,比如洗衣和熨烫,又重新回到了家务清单里。女主人们利用技术来减少佣工的数量,与此同时也增加了要完成的任务量。有时她们还需要私人服务。由于这一时期绝大多数家庭只雇用一个佣工,所以整个家务劳动的负担全都落在了这个佣工的肩上。难怪随着工厂工作变得越来越普遍,妇女往往会放弃从事家务劳动。

女主人们声称,不明白自己为什么会缺乏帮手。"挣工资的年轻妇女为什么抵制做家庭佣工?"1915年,基督教女青年会(Young Women's Christian Association,YWCA)的家庭就业委员这样问道。[42]潜在的女主人们用"健康"工作的优点、没有工厂环境的污染、充满家庭生活的道德等理由，试图吸引妇女从事家务劳动。她们想解决家庭佣工的问题，还想把年轻人从商店和工厂的不良影响中拯救出来。她们失败了。即便有相对较高的工资，也无法吸引妇女从事家务劳动。1900年以前，一个优秀的普通家政工人一周可以挣3美元左右，包括食宿、制服和所有费用。虽然这个工资与一个刚开始工作的工厂工人在支付了伙食、交通、服装等费用后所能得到的工资相比，可能更高一些，但并不足以把妇女吸引到家务劳动中来。一方面，家庭佣工通常不能指望在自己的领域获得"上升空间"；另一方面，她们的工资也不会随着经验的增加而显著提高。

另一种试图吸引妇女从事家务劳动的方法同样不成功。1899年，波士顿妇女教育和工业联合会（Women's Educational and Industrial Union）的家庭改革委员会对数百名工厂工人进行了仔细调查，总结了阻碍妇女从事家务劳动的三个因素：金钱、社会污名、长时间劳动。委员会的结论是：所有这些问题都可以通过培训年轻妇女来解决，她们成为熟练工人以后，就可以获得更高的工资，就能够调节自己的工作时间，就会因为拥有技能而受到社会尊重。同年，他们创办了一所家庭佣工学校。该学校学费和伙食费为72美元，提供为期8个月的课程，其中包括3个月的学徒期，在学徒期间每位佣工每周可挣2美元。课程涵盖了多种类型的工作，如厨房工作，包括生火，清洁洗涤槽，烹饪普通的汤、茶、咖啡、巧克力和可可；洗衣工作，包括普通的洗涤、熨烫以及床单和桌布的一般护理；室内工作，包括扫地和除尘；以及客厅工作，包括如何正确地应答门铃。最后的成绩决定了毕业时的工资。得"A"的学生每周可以拿到4美元,得"B"的学生每周工资是3.75美元,得"C"的学生是3.5美元,而成绩为"D"的学生每周只能拿到3.25美元。[43]

那些不愿做家庭佣工的妇女对此无动于衷。她们认为问题出在工作的结构上,而不是自己的固执或缺乏培训。她们认为,家庭佣工们放弃了任何独立的可能性。她们总是听从女主人的召唤。她们的工作时间是无休止的,服从于女主人的心血来潮。她们是孤独的。她们几乎没有时间和机会进行社交活动,也很少有家庭为她们提供接待朋友的场所。她们没有机会"提升"自己,因为她们很少能挤出时间上学。一位工厂工人用一句话,简洁地概括了她拒绝考虑家政服务的原因:"家庭女工似乎是雇主的奴隶,而工厂女工在上下班时间之外能够拥有属于自己的时间。"[44]

妇女对于缺乏独立性的抗议及其对于正常工作时间的坚持,最终促成了职业结构的改变。在1900年之前,家庭佣工曾是一种"住家"职业,后来逐渐转变为更多地按日雇用妇女的职业。一些节省劳动力的机器的引入也起到了帮助作用,使家庭主妇们不再像以前那样需要那么多"帮手"。一旦有机会从事其他工作,大量妇女选择完全放弃家务劳动。她们在商业化的洗衣店做洗衣工,在医院做助手,在商业化的厨房做备菜工和服务员。她们享受到固定的工作时间、有明确界定的义务,以及工作中的社会陪伴。然而,这些妇女的所作所为仍然能使家庭主妇们受益,因为以前在家里由单个家庭完成的很多任务，如今可以由这些妇女在家外完成。

那些继续在家里工作的妇女发现，在减去某些任务后，如今她们只剩下了一些机械的工作，比如刷洗、除尘和擦亮。随着工作的进一步退化，它吸引了那些由于遭受歧视而被其他劳动部门排斥的妇女。1900年，黑人妇女在所有妇女人口中所占比例不到20%，却占到了大城市家庭佣工总数的23%。到1920年，这个数字上升到大约40%。由于移民妇女数量的减少，以及移民女儿能够找到其他工作，家庭佣工的总数在不断减少，但黑人妇女在其中所占的比例却上升了。[45]

毫无疑问的一点是，女主人一贯歧视黑人女佣，给她们较低的工资，要求她们做更多的苦工，用食物和破旧衣服代替工资。非裔美国女佣从来没有得到与白人女佣同等的最起码的尊严。在南方，几乎所有的女佣都是非裔妇女。由于除了忍饥挨饿以外几乎没有其他选择，这些妇女通常只能接受极其低廉的报酬，每次离开自己家庭数周，承担起雇主家庭的全部责任。纯粹的生存需求，迫使这些妇女不得不接受女佣的工作。事实上，到1920年有将近1/3的黑人女佣已婚，与此形成鲜明对比的是，在所有的女佣中，已婚的比例还不到1/10。这一事实充分表明，黑人女佣的生存需求有多么强烈。

在北方，妇女按天或按小时受雇，有什么工作就干什么。一名工人描述了在"奴隶"市场上的情形。"每天早晨，无论晴雨，成群的妇女提着棕色纸袋或廉价行李箱站在布朗克斯和布鲁克林的街角，等待机会找份工作。有时有15人，有时有30人，有些是老人，许多是年轻人，而其中大多数是黑人妇

## 第三章 为工资而工作

雇主一贯歧视非裔美国妇女,以极低廉的工资雇用她们,而且往往只是暂时性的。这些亚特兰大妇女在一个寒冷的早晨等着有人雇她们作为日工。(来源:朔姆堡黑人文化研究中心,纽约公共图书馆照片和印刷品部)

女,她们等着雇主来街角拍卖区,与她们商讨劳动力的价格。"46

家庭佣工的地位从"住家"变为按日计酬的工人,反映出家庭结构的变化。与"住家"女佣相比,按日计酬的女工拥有极大程度的个人自由,但与客观工作相比,她仍缺乏优势。按日计酬的女工没有带薪假日或病假日。她们面临着无法预知的日程安排。家政工人的工资一直以来都是最低的,直到1952年才享受社会保障福利,到1974年才享受联邦最低工资规定。

近年来，由于工作条件缺乏吸引力，年轻的家政工人只能继续从新来的、最没有技术的移民群体中招聘。在许多家庭主妇看来，这些人是劳动力市场的新人，需要纪律约束，而且总是渴望欺骗"毫无戒心"的雇主。

在19世纪和20世纪早期的大部分时间里，在工业部门工作的妇女并不比家庭佣工好多少。在费城、波士顿、芝加哥和纽约等城市，大多数在工业部门工作的妇女都以缝纫为生。她们沿袭着光荣但不幸的传统。19世纪20年代，缝纫作为一种谋生手段出现在城市里，与此同时，纺织厂吸收了大量新英格兰农民的女儿。到1824年，费城的一位商人兼企业家马修·凯里（Matthew Carey）已经开始谴责这种状况。他写道："那些女裁缝、卷轴女工及诸如此类的其他女工的可怜收入中，有2/5以上都用来缴了房租，她们是如何维持人性的，这个问题着实让人感到惊奇。事实上，她们通常是通过向仁慈的市民乞讨来应付房租的。……当然，她们那点微薄的收入还要用来购置衣食。"[47]凯里估计，在纽约、波士顿、费城和巴尔的摩等城市，有1.8万名至2万名妇女靠缝纫为生。一个妇女"从日出熟练工作到晚上10点或11点，且不受疾病或家庭干扰，每周可以挣到1.5美元"。但是，大多数妇女还得花时间取回和归还她们要在家里缝制的衣服。缝纫工作向来僧多粥少，在夏季的几个月里，这一行的生意就不景气了。正如诗人托马斯·胡德（Thomas Hood）打的比方一样，如果一件衬衫挣12美分半，一个星期能缝3件到4件衬衫，那么普通的女裁缝除了给自己缝一条裹衣外，什么也做不了。

因为几乎每个妇女都会缝纫,所以对她们来说,继续做以前一直在家里做的工作,似乎是一件很自然的事。制造商负责把原材料配送到家庭。他们对于缝纫女工的选择余地很大,因此这一制度很容易遭到滥用。1830年,一些妇女抱怨说,低工资的部分原因是"出价过低"。她们援引《马萨诸塞杂志与论坛报》(*Massachusetts Journal and Tribune*)的话说:"那些有房子住、衣食无忧的人,却在买一条新腰带或一根新羽毛时狠狠压价。"[48]

直到19世纪40年代,以这种方式制作的服装几乎都是男装。衬衫和长裤是最受欢迎的。后来又增加了儿童服装,最终在19世纪50年代,一些女装也被囊括进来,包括紧身胸衣、女士披肩和斗篷。妇女主导了这些年来出现的成衣行业。熟练的男裁缝在妻子和孩子的帮助下制作整件衣服,从而控制了利润较高的服装"定制"业务。另一方面,成衣则由批发商裁剪和分销。妇女把部分成衣带回家,或者在裁缝店里加工。然后,所有部分被送回商人那里最终整合完成。但是,直到19世纪末,大多数妇女的服装还不能买到"现成的"。而穷人则直到20世纪仍然都是自己做衣服。

19世纪末,缝纫机开始普遍使用。它发明于1850年,为成千上万疲惫不堪的劳动妇女提供了更便利的生活。然而,缝纫机的发展却导致了服装业的集中化,强化了工作竞争。最初,商人坚持要求男女裁缝们租用或购买机器,以提高他们服装产品的质量。女裁缝因此成了"机器操作工",服装业开始吸引大量的男性——主要是移民——他们开始与妇女竞争工

缝纫机使妇女工作效率更高，产量更大，但妇女仍然在血汗工厂的条件下工作。请注意，在1900年这张照片拍摄的时代，有几个男人和妇女是站在一起工作的。（来源：基尔劳工管理文件与档案中心，康奈尔大学工业与劳动关系学院）

作。商人降低了计件工资，以抵消生产力提高带来的成本压力，并进一步简化了工作流程。他们把成捆的布料外包给承包商，由承包商雇用操作工来缝衣服，再把缝好的衣服返还给商人。为了以低于竞争对手的价格获得商人的订单，也为了争取更多的工作机会，承包商会把开支削减到最低限度。他把缝衣作坊开在自己公寓的一个房间里，要求他的操作工自备机器和线材，在照明、供暖和空间等各个方面极尽节省。当没有多少工作可做时，承包商就会降低计件工资，以至于操作工为了维持生计只能无休止地工作，或者把工作带回家完成。这些缝衣作坊的工作条件可谓声名狼藉。妇女通常每天工作10小时，每周工作6天。监工们把门锁上，防止工人未经允许上厕所。雇主们还用各种诡计来剥削妇女那一点点微薄的工资，比如将

## 第三章　为工资而工作

时钟倒拨，以增加一天额外的工作时间，或者分发很容易丢失的小票根，作为工作完成的象征。整个行业弥漫着这样的传言：只要提供性服务，就能轻松完成任务（easy tasks in return for sexual favors）。

这些小作坊在美国内战后大量涌现。到1900年，它们虽然没有取代家庭劳动，但在重要性上两者可以说是并驾齐驱。直到20世纪30年代的大萧条时期，家庭劳动仍然是一个重要的收入来源。这种平行的生产结构是很多轻工业的特点，这些轻工业中，妇女都在工人中占据很大比例。与服装业一样，在纽扣、雪茄和假花制造等行业，大量妇女都从事着与服装行业相同的计件劳动。作坊主能够从家庭劳动中获益，因为家庭劳动会拉低该行业中所有工人的工资。最终，在提高工作效率的压力之下，服装制造和洗衣等工序才逐渐转移到工厂内部完成。

在其他地区，工厂劳动从一开始就是行业的特色，尽管工作条件普遍较好，但工资仍然很低。例如，1910年玛丽·范·克利克（Mary Van Kleeck）研究纽约的装订工，对这个监管相对良好的行业做出了一些令人震惊的结论：装订工的工资是每周7.22美元，比纽约市公认的妇女独立生活所需要的最低工资还要低2美元。妇女操作"复杂的机器，一小时又一小时地重复同一个过程，一站就是一整天，把沉重的纸张从装订车间的一个地方搬到另一个地方，经常弯腰抬起折叠的书，不停地快速踩下脚踏板，把完成的书打包起来等待运输"。[49]和其他研究者一样，范·克利克的结论是：疲劳、营养不足和家务劳动的额外负担对这些妇女造成了伤害。她们的情况很典型。当时的马萨诸塞州劳工统计局局长卡罗尔·赖特发现，工资女工生活中常见的问题包括长时间站立、厕所设施不足、缺乏通风以及灰尘颗粒堵塞肺部。[50]

## 该怎么办？

很多改革者和工会成员用了多年时间，付出很多努力，试图呼吁公众关注这些弊端。改革者们往往会担心，那些在恶劣的、不卫生的条件下工作多年的年轻妇女永远不可能成为称职的母亲。他们指的是妇女身体的畸形和营养不良，以及妇女的性格由于过多的世俗接触而变得粗鄙。雇主趁大量移民劳动力涌入之机降低工人工资，并强迫脆弱的工人做更加辛苦的工作，因此出现了反抗。激进的工会、血腥的罢工、游行和示威，引起了公众对工人疾苦的关注。报纸曝光和政府调查都指出，恶劣的工作条件和不足以维持生计的工资，对所有工人，尤其是对妇女造成了伤害。调查人员担心女工的道德问题。一些人指出，卖淫活动的蔓延是低工资的必然恶果。

夏洛特·帕金斯·吉尔曼（Charlotte Perkins Gilman）等知名女权主义者提出了最激进的解决方案。吉尔曼认为，妇女无法独立自主谋生是她们依附家庭所导致的。妇女从来没有像男人那样与生产联系在一起，而是一直由男人给她提供衣食，这种关系自始至终保持不变。她在《家庭》（The Home）一书中简洁明了地写道:"居家的妇女堵塞了整个世界。"她认为,为了人类的进步,家庭应该进行重组,以便更有效地利用劳动力,并让妇女自由地发挥经济独立的作用。[51]

吉尔曼是20世纪初第一波女权主义浪潮中的英雄,为一代年轻女大学生的重新觉醒做出了贡献。然而事实上,在吉尔曼开启写作生涯之前,其他中产阶级妇女就伸出了援助之手。

激进的罢工和游行吸引公众关注工人的疾苦。图中这些妇女正领导着1.5万名男女,参加1915年芝加哥的罢工游行。[来源:美国服装工人联合会(Amalgamated Clothing Workers of America),《芝加哥服装工人,1910—1922》(The Clothing Workers of Chicago, 1910-1922),厄巴纳-香槟和芝加哥:伊利诺伊大学出版社1922年版]

美国内战期间，女裁缝和中产阶级改革家联合成立了劳动妇女保护联盟（Working Women's Protection Union）。30多年来，该联盟为挣钱养家的妇女们提供法律援助，使许多人能够讨回被雇主不当扣留的工资。1869年，苏珊·B. 安东尼（Susan B. Anthony）协助组建了劳动妇女协会（Working Women's Association）。但是，该协会吸引的技术工人在不到一年的时间里就纷纷退出了。安东尼曾支持对一些女印刷工进行培训，但当这些女工妨碍到国际印刷联合会（International Typographic Union）的罢工时，她便与很多工资女工渐行渐远。1884年由格雷丝·道奇（Grace Dodge）创立的劳动女孩俱乐部（Working Girls Clubs）是一个更好的案例。在这个俱乐部里，工人阶级妇女在精心营造的文雅、高尚的道德基调中，与演讲者和老师一起参加讲座、课程和社会活动，旨在实现"自我提升"。19世纪和20世纪之交，这样的团体数量激增。基督教女青年会和后来的希伯来女青年会（Young Women's Hebrew Association, YWHA）的工业分会为工人提供住房、有益身心的娱乐活动，并对工业问题进行分析。波士顿妇女教育和工业联合会提供某些种类的职业培训，尤其是培训那些希望从事家庭劳动的妇女。美国全国消费者联盟（National Consumers League, NCL）及其各州的分支机构，通过组织"标签"运动（"label" campaigns），将血汗工厂的工人和百货公司的职员纳入其麾下。他们甄别哪些产品是在卫生条件下生产的，并把员工待遇良好的百货商店列入"白名单"。美国全国妇女工会联盟（National Women's Trade Union League, NWTUL）

与美国劳工联合会（American Federation of Labor）合作，提供资金和组织能力，最终使成千上万的妇女加入工会运动。还有许多其他的当地团体也参与进来，以改善工资女工的生存状况。

组织这些团体的中产阶级妇女有着复杂的动机。工资劳动者阶层希望改善条件、缩短工作时间和提高工资，以使生活更轻松。与之相反，许多较富裕的妇女却希望在必要的带薪工作与维持家庭所需的健康和道德之间进行协调。对于她们来说，维系妇女的家庭角色仍然是最重要的。

还有一些相对富裕的妇女是出于不同原因参与了保护工资女工的活动。有时候，由于自己的生活发生了改变，她们开始能够理解工人阶级妇女的困境。对于一些有钱的已婚妇女来说，拥有丰裕的生活，仆人环绕左右，再加上出生率的下降，很容易使她们感到无聊。即使是来自小康家庭的妇女也可能觉得家务不够多，不能满足劳动需要。这些妇女寻求其他途径实现自我满足。在19世纪，有些妇女拒绝结婚，而更愿意去考门槛森严的医学院和法学院。她们进入了经济学和社会学的研究生院。20世纪以后，许多已婚妇女带着孩子加入了她们的行列。就像后来被称为"新女性"的克里斯特尔·伊斯门（Crystal Eastman）和亨丽埃塔·罗德曼（Henrietta Rodman）一样，她们决心自食其力，像那些独立自主的男人一样自由地生活。

她们把自己树立为一种新的经济独立的象征。她们的观点，有时甚至是她们的工作，有助于人们越来越深刻地理解促使劳动妇女进入职场的经济必要性。例如，伊斯门的第一份工作是调查1909年匹兹堡的工业事故。然后，她转而就职于纽约州雇主责任委员会（New York State's Employer's Liability Commission），正是在这里，她起草了该州第一部工人赔偿法。[52]

工资女工根据不同的情况从女权主义者和男性工人中选择盟友。一些妇女开始相信，只有妇女手里有选票，其带来的政治压力才能改变妇女的命运。于是她们成为争取妇女选举权运动的最后一波加入者，并协助在非技术产业工人中结成联盟，不分男女，共同为妇女获得选举权而斗争。对于许多工资劳动者来说，这是一个艰难的决定。很多加入了美国全国妇女选举权协会（National American Women's Suffrage Association，NAWSA）及其前身的主流女权主义者们，长期以来一直在为妇女选举权而呼吁。她们的理由是：受过教育的中产阶级妇女选民，将有助于抵消未受过教育的男性移民选票的不利影响。直到19世纪和20世纪之交，美国全国妇女选举权协会才正式表明立场，提出所有妇女都需要选举权，以保护自己免受经济剥削，避免祸及家庭。这一论点吸引了工会里的妇女成员，也吸引了非技术男工，因为他们的女儿和爱人是劳动力队伍中最常见的一员。支持者们把妇女选举权视为家务管理的社会延伸，从而跨越了阶级界限，把妇女团结了起来。妇女理应有选举权，因为她们的纯洁和道德，能够确保她们实现保护抚养孩子和料理家务的功能——这种观点，是建立在对妇女角色的某一种设想基础之上的。而这种设想，以后可能被用来证明妇女承担照顾家庭和带薪工作的双重负担是合理的,但就目前而言,选举权给了工资女工足够的政治影响力,迫使立法者必须规范工作条件。

  工资女工并没有止步于政治联盟。尽管成功的概率很小,她们还是联合起来成立了集体组织。大多数女工联合会都是短命的,如1845年成立的洛厄尔女工改革协会。用新工人取代没有技术的妇女太容易了。美国内战后,最成功的女工联合会与男工组织有着密切的联系。1864年,在纽约州特洛伊市建立的女衣领工和洗衣工联合会(Female Collar and Laundry Workers Union),与该市的男铸铁工人结成了牢固的联盟。1868年,在纽约市成立的女印刷工联合会(The Women's Typographical Union),从美国全国印刷联合会(Typographical Union)中吸收了一些男性熟练工,并在一年后成了后者在当地的分支机构。雪茄工人由于害怕女工带来的竞争,不得已才在19世纪70年代勉强接受女工加入自己的工会。在19世纪80年代,大量妇女加入了劳动骑士团。这是一个强大的全国工会联盟。也许每10个联盟成员中就有1个是妇女,但大多数女工建立组织的企图都以失败告终。当劳动骑士团在19世纪80年代末逐渐消失时,大多数女工都没有加入工会。美国劳工联合会接替骑士团,成为美国主要的工会联盟。它代表的是技术工匠,他们根本不愿与非技术工人联盟,更不用说与非技术女工联盟了。

  一旦有机会组织起来,妇女们就会成为忠诚而成功的工会成员。她们相信,工联主义(unionism)会像服务于男工一样

妇女认为，选举权会保护所有劳动妇女和其他妇女。（来源：美国国会图书馆）

服务于她们。一位17岁的纺织女工的话反映了多数人的情感。她说："我们都为了微薄的生活而努力工作。我们的男人是矿工工会的成员。妇女必须像男人一样行动……"[53]在男女混合的工会中，女工经常带领男工采取激进行动。1899年，艾奥瓦州的雪茄工人报告说，一些罢工的男工已经恢复了工作，而女工则依然坚守。据报道，1905年马萨诸塞州的女制靴工和制鞋工在与工厂主讨价还价时十分强硬。她们的主席说："诱使女工妥协是很难的。她们更有可能坚持到底……以得到她们想要的东西。"[54]奇怪的是，对家庭的依恋曾经妨碍妇女加入工会，但此时，却鼓励了她们的战斗精神。如果家庭能够提供食宿等支持的话，那么一个年轻的单身妇女在罢工时坚持的时间，会比有一大家子的男人或妇女更久。有来自家庭和社区的支持，这可能是1909年纽约市制衣工人罢工的一个关键因素。

当2万名妇女——其中大多数是年轻的犹太妇女——不顾男性工会领导的最初反对，浩浩荡荡走出纽约市的服装商店时，很多人预测她们无法坚持下去。在妇女工会联盟（Women's Trade Union League, WTUL）的宣传帮助下，她们整整坚持了3个月。3个月后，大多数制造商都与工会签订了合同。这些"女孩们"为陷入困境的国际女装工人联合会（International Ladies Garment Workers Union）注入了活力。

尽管做出了令人瞩目的努力，但组织妇女的运动却仍然收

图中这些妇女只是1909年领导制衣工人罢工中的一小部分。（来源：基尔劳工管理文件与档案中心，康奈尔大学工业与劳动关系学院）

效甚微。1900年，从事工业劳动的女工中只有3.3%加入了工会。1909年到1910年的制衣工人罢工使这一数字翻了一番。但是到1920年，只有不到1/15的工资女工加入了工会。妇女在所有劳动力中的占比超过20%，但在工会成员中，她们的比例只有8%。[55]

虽然一些男性工会成员也偶尔尝试过组织妇女加入工会，但整个劳工运动很快就放弃了组织女工，转而支持政府立法，以提高妇女的工资，缩短她们的工作时间，并规定她们可以从事的工作种类。这场后来被称为保护性劳工立法的运动，在其涵盖范围最广的时候，甚至还有给危险机械加防护罩，以及管控卫生条件的条款，比如规定每个工人所对应的厕所数量等。它关注工人的健康，鼓动通过政府立法来规范通风、灰尘、过热或超重。它常常会限制妇女的工作时间，不让她们上夜班，不让她们在酒吧等某些"不道德的"环境中工作。这场运动在一战前达到了高潮，在改革派、工会成员和工资女工之间建立了一个广泛的联盟。对于妇女来说，要么是被完全排除在劳动力市场之外，要么是以牺牲家庭角色为代价加入劳动力市场，这是一个两难选择。然而在很多人看来，保护妇女的劳动立法似乎是一种合理的折中方案。

保护妇女的劳动立法，其实际效果好坏参半。没有人会反对既保护男工也保护女工健康和安全的法律，但实际情况是，大部分立法只针对妇女。劳动妇女发现她们受到越来越多的法律限制，包括限制她们的工作时间，规定最低工资，规定她们的工作条件，等等。这些法律的巨大好处是改善了妇女最恶劣的工作条件,同时给她们提供了维系健康和精力的机会,以便养育现在和未来的家庭。支持者非常明确地认为,立法符合州的最大利益。例如,俄勒冈州在其最低工资法的序言中写道:"俄勒冈州的福祉要求保护妇女和未成年人的健康和道德,免受恶劣劳动条件的不利影响,低工资也会造成同样的危害。"[56]在这一时期,男工没有从最低工资法中受益。法院多次否决了适用于男工的劳动时间立法限制。

与此同时,立法对整个劳动力队伍产生了重大影响。它降低了女工的经济吸引力,从而限制了她们与男工的竞争。用一位权威人士的话来说:"女工和童工的竞争,削弱了男工在工资方面的议价能力,因此,一部限制妇女和儿童劳动时间的法律,也可以被视为一部旨在保护男工议价能力的法律。"[57]男工之所以支持针对女工的最低工资立法,是因为它有效地缓解了自己工资下降的趋势。在20世纪20年代,新成立的劳工部妇女局煞费苦心地力图证明,工厂法并没有把女工替换掉,但其证据是矛盾的。马萨诸塞州的一个雇主组织告诉妇女局,只要女工在工厂劳动力中的占比低于25%,这些女工就会被解雇,因为"改变整个工厂的工作时间,或者保留女工并实行两套工作时间,都是不划算的"。[58]对于妇女来说幸运的是,当保护性立法普遍流行之时,白领工作的机会也开始出现了。这些工作上的转变或许可以解释,为什么直到20世纪30年代末,妇女参与劳动力队伍的比例一直保持稳定。[59]

除极少数情况以外,雇主没有受到新法律的影响。立法的实现是渐进的,而且适当考虑到了业务可能受损害的制造商的利益。卫生和健康条例常常得不到执行。总的来说，只有在美国全国制造商协会（National Association of Manufacturers）中有代表席位的小制造业主反对监管。他们的利益往往与公司和工会的利益相冲突，而公司和工会都赞成并游说保护妇女。

劳动妇女对这项立法感到十分困惑。20世纪初，一些参加工会的劳动妇女采取的立场是自相矛盾的，在看到组织无望的情况下，她们最终还是选择了接受保护。到20世纪20年代，当大多数工业州都有一些限制劳动时间和规范夜班的立法时，冲突达到了顶峰。一些女权主义者，主要是商业和职业妇女，反对把妇女预设为需要国家保护的特殊角色。她们主张对联邦宪法附加一条关于平等权利的修正案，其效果是：苦心建立起来的保护性立法将被消除殆尽。1923年，美国全国妇女党（National Women's Party）首次向国会提交了平权修正案。此后，该法案每年都会被提出，直到1973年最终在国会获得通过。

一些代表工资女工的组织，如妇女工会联盟和劳工部妇女局，领导了反对平权修正案的斗争。[60]从她们的角度来看，保护性劳工立法让妇女在劳动力市场中摆脱了被剥削之苦，这一成就来之不易，而如今这个她们口中的"一揽子修正案"（blanket amendment），将会把所有针对女工的保护剥夺殆尽。弗吉尼亚一家丝绸工厂的女主管清晰地表达了这一冲突。她写道："我一直担心，如果本着对妇女区别对待的原则来制定法律的话，那么这些法律终究会对妇女构成障碍。"但是到1923年，她改变了主意，认为"这（指平权修正案）将及时提高整个（工业的）标准，而不会让妇女的处境更加艰难"。[61]

在妇女党的领导下，商界和职业妇女组织成妇女俱乐部，继续支持平权修正案。她们说自己谴责的不是所有的劳工立法，而是那些专门为妇女提供特殊待遇的法律。像早期的英国女权主义者一样，她们认为，保护性立法使妇女在与男性的竞争中处于劣势，她们敦促把建立工会作为一种替代方案。在劳动力市场上保护妇女之所以重要，是因为绝大多数工薪妇女生活在悲惨中。而如今，这些商界和职业妇女却拒绝承认这一事实，因此她们的论点是站不住脚的。保护性立法承认妇女身兼两职，但若要其中一项工作出色完成，另一项工作就必须受到限制。然而，这种立法否认妇女是有充分资格的工人阶级，是把家庭的首要地位制度化了。实际上，保护性立法为工人阶级妇女创造了相当于"家内准则"的东西。它迫使工人阶级妇女及其雇主把家庭置于妇女的工资竞争力之上。与此同时，这项立法对那些从事白领工作的人几乎没有影响。[62]在办公室里，无论如何工作条件都普遍比较体面，工作时间都普遍较短。保护性立法，把最贫穷的妇女与她们的男同事隔离开来，减少了她们的工作机会，但对于受过良好教育的妇女（如新兴的办公室职员）来说，立法并不会影响她们的现有工作或机会。

那么，保护性劳工立法还有必要吗？虽然大多数历史学家同意，保护性劳工立法成功地改善了女工最糟糕的工作环境，但另有一些历史学家认为，如果没有这些立法的话，劳动力队伍和工作结构的变化也会降低工作时间，提高女工工资。[63]无论保护性立法产生了什么立竿见影的效果，它都把妇女归为一种特殊的工作类别,助长了按照性别来划分工人的不良风气。由于技术水平的同质化,男工和女工原本在一段时间内可能会走得更近,但保护性立法却反其道而行之,让劳动力的分层趋于固化。

到20世纪初,妇女的工作模式已经牢牢确立起来——大多数妇女从事的是只对妇女开放的工作。将妇女隔离在女性专属的职业里(或称职业隔离),这一做法并非严格的。在某一个城市里由男性从事的工作,在另一个城市则可能由妇女来承担,因为后者的劳动力市场可能更紧张,或男性有更多工作机会。然而,几乎普遍承认的一个事实是,那些被定义为"女性职业"的工作,在由妇女来承担时,其报酬必然低于由男性来承担。而且,妇女的工资往往是按件计酬,而不是按小时或按天计酬——这种做法的目的是让妇女努力工作,而不给她们任何晋升机会。

## 精简运营

对于妇女在劳动力队伍中面临的困境,最终的解决办法来自工作结构的转变——这种转变大大增加了被定义为"女性职业"的工作数量,与此同时也改善了整个劳动力队伍的工作条件。转变的根源在于1890年至1920年,美国从一种在经济上相对具有竞争性的资本主义,转变为一种在经济上更集中的公司资本主义。庞大的、没有人情味的公司纷纷出现,对劳动力产生了一系列影响。公司依赖于官僚结构和信息网络，这大大增加了对办公室职员的需求。公司鼓励精简生产方法，创建管理层（绝大多数是男性），并引进机器来执行繁重的生产任务。新的管理技术降低了男工向上流动的可能性，让生产性工作变得不那么具有吸引力了。与此同时，妇女能够从事那些不那么依赖体力的工作。这些变化带来了生产力的显著提升，而这也惠及工人，给他们带来了更短的工时、更好的工作环境和更高的工资。

这种新组织形式的影响，从办公室工作的历史性转变中可见一斑。1870年，办公室职员往往是一个值得信赖的副手，负责处理账簿和跟踪库存。一个商人可能会有一个私人秘书来负责写信、预约和扮演知己的角色。雇主和雇工可能都是男性。在当时，只有不到1%的工资女工从事职员、收银员、打字员或速记员的工作。到1900年，有10%的妇女从事这类工作。在一战期间，这一领域发展极为迅速，以至于到1920年，所有工资女工中有超过25%是在办公室工作。那么，到底发生了什么呢？

不断发展的官僚制度要求人们英语流利，受过足够的教育，能够有效地响应各种命令，而且不需要高收入。起初，雇主们不愿意雇用妇女，因为担心妇女会分散注意力，但最终他们还是屈服于更高利润的诱惑——因为女工的工资大约是同级别男工的一半。一位商人解释了自己为什么更喜欢雇用妇女。他说，年轻男性希望得到晋升和更高的薪水，因为他们要追求女孩并组建家庭。"（这样的话），办公室职员就不是一种好的投资，因为妇女没有这些要求，所以这些特定工作必须雇用妇女。"[64]

办公室性别藩篱的首次被打破是在美国内战期间劳动力短缺的时期。从那时起，妇女便逐渐稳步迈入了文职岗位。19世纪90年代开始广泛使用的打字机牢牢确立了妇女在这一领域的地位。这种机器需要灵巧的手指——而这被普遍认为是妇女的特质。打字机操作工不需要任何主动性，只是简单复制即可。而且，这项工作还很干净。大量以前从没有工作过的妇女也被这一新工作吸引。她们都是在美国本土出生的，父母也都是本地人，她们认为在工厂里和移民妇女一起工作是不体面的。对她们来说，办公室工作提供了一个既赚钱又不违反"家内准则"的机会。

妇女进入劳动力市场，带来了办公室结构的转变。与那些被取而代之的男性不同，大多数妇女的主要工作并不是私人秘书。相反，她们发现自己在做分工更加细化的任务，以便通过最少的培训创造最大的效率。一年的秘书培训可以让一个妇女成为称职的打字员和速记员。档案文员、电话接线员和簿记员则只需要更少的培训。但是对于雇主来说，雇用妇女之所以有吸引力，并不仅仅是因为她执行任务的能力。她的个性也很重要。1916年，《妇女家庭杂志》的一位作者将速记员价值的50%归功于她的个性。他引用一位雇主的话说："我对我速记员的期待，就像我对太阳的期待一样，但有一点例外：太阳经常罢工，所以我必须使用人造光；但速记员一周工作6天，我希望她始终用温暖的阳光照耀我的办公室，用满腔的热情支持

第三章 为工资而工作

我正在做的事。"[65]

办公室工作可能很难让人一直保持心情阳光明媚。人们期待妇女成为拥有同情心和良好教养的好妻子,但与此同时,她与任何一个工厂工人一样,也要完成日常工作任务。哈里·布雷弗曼(Harry Braverman)指出,为了提高效率,大型办公室会将任务集中起来,要求妇女为多位老板完成重复性的工作任务。[66]雇主们逐渐简化了工作任务,减少了琐碎的细节。一位办公室经理认为,这让办公室工作更适合妇女了,因为她们比雄心勃勃的男性更"性情平和"。布雷弗曼指出,科学管理技术机制在20世纪20年代的建立,正是源于雇主们试图使办公室工作系统化、便于控制。

弗雷德里克·泰勒在20世纪初提出的科学管理理念,旨

到1920年,超过20%的工资女工在办公室工作。(来源:美国国会图书馆)

在通过为工人和管理者构建新的合作框架来大幅提高利润。泰勒希望通过研究行为和时间利用,全面掌控工人的时间使用方式。与此同时,他打算剥夺工人在生产过程中的发言权,把决定权交给一个专门负责组织劳动过程的管理阶层。他说,他想把"所有可能的脑力劳动"清除出车间。为了补偿工人自主权的丧失,泰勒提议,从生产力显著提高所带来的更高利润中,分更多的份额给工人。

美国工业从来没有完全贯彻泰勒主义。然而,泰勒主义的核心洞见——通过将控制权集中在管理者手中来提高效率——却产生了广泛的影响。将科学管理应用于办公室,意味着办公室经理要建立一个负责整理、保存记录和联络通信的办公系统。职员或打字员不能按照自己的方法,只能按照经理规定的方法,在规定的时间内完成。大量详细研究确立了完成每个任务的最佳速度,并将工作分解为最简单的组成部分。哈里·布雷弗曼从最近的一本商业手册中援引了一些例子。比如,下面这张表描述了打开和关闭文件抽屉所需的时间:[67]

**打开和关闭文件抽屉所需时间表**

| 打开和关闭 | 时间 |
| --- | --- |
| 文件抽屉,打开和关闭,无选择 | 0.040 |
| 文件夹,打开或关闭挡板 | 0.040 |
| 办公桌抽屉,打开标准办公桌一侧抽屉 | 0.014 |
| 打开中央抽屉 | 0.026 |
| 关闭一侧 | 0.015 |
| 关闭中央 | 0.027 |

续表

| 椅子活动 | 时间 |
|---|---|
| 从椅子上起来 | 0.033 |
| 在椅子上坐下 | 0.033 |
| 转动转椅 | 0.009 |
| 将椅子移动到相邻办公桌或文件，最大移动距离4.27米 | 0.050 |

虽然科学管理否定了技术工人的价值，但并没有对非技术工人造成很大伤害。妇女受到的影响有好有坏。在工厂里，她们受益于更短的工作时间和更高的工资，这是生产力提高所带来的好处。此外，对非技术和半技术劳动力的需求不断增加，以应对新的职业分化，这也增加了妇女的就业机会。但在工厂车间里，劳动压力却变得越来越大。为了提高生产效率，雇主们引入了激励机制——对那些超额完成劳动份额的工人给予格外奖励，解雇了那些完不成生产任务的人。过去，工人承受的是体力上的劳累，而现在，工人承受的是高强调的单调工作以及对重复性任务的严密监督。相较之下，谁能说工人现在的生活就更好了呢？

一个不断扩张的公司结构严重依赖于通过增加销售额来维持其增长。于是，零售商店开始雇用大量的女售货员。起初，百货公司的工作和其他工作一样令人不愉快，因为它的工作时间很长，通常从早上8点一直到晚上七八点。圣诞节期间的工作时间更长，更令人痛苦。即使在放松的时候，售货员也不得不站着，这样看起来依然是很忙的样子。然而公众的关注使得商店恶劣的工作条件很容易成为改革者的靶子。美国全国消费者联盟敦促妇女抵制那些不给售货员提供充足休息时间、像样午餐室和座位的商店。最基本的条件很快得到了改善。为了转移进一步的攻击，也为了避免工会化的威胁，波士顿法林（Filene's）、纽约布鲁明戴尔（Bloomingdale's）等大型百货公司设立了福利基金，向陷入困境的员工提供贷款，或者在感恩节分发火鸡。虽然售货员挣的钱不及工厂工人或家庭佣工，但许多妇女认为这是份理想的工作。百货公司售货员的工作地位更高，因为它"更干净"，而且可能更有趣。也许更重要的是，这份工作提供了一些自我提升的可能性。

劳动力市场的发展需要不同技术水平的工人来承担各种商业和专业工作。为了满足劳动力市场的这一新需求，制造商支持发展职业学校。一开始，这些职业学校都是私人赞助的。年轻男性在这里学习手工技能，而年轻妇女则接受培训，学习如何使用机器，然后被分派到工作岗位上。公司支持建立秘书学校，以教授速记技巧和办公室礼仪。多年来，妇女改革者一直在敦促工资女工接受培训以获得更好的工作。在19世纪90年代，她们组织了家政和裁缝学校。在20世纪早期，像波士顿妇女教育和工业联合会这样的组织，还对百货公司员工进行英语、算术、卫生、制成品历史、礼仪艺术、商店外交等科目的培训。培训妇女的热潮很快席卷了公立学校。雇主们在多所高中建立起一个不断扩大的培训项目网络，借此来培训年轻男女进入职场，并教授他们必要的技能。该项目于1899年建立第一所妇女职业培训学校，1917年得到《联邦职业教育法》（Federal Vocational Education Act）的确认。该项目旨在将合适的候选人引导到可接受的工作岗位上。他们保留了对于妇女角色的二分法认知,例如一位官员说道,他坚持认为,年轻妇女"接受职业培训,不应妨碍她们的发展或使她们无法胜任未来作为母亲和家庭妇女的角色"。[68]妇女职业培训学校几乎普遍提供家政和打字方面的技能训练。

到20世纪20年代末,性别分层的模式已经确立起来。关于妇女适当角色的普遍观念、保护性劳工立法,以及作为一种文化传统体现的教育结构,都引导妇女去从事那些被认为"适合她们"的工作,因此都有助于维系工人中的性别隔离。在女

虽然这些罢工工人是性别隔离的,但他们并没有种族隔离。1937年左右,他们正试图利用工会组织来改善自己的工作条件。(来源:基尔劳工管理文件与档案中心,康奈尔大学工业与劳动关系学院)

工中，社会经济阶层和种族影响了哪些妇女可以工作，以及她们在哪里工作。在光鲜靓丽的年轻形象的诱惑下，单身妇女大致根据受教育程度和家庭状况的不同，进入办公室、百货公司和工厂工作。学校和专业机构敞开大门，招收那些想要成为教师、社会工作者和护士的妇女。极少数妇女进入研究生院，成为律师或医生。在劳动力市场上，本土白人家庭的白人女儿的比例大幅增加。无论什么阶层，已婚妇女都被鼓励留在家里，除非迫于生存压力非得出来挣钱不可。移民妇女及其女儿在劳动力中的比例下降，黑人妇女的比例也有所下降。如今，雇主对雇用妇女犹豫不决，因为她们的最低工资和最高工时受法律保护，于是他们便往往从其他地方寻找劳动力。这项立法折中方案限制了但又未完全禁止妇女从事带薪劳动，既满足了雇主的需求，因为他们有大量移民男性劳动力可用；也减轻了男性工人的担忧，因为他们不必太担心来自女工的竞争。

但这种妥协从来都不是很有效。一些妇女的家庭角色发生变化，还有一些妇女，无论结婚与否都越来越愿意独立谋生。她们挑战了这一妥协，让其陷入困境。虽然妇女加入职场的时间晚，但她们拒绝仅从事边缘性的工作，这一点让妥协最终以崩溃告终。

# 第四章 妇女的社会使命

当妇女的领域被限制在家庭内部这一观念在19世纪初出现时，便暗含了一种社会和经济逻辑。在更早些时候，18世纪关于商业社会的观念带有一种普遍福利的含义。18世纪的欧洲定居者把殖民地社会视为一种相互依赖的有机整体，尊重一个社会群体与另一个社会群体之间的相互责任。但他们的意识里绝不包括美洲土著居民和日益增多的非洲人口。在19世纪初，个人主义和为成功而竞争的观念使集体意识黯然失色。这些观念萌发于19世纪20年代，在美国政府的自由放任传统中生根发芽。从理论上讲，自由放任意味着政府不能干预市场，给任何个人或群体以特殊利益。在实践中，自由放任打开了残酷竞争的大门，使个人不受共同体社会义务的保护。没有了共同的责任感，社会就把成败的重担完全压在了个人的肩上。

一个地方，一旦把出人头地摆在最重要的位置，而且出人头地不是靠出身或家庭而是靠个人努力，那么，这里的男人便很少有时间照顾家庭。为了在工作领域竞逐，男人们需要有一个井然有序的家庭。经营家庭的妇女必须认真对待她们的任务，在几乎没有支持的情况下完成它们。她们不可能在这个世

110　妇女是道德美德的守护者，承担拯救社会的责任。这幅版画由柯里尔（Currier）和艾夫斯（Ives）于1874年出版，题为"妇女的圣战：向敌营发起总攻"。（来源：美国国会图书馆印刷品和照片部）

界上追求成功。

相反，妇女要成为帮助男人成功的工具。作为回报，她们可以期待得到整个社会的崇拜和感激。

当男人外出谋取每日生计时，妇女会把自己的家庭变成道德和宗教的避风港。用一位19世纪妇女的话来说："当我们的丈夫和儿子走向这个繁忙而动荡的世界时，我们可以放心，他们在陷阱和诱惑中能保持安然无恙。他们的心会在家里，因为那是他们珍爱之物的所在地。他们会欣喜地回到那安息的圣所，让疲惫的灵魂得以休憩，重新积蓄力量以应对生活的艰辛与冲突。"[1] 为了使这一角色合法化，妇女越来越表现为脆弱和依赖性强的生物，在身体上和情感上需要男性的保护，在精神上更接近上帝。她们在智力和体力上放弃的东西，在道德和美德上得到了回报。作为道德美德的守护者，这种形象的妇女并不是简单地装饰自己的家庭，而是要用不断的虔诚和纯洁来救赎自己和男人们。我们已经了解到，这种关于妇女适当角色的观念是如何限制了她们的工作选择，现在让我们来看看，它如何影响了那些本来有更大选择余地的富裕妇女的生活。

## 道德改革

妇女的有限领域观念，把每一扇通向经济独立的大门都封死了，却打开了一扇拓展妇女社会影响力的新大门。许多妇女肩负着使命感，充满道德热情，认真兑现自己对于美德的承诺。如果她们要救赎自己的男人,为什么不能救赎所有的男人呢?单身妇女成为传教士,独自一人或与教会选择的伴侣一起,在中国和西方"异教徒"中工作。已婚妇女建立了各种以慈善为目的的协会。她们对这些事业十分投入。一位评论家在1841年观察说,"基督教妇女偏离了家庭责任的严格界限",让自己投身于"有组织的协会",而不是关注自己的家庭。《美国妇女:审视美国妇女社会的道德和智力状况》(*Woman in America: Being an Examination into the Moral and Intellectual Condition of American Female Society*)一书的作者 A. J. 格雷夫斯夫人(Mrs. A. J. Graves)指出,一个女人"通过管理自己的家庭,可以比任何其他方式都更有效地促进人类的伟大利益"。[2]

许多妇女不赞同这一观点。那些接受过教育的人往往属于经济条件相对优越的群体,并从接受教育的机会中获益良多。杰克逊时代,美国历史上第一次出现了一个随时待命、愿意无偿投身公共服务的、规模庞大的妇女群体,她们的共同特征是:有使命感、有空闲时间、受过教育,以及有行动的依据。1830年到1860年这段时期,被描述为"改革时代"或"自由的发酵"。妇女在这一时期的社会动荡中起到带头作用,这并非偶然。

从她们的角度来看,还有很多事情要做。一个快速城市化的社会出现了许多问题。其中最严重的问题是不断增加的贫民窟、"堕落"的工人、不断上升的犯罪率、酗酒和卖淫现象。新的交通体系和更好的通信系统加深了人们对这个国家其他地

这张1864年的照片描绘了一位勇敢的女性，她把反对奴隶制和争取包括非裔美国妇女的妇女权利作为自己的使命。（来源：美国国会图书馆印刷品和照片部，格莱斯顿藏品）

区的了解。奴隶制问题进入了公众意识。在解决这些问题时，妇女以自己有责任维护的那些道德价值观为依据，来定义自己的公共角色。出于基督教的职责，她们代表不幸者向男性请愿呼吁。她们用劝说而非武力的方式，诉诸家长式的保护而非威胁。作为一个群体，她们成效显著。

多萝西娅·迪克斯（Dorothea Dix）出生于1802年，经历了改革时代的核心期。她把精神病人和监狱囚犯的状况公布于众。她发现，精神病院的房间寒冷、不通风，把人像动物一样锁起来。监狱非但没有改造囚犯，反而让他们进一步越轨。根本不存在少管所这类的机构。她走遍马萨诸塞州，敦促州立法机构拨款，以改善最恶劣的条件。艾玛·威拉德（Emma Willard），1821年创立了特洛伊女子神学院；玛丽·里昂（Mary Lyon），最终成为霍利奥克山女子神学院的院长；凯瑟琳·比彻在哈特福德女子神学院开启了她的职业生涯，开创了女性教育的先河。虽然这些人都认为教育能培养贤妻良母，但她们也为妇女提供了培育智慧的机会。弗朗西斯·赖特（Frances Wright），这位出生于苏格兰的教师是妇女教育的倡导者，也是田纳西州纳肖巴公社（community of Nashoba）的创立者。许多妇女和她一样，也参与了乌托邦社区的建设，以展示道德社会的可能性。[3]

废奴是当时一个重大的道德问题。虽然妇女承担的是家庭角色，但也正是因为妇女承担的是家庭角色，她们才广泛参与废奴运动。参与废奴运动，要求她们离开家庭，从事"非女性"的行动，如说服邻居、在妇女集会上演说、为请愿书征集签名。所有这些都明显违反了"家内准则"。然而，另一派的有力论点却占据了上风——毕竟，奴隶制在道德上是令人反感的，它甚至剥夺了他者的灵魂；它使婚姻成为不可能；它摧毁家庭，把孩子从母亲身边夺走，为不当性行为大开绿灯。大批妇女出于对母性的共同承诺而团结在一起，大声疾呼反对奴隶制。

只要妇女不超越她们的"特设领域"（special sphere），她们对社会事业的关注就很少招致反对。以美国和平协会（American Peace Society）的一项呼吁为例。1837年卸任主席的威廉·拉德（William Ladd）在1836年写了一本小册子，敦促妇女推动结束战争。他认为："政治革命是由男人引起的，妇女从事这类事业既不体面，也不合适。但在道德革命中，妇女拥有的权力即便不高于男性，也至少与男性平等。她们也要对自己使用权力的方式负责。"[4]然而，拉德的敦促使用的也是维多利亚时代可以接受的方式。妇女要教育她们的孩子懂得温柔，制止战争游戏。她们要祈祷，读和平传单，写和平赞歌，成立学习小组研究《圣经》对和平的态度。这些被认为是女性专属的特质，使她们适合为和平而工作。她们的温柔，她们对人性的关心，以及她们对基督教的投入，都将被转化为美国和平协会的宗旨。

投身于道德改革事业的妇女发现，要承担起守护道德价值的责任，同时又要承认自身在寻求社会变革方面力量有限，这尤其困难。妇女废奴主义者在谴责奴隶制对家庭生活和母亲的恶劣影响时，经常发现自己陷入这种两难境地。她们为被奴役的人争取自由，但她们自身的政治话语权却受到限制，这两者之间的无情反差，使得大量妇女从道德改革运动转向妇女权利运动。艾比·凯利·福斯特（Abby Kelly Foster）、柳克丽霞·莫特（Lucretia Mott）、伊丽莎白·卡迪·斯坦顿（Elizabeth Cady Stanton）等人都是如此。夏洛特·福腾·格里姆克（Charlotte Forten Grimké）也是如此。她的父辈和祖辈都是被解放的奴隶，她在费城的家族与废奴事业有极深的关联。但最能解释这场运动的可能还是莎拉·格里姆克（Sarah Grimké）和安吉丽娜·埃米莉·格里姆克（Angelina Emily Grimké）。

和其他妇女废奴主义者一样，格里凯姆姐妹发现，她们为黑人的权利抗争，并不能让自己逃离"女性适当行为"的藩篱。美国废奴协会（American Anti-Slavery Society）急切地寻

安吉丽娜·埃米莉·格里姆克（左）和莎拉·格里姆克（右）。（来源：美国国会图书馆）

求安吉丽娜·埃米莉·格里姆克、莎拉·格里姆克以及其他曾在妇女废奴委员会工作的人的帮助。它欢迎安吉丽娜对奴隶制的有力抨击，认为这是一种分裂家庭、破坏婚姻、剥夺非裔受教育机会的制度。这些问题都在一个基督教妇女应有的关注范围之内。然而，当她用"不像淑女"的方法来推动这些目标时，却遭到社会的指责。当格里姆克姐妹开始在男女混杂的听众面前演讲、写信、写传单，向州和联邦立法机关请愿时，她们遭到了那些反对妇女逾越"适当领域"的人的攻击。她们深感震惊，质问说，在自己受到约束的情况下，她们如何才能为解放奴隶而战。而且，像许多其他长期坚定不移地反对奴隶制的妇女一样，她们也成了女权主义者。安吉丽娜写道："讨论奴隶的权利，为讨论其他权利开辟了道路，最终的结果必将是打碎每一副枷锁，让各个等级和阶层的受压迫者统统获得自由——这种解放，远比世界上所发生的任何解放都更加光荣……"[5]

对于其他妇女来说，当涉及卖淫问题时，道德改革的工作就更显得紧迫起来，一位历史学家发现，有证据表明，在19世纪30年代和40年代，一小群妇女先是揭露有大量妇女靠卖淫为生这一事实，后来则直接向造成卖淫现象的整个道德准则发起挑战。[6]这一小群妇女建立了妇女道德改革协会（Female Moral Reform Society），公开提出男女双重标准的问题。她们问道："上帝在这方面是否对两性区别对待？有任何地方说过，在一个人身上是罪，而在另一个人身上就不是罪？"她们因为支持"堕落"妇女而遭到男性的攻击，成员们在出版物中质问说,明明有那么多妇女慈善活动,为何偏偏是那些希望"团结起来采取措施保护自己性别"的人会成为被反对的目标呢?[7]

虽然是践行善举,但参与明确社会改革的妇女向来都只是少数。在美国内战前,大多数妇女的社会角色并非源自她们在家庭之外的所为,而是源于她们在家庭内部的影响力。尽管一些妇女在慈善和公益活动中代表家庭,利用对其道德角色的宽泛解释来挖掘可能性,但很少有人能够用超越"妇女领域"的方式来挑战社会秩序。

## 扩大"妇女领域"

美国内战和随之而来的迅速城市化改变了人们对妇女影响世界能力的狭隘看法。大批出身名门望族的妇女,渴望帮助自己的男人保卫国家。她们自己组织起辅助单位,其中最著名的当属卫生委员会(Sanitary Commission)。就像《小妇人》(*Little Women*)的作者路易莎·梅·奥尔科特一样,她们前往前线照顾别人的儿子和兄弟。她们卷绷带,织袜子,安排和提供食品供给。她们管理医院,协助手术,帮助伤员休养。战争结束后,这些妇女明白她们也可以像其他人一样胜任且高效地工作。她们还有组织能力。她们体验到这种工作带来的愉悦。许多从卫生委员会出来的妇女从来没有停止过组织工作。虽然她们不是为工资而工作,但她们继续把新的自信运用到各种道德改革中。

她们继续进行的改革工作产生了很多火花。在经济学家、社会评论家索恩斯坦·凡勃伦（Thorstein Veblen）所说的"有目的行动的冲动"（impulse to purposeful action）的启发下，一些妇女去寻找有意义的活动。[8]虽然富裕家庭的妇女把一些新的闲暇时间用于规划家庭社交生活，但对很多人来说，这还不够。被迫的无所事事、有仆人帮助料理家务、出生率的下降，以及对有偿工作的禁止，所有这些都让她们倍感无聊。于是，神经衰弱的症状在妇女中并不罕见。她们每天躺在床上，情绪低落，泪流满面，拒绝料理家务。以 S. 威尔·米切尔（S. Weir Mitchell）博士为首的一派医生认为，治疗方法是在黑暗的房间里卧床休息——这种治疗有时比问题本身更糟糕。[9]

其他妇女则坚持接受教育。大量富裕的、中产阶级家庭的女孩们一下子涌入 19 世纪七八十年代开办的男女同校大学和新的女子学院。这些妇女要求，也接受了具有挑战性的教育。她们的毕业带来了新的不满。她们现在该怎么办呢？在一般人看来，她们已经不适合结婚了。1900 年以前毕业的那一代女大学生中，有 75% 以上的人一直是单身。她们拒绝婚姻，努力扩大自己的活动范围。然而，社会并没有为她们提供任何条件。有些人犹豫不决地进入医学院，要么进入为数不多的女子医学院，要么与老牌大学的排斥性政策作斗争。[10]大多数人走上教师的道路。少数吃苦耐劳的人获得了经济学或政治学的研究生学位。和那些传统上去欧洲上大学的男人一样，很多妇女"逃"到了欧洲，因为在那里，妇女完成学业并没有在美国这么困难。

在很大程度上，妇女们从美国内战对母性角色的推崇中得到启示，将她们行善的意愿转化为促进国家福祉的力量。她们把慈善事业从自家后院拓展到国家的边陲角落。她们不仅要维护自己家庭的道德，还要维护整个国家的道德。夏洛特·帕金

夏洛特·帕金斯·吉尔曼紧紧抓住这样一种理念：妇女能够且应当不仅成为自己家庭的母亲，还应成为整个世界的母亲。（来源：美国国会图书馆）

斯·吉尔曼曾是神经衰弱症的受害者，痊愈之后成了一名重要的理论家，启发了20世纪早期女权主义者。在1903年的一首诗中，她紧扣妇女可以成为"世界母亲"的理念。这首诗名为《两种召唤》（*Two Callings*），开篇就描述了一个安全、有保障的家庭形象：

> 责任、和平与爱超越一切尺度！
> 家庭！安全！抚慰！母亲！——我睡着了。

接着，号角响起——和平被打破了。吉尔曼接着写道：

> 我醒了——我必须醒！聆听——我必须聆听！
> 世界！世界在哭泣！倾听它的需求！
> 家是生活的一部分——我是生活的全部！
> 家是摇篮——是整个人生故事的摇篮，
> 在舒适的怀抱中度过工作日？
> 我也是家——一切高尚行为的家，
> 唯一容纳人类灵魂的家园！

> 所以当伟大的"母亲"这个词再次响起时，
> 我终于明白了它的意义和地位；
> 不再是忧思过去的盲目激情，
> 而是母亲——世界的母亲——终于来了，
> 以她从未爱过的方式去爱，

去哺育、守护和教育人类。

世界充满了清晰而高亢的音乐！
世界充满了光明！世界更自由了！
我呢？我终于醒了，在不为人知的工作中，
看到爱和责任像生命一样广博——
像大地一样宽阔——像天空一样无边无际——
家就是世界——世界就是我的家！[11]

如果妇女能以女性特有的美德拥抱世界，能通过伸出援助之手来向国家展示道德之路，那就更好了。

相对胆小的人可以采取一条更熟悉的路线。妇女借鉴美国内战前的协会经验，带着各种各样的目的加入俱乐部。有些人说自己仅仅是为了娱乐，其他则声称是为了阅读和讨论小组而来。但正如历史学家希拉·罗斯曼（Sheida Rothman）所指出的，这些协会不仅仅是每周举行会议。它们让妇女参与联谊活动，克服了中产阶级家庭的某些孤立感。它们把妇女拉进社区，而一旦进入社区，就会"扩大妇女的兴趣范围，无论是为了自己还是为了社区的进步"。

1892年，数百个小团体联合起来，成立了妇女俱乐部联合会（General Federation of Women's Clubs）。到1920年，该协会拥有近100万名成员，[12]其目标明确涵盖了社区以外的更广大地区。成员们问自己，能做什么来改善社会环境？她们的回答涉及方方面面，从调查卫生到腐败问题，再到为建设医院、学校或养老院等有价值的事业筹集资金。

　　黑人妇女在俱乐部运动中扮演了特殊角色。受过教育的黑人妇女意识到黑人社区存在着巨大的贫困问题，但她们又遭受大多数白人改革协会的歧视而被排斥在外。于是她们旗帜鲜明地组织起来从事社区工作。美国全国有色人种妇女协会（National Association of Colored Women）是一个伞形组织。1896年，该组织联合黑人妇女俱乐部，为当地团体提供指导。历史学家戈达·勒纳（Gerde Lerner）描述了这一团体的活动——这些活动提出的问题涵盖范围之广令人惊叹，清楚表明妇女的社会活动担得上"工作"之名。[13]亚特兰大邻里联合会（Atlanta Neighborhood Union）成立于1908年，由莫尔豪斯（Morehouse）和斯佩尔曼（Spelman）两所黑人学校的教员妻子组成。起初，该组织由于担心孩子们没有玩耍的空间，所以开始参与学校教育。她们把注意力集中在提高教师工资、改善工作条件和获得更好的学校设施上。接着，她们从这些问题转向健康问题。她们分发读物、进行家访，以鼓励改善卫生条件，识别结核病和其他疾病，并在必要时提供医疗帮助。卫生最终又与市政设施有关。所以，妇女又成功呼吁改善垃圾清理、街道排水、道路铺设系统，以及改善居住环境。还有一些团体致力于帮助年轻的农村妇女适应城市生活，建造医院和养老院，向妇女介绍黑人社区的文学和文化史。

　　一个不断发展的城市环境问题，成为忧心忡忡的高收入白人妇女的改革领域。爆炸式发展的城市里挤满了来自南欧和东欧陌生文化的移民。在社会上层看来，波兰人、斯洛伐克人和波希米亚人说着陌生的语言,信奉着陌生的宗教。快速的城市扩张使少数无良之徒有机可乘,他们攫取金钱和权力,利用自己的资源收买选票,施恩于人。一座又一座城市落入了政治大佬们的掌控。贪污和行贿迅速蔓延,道德和民主理想被抛在脑后。也许最令中产阶级观察者不安的是,这个国家的劳动人民为了反抗残酷的长时间工作和不安全的工作条件,在一波波抗议浪潮中走上街头。在19世纪70年代和80年代,男女工人们在一系列反抗公司权力的抗议活动中联合起来。富裕妇女担心,民主本身会被一个永久分裂的社会所吞没,于是作为回应,她们发起了保护性行动。

传统的慈善方式要求关心穷人——这显然是妇女工作的一部分。然而,美国内战后的公共政策否定了慈善的概念。19世纪中期的知识分子用一种社会达尔文主义(social Darwinism)的哲学来为自由放任的政府辩护。这种哲学认为,为了到达顶峰必须进行无情的斗争。[14]由于只有最适者才能在斗争中幸存,所以社会达尔文主义不可避免地假定,将有一群"不适合"的人构成社会的"渣滓"。适于生存者必须避免公开帮助穷人,以免破坏社会的自然规律,以及使穷人成为依赖者,从而剥夺他们力争上游的意志。在这一框架里投身慈善事业的妇女,其主要任务是提供建议,使穷人能够自助。金钱和食物是不能发放的,因为这可能会破坏人的品性。就业机构和心存仁慈的访客们,只会向那些急于展示自身道德的人伸出援手。

接受了这一哲学的妇女,借鉴美国内战的组织和管理经验,相应地改革了慈善机构。像约瑟芬·肖·洛厄尔

（Josephine Shaw Lowell）和路易莎·李·斯凯乐（Louisa Lee Schuyler）这样在战争期间一起工作的好朋友，带着她们在美国内战卫生委员会中的那种自我牺牲精神，投身到新的工作中。斯凯乐是纽约州慈善援助协会（New York State's Charities Aid Association）的领导人。她于1872年创立了该协会，致力于将妇女的美德带到贝尔维尤医院（Bellevue Hospital）。她把慈善援助协会变成了一项上流社会的事业，让社会中有名望的妇女参与她改革医院法律和行政结构的行动。慈善事业秉持的理念与社会达尔文主义一致，即必须"提高"那些被施予者的品格。她还帮助创建了贝尔维尤护理学院（Bellevue's School of Nursing）。这所学校旨在培养具有专业水准的护士，为贫困病人树立妇女自我牺牲的榜样。

约瑟芬·肖·洛厄尔的影响更广。她认为："慈善必须倾向于提高品格，提升道德本质。"希拉·罗斯曼写道，洛厄尔和她领导的慈善组织协会（Charities Organization Society）计划把全国各地的妇女全都组织起来，一个社区一个社区地去看望穷人和有麻烦的人。通过倾听问题和指导家庭护理，她们希望"阻止贫困的增长"。[15]在收入不够解决衣食住所的情况下，世上所有的道德都无法解决移民面对的真正问题。

弗朗西斯·威拉德（Frances Willard）和基督教妇女禁酒联合会（Woman's Christian Temperance Union，WCTU）认为，她们有另一种解决方案。与投身慈善事业的妇女一样，基督教妇女禁酒联合会的领导人也认为，善良的妇女需要对社会问题施加道德影响。其他80万名妇女也表示赞同。该组织成立于

1873年，到1920年，它已经生动地证明，妇女渴望在一个活跃的国家舞台上行使她们与生俱来捍卫美德的权力。该组织还大胆宣称："妇女将祝福和照亮她介入的每一个地方，而且她必将介入每一个地方。"为了实现格言，她们必须做出超越大众"淑女"概念的行为。基督教妇女禁酒联合会的成员们没有丝毫犹豫。她们认为，家庭问题的根源可以归咎为酒精。贫穷、身体虐待、儿童忽视和遗弃，这一切都源于酗酒。消除了家庭不稳定和犯罪的根源，卖淫和城市污秽就会消失。"亲爱的家庭主妇和管家们"带着道德十字军般的热忱，向"恶魔朗姆酒"宣战，组成小队关闭酒馆。但朗姆酒只是基督教妇女禁酒联合会基本宗旨的象征性代表。基督教妇女禁酒联合会的领导人将"节制"定义为"任何能改善家庭或城镇社会氛围的东西"。她们有意识地试图将家庭价值延伸到男人的世界。[16] 20世纪20年代，基督教妇女禁酒联合会的目标是关闭酒馆，短短十多年后，该组织的目标就变成了立法。然而与之相比更重要的是，基督教妇女禁酒联合会将女性集体价值观视为可以实现社会变革的积极力量。

## 社会管家

对于与政治更直接对抗的妇女运动来说，道德提供了最初的根源，但不是持续的动力。社会定居运动（social settlement）是最典型的例证。简·亚当斯（Jane Addams）是这场运动的先驱。她将社会定居视为中产阶级道德与工人阶级现实的交汇点。和同样投身这场运动的莉莲·沃尔德（Lillian Wald）和玛丽·金斯伯格·西姆霍维奇（Mary Kingsbury Simkhovitch）一样，亚当斯希望把中产阶级文化精髓带给穷人，用一种与19世纪的美德相呼应的方式，向贫民窟居民展示更好的生活方式。她认为，展示家庭清洁、准备营养食品和适当的育儿技巧，将拯救移民家庭，支撑起摇摇欲坠的美国民主的大厦。

与此同时，亚当斯也明白，对那些需要一份工作的、受过教育的年轻一代妇女来说，定居点的价值是什么。她想创造"一个能让残疾女孩也能帮助穷人的地方"。[17]毕竟，这就是她自己的处境。她出生在伊利诺伊州的一个富裕家庭，却跟许多聪明人一样，因缺乏施展机会而饱受折磨。亚当斯有过上大学和尝试进入医学院的经历，这些经历增强了她立志成为有用之人的愿望。然而，她所身处的悠闲自在的环境，为她的人生提供的可能性却是极其有限的。两者之间存在的紧张关系，导致她出现一系列身体和神经上的问题。亚当斯借用英国在贫民窟定居点的服务理念，发现了一种将社会改革提升到一个新水平的生活方式。

与这一时期的其他妇女改革家一样，亚当斯帮助穷人的想法源于传统的慈善动机。然而，她把一种互惠互利的理念带到定居工作当中，让那些从事慈善工作的妇女所承受的严苛的道德戒律变得宽松了一些。从事定居救助运动的妇女们意识到，她们有得也有失。也许，这种双重认知使定居者们更容易看到，他们和邻居所面临的城市贫民窟问题根植于更广泛的社会原因。为了解决贫困问题，从事定居救助运动的妇女们必须解决失业问题；为了促进清洁，她们不得不面对歧视性的污水处理系统、街道铺路工程和卫生设施；为了提高家庭生活水平，她们不得不应对消耗体力、打击士气的工作环境。出于需要，她们不再满足于彰显美德，而是转向积极参与社会和政治生活。她们不再是随身携带着女性美德的豪门贵妇，而是成了历史学家所说的"社会管家"（social housekeepers）——愿意跪下来把国家擦洗干净。

在实践层面上，不同的定居点呈现的活动也有所不同。大多数定居点开办幼儿园，特别符合工薪阶层母亲的需求。许多幼儿园提供英语课、烹饪课和营养学讲座。一些定居点开办职业介绍所，为工会和俱乐部提供会议场地。还有的定居点赞助课外活动。有时，定居点会更专业化。莉莲·沃尔德在纽约建立了第一个护士定居点，后来转变为探访护士协会（Visiting Nurses Association）。与教会有关的定居点倾向于强调节俭，不少地方都有"零钱"储蓄银行（"penny-provident" savings banks）。

"社会管家"的角色不局限于妇女，但首先吸引的无疑是妇女。到1897年，74个定居点遍布全国最古老的城市中心。定居点中大约有一半最知名的居民是妇女，在定居点住几个月或几年的年轻人中大多数也是妇女。在这一时期，我们最著名的一些先辈是在"定居屋"（settlement house）里开始她们的改革工作的：莉莲·沃尔德、罗斯·帕斯特·斯托克斯（Rose Pastor Stokes）、朱莉亚·莱思罗普（Julia Lathrop）、维达·斯

第四章　妇女的社会使命　　163

1912年，女孩们在罗得岛州普罗维登斯的这个定居点上缝纫课。请注意，定居点负责人手上抱着一个刚来的弃婴，但也要注意后面的钢琴，有些孩子可能在上面上过课。（来源：美国国会图书馆印刷品和照片部，美国全国童工委员会的记录）

卡德（Vida Scudder）、弗洛伦丝·凯利（Florence Kelley）、玛丽·肯尼·奥沙利文（Mary Kenney O'Sullivan）等，名单还可以列出很多。对于这些妇女来说，定居点就像是一个家园，在这里，她们的情感和陪伴受到珍视，同时她们的社会行动又不会受到限制。这项艰难的活动之所以能长期坚持下去，至关重要的因素是妇女之间的相互支持。从事定居救助运动的妇女对于自己在社会主流之外的位置有一种共同的认知，从中她们汲取了力量和活力。[18]

事实证明，定居点是一个跳板，让妇女们具备了社会意识，并鼓励她们参与解决社会问题。在简·亚当斯建立的定居屋"赫尔之家"（Hull House），对社区肮脏的街道感到担忧的居民们开始调查穷人缺乏城市服务的问题。在调查中她们发现了市议员中的腐败现象，于是开始支持改革公职竞选机制。虽然她们在政治竞选中失败了，但对于如何改善社区环境，如修建操场、定期收集垃圾等，却有了新的认识。经过尝试，她们确信有必要采取立法行动来解决社会问题，于是开始积极参与城市和州机构的活动。朱莉亚·莱思罗普关注救济精神病患者和收容所的穷人。在1893年大萧条中，她被任命为救济调查员，虽然是无偿的，这却是一个正式职位。由于调查探究十分彻底，再加上关注的问题备受尊敬，她在当年晚些时候又被任命为美国国家慈善委员会（State Board of Charities）的成员。她坚持对国家机构工作人员进行专业培训，这使她在公职人员中颇不受欢迎。但她的工作得到了广泛的宣传，1912年，她被任命为新成立的美国儿童局（United States Children's Bureau）局长，而且是带薪水的。

弗洛伦丝·凯利是另一个例子。在1891年来到赫尔之家之前，她就已经是一名社会主义者了，这个定居点为她提供了一个调查工业状况的避风港。她从调查廉租房劳工开始，接着呼吁立法限制妇女的工作时间，并完全禁止童工。1899年，新成立的美国全国消费者联盟邀请她担任负责人，于是她搬到了莉莲·沃尔德在纽约亨利街的定居点。

社会定居的理念为单身女性提供了一种可能性，让她们可以在不必成为真正母亲的情况下，发挥母亲般的功能。为简·亚当斯写过传记的艾伦·戴维斯（Allen Davis），把亚当斯事业的成功归功于她"拒绝了妻子和母亲的生活",但与此同时并没有挑战"传统的婚姻和母亲观念"。对亚当斯的描述听起来像是对父母的致敬。一位教授将亚当斯的一生描述为"一种自我牺牲的布道,一种服务的寓言"。用戴维斯的话来说,她的形象"象征了一种女性的慈悲,圣徒般的奉献和实际的功用"。[19]虽然亚当斯尽其所能地扮演了这一形象,并在其中找到了实现自己孜孜以求的改革的路径,但她显然不认为自己是圣徒或自我牺牲。她头脑清醒,善于政治。她认识到成功需要妥协,也甘愿做出妥协。在一战期间与一战后,她与其他第一代定居点工作人员一起,为妇女进入社会服务领域(无论是有偿的还是无偿的)打通了渠道。

美国全国和州消费者联盟是妇女的合理去处。1892年,莫德·内森(Maude Nathan)和约瑟芬·肖·洛厄尔成立了美国全国消费者联盟,依靠慈善家的支持,组织妇女的购买力,改善工厂和百货公司女工的工作条件。然而,当该组织在1899年聘请弗洛伦丝·凯利担任负责人时,它为自己设定了一条坚定不移的专业路线。尽管美国全国消费者联盟的董事会由富人主导,但它在纽约、芝加哥、波士顿等大城市的力量,主要来自它有能力动员普通妇女抵制血汗劳动生产的产品,以及那些不公正对待员工的商店。最终,志愿服务转向了以立法为目标。正如在许多情况下,道德并没有阻碍清醒的认知一样,美国全国消费者联盟的领导人也认识到,要拯救工业中的妇女和儿童,就必须直面潜在的社会问题。就像很多州立法规定妇女最长工作时间一样,她们也鼓动用立法来保护妇女不在危险和不健康的条件下工作。

美国全国消费者联盟在其出版事务秘书约瑟芬·戈德马克（Josephine Goldmark）的主持下，在保护性立法领域取得了第一个重大突破。1908年，戈德马克说服她的姐夫路易斯·布兰代斯（Louis Brandeis）在美国最高法院为妇女最长工作时间的理念做辩护。戈德马克做了大量研究，后来被称为"布兰代斯辩护状"（Brandeis Brief）的其中大部分内容便出自她手。"布兰代斯辩护状"是美国司法史上第一次成功使用社会证据的例子。布兰代斯没有引用法律先例，而是选择用"过度工作对社会有害"这一理由，来说服最高法院支持俄勒冈州限制妇女工作时间的法律。他以戈德马克精心收集的数据为基础，提出过度劳累的妇女会患上溃疡和静脉曲张，会养成不良的工作习惯，会助长不道德的倾向。在裁决中，联邦最高法院站在布兰代斯一边，赞同这一观念——"为了保持种族的力量和活力，妇女的身体健康（应当）成为公共利益的目标"。[20] 在这里，"社会管家"的理念发挥到了极致。

社会定居运动也催生了美国全国妇女工会联盟的诞生。该联盟是1903年由纽约大学定居点的威廉·英格利希·沃林（William English Walling）和玛丽·肯尼·奥沙利文共同创立的，后者曾是装订工、劳工领袖，也是波士顿"丹尼森之家"（Denison House）定居点的居民。该联盟旨在与美国劳工联合会合作，帮助工薪妇女建立自己的工会。该联盟的双层结构体现了"社会管家"理念的最大潜力。金钱、政治影响力和知名度来自以"盟友"著称的高收入妇女。就像多年来担任联盟主

## 第四章 妇女的社会使命

席的玛格丽特·德赖尔·罗宾斯（Margaret Dreier Robins）一样，这些高收入妇女利用自己的社会地位、经济保障和相对空闲的时间，为工薪妇女关心的问题而斗争。

但是，组织策略、领导罢工和劳动知识则来自工薪妇女，她们中的大多数是单身，并且参与了自己工会的斗争。其中最著名的是罗斯·施奈德曼（Rose Schneiderman）和保利娜·纽曼（Pauline Newman）。这两人活跃于国际女装工人联合会，一生都在"盟友"和工人之间扮演桥梁的角色。

在美国全国妇女工会联盟中，上层妇女和工人阶级妇女用来证明自己合法性的理由都是：过度劳累和工资微薄的妇女无法把家打理好，也无法建立良好的家庭。她们认为，工会可以

在妇女工会联盟中，工薪妇女提供组织策略和力量，高收入妇女提供金钱和政治支持。（来源：基尔劳工管理文件与档案中心，康奈尔大学工业与劳动关系学院）

提供更好的报酬，可以保护妇女不受剥削，所以她们支持组织运动。大约在一战期间，她们转而用一种新的策略——立法改革，来帮助保护和支持劳动力队伍中的妇女。她们认为，自己试图建立跨越阶级界限的联盟，是对传统慈善活动界限的超越。工会联盟活动的思想根源是理解社会改革而非个人改革的必要性。大多数成员早在加入该联盟之前就有意识地拒绝慈善活动了。

从某种意义上说，妇女工会联盟把从道德改革到"社会管家"的转变推向了极致。一旦某人像联盟成员一样接受了妇女可以积极参与社会变革的观念，那么剩下的唯一问题就是：她们能否在获得劳动报酬的同时，不失去其地位。对于联盟成员来说，重要的一点是让妇女跨越阶级界限联合起来面对社会问题。她们是如何做到的并不重要，重要的是，她们的行为明确地拒绝了一种观念，即妇女仅仅通过展示自己的美德就能改变他人。

129 玛丽·丘奇·特雷尔（Mary Church Terrell）是1896年成立的美国全国有色人种妇女协会的第一任主席。

## 帮助性职业

一旦接受"社会管家"的观念,赞同妇女可以参与改革社会,大量工作便对妇女敞开了大门。然而在一定程度上,这些工作其实是因为妇女的努力才出现的。为了让州和地方政府参与改善贫困问题,为了让服务弱势群体变得合理化,这些自己维持组织的妇女活动家们极力呼吁社会服务实现专业化。她们需要训练有素的经济学家来分析妇女工作的工资结构。她们寻找社会学家来调查家庭和工作生活的状况。她们支持建立社会工作的专业学位,来培训妇女进行采访和对需要指导的客户进行回复,并进一步开拓社会援助的资源。

就这些方面来说,为社会改革而奋战的妇女们参与并影响了进步时期的道德政策。到20世纪初,多年的调查、宣传和鼓动已经成功营造出一种普遍的氛围,认为如果继续坚持政府的自由放任政策的话,只会以牺牲普通民众的利益为代价,使大企业受益。1900年左右,经济集中程度达到了顶峰,以至于即便是奉行不干涉政策的政府也会公开反对。为了制衡那些西奥多·罗斯福(Theodore Roosevelt)总统所称的"拥有巨额财富的罪犯",进步主义者试图规范大企业的活动。他们的目标是增加经济机会,为民主参与政府创造可能性。

进步主义者寄希望于专业知识能够把社会从贪婪和腐败的魔爪中拯救出来。一批受过良好训练、能将科学思想用于解决家庭、公民和经济问题的人,将能给当时迫在眉睫的社会议题提供解决方案。大体上说,专业知识也属于"社会管家"的范畴。毕竟,指出何种道路通向一个更加道德和理性的社会,这是妇女的责任。因此,像艾达·坦贝尔(Ida Tarbell)这样揭发新泽西标准石油公司腐败的女记者,人们很难从女性的角度来指责她们。像哈丽奥特·斯坦顿·布拉奇(Harriot Stanton Blatch)这样的妇女有明确的角色可以发挥,因为她们主张,妇女应获得选举权,理由是她们能够清除市政管理的黑暗,但妇女的专长真正得以施展,却是源于进步主义对经济机遇和政治民主的分析。专家们宣称,无论是经济机遇,还是政治民主,都依赖于健康的家庭生活。

进步主义者认为,被过度贫困、失业和残酷的工作条件所摧残的家庭,不可能培养出对社会有贡献的人。调查并纠正这些罪恶可能不是妇女的专属领域,但却完全在她的行动范围之内。在制定与家庭中的妇女儿童有关的新法规方面,妇女改革家可以发挥特殊作用。由进步事业催生的很多新工作都交给了妇女志愿者。她们已经在男性涉足甚少的领域展现出优秀的专业能力,如工厂巡视员、童工调查员、探视护士和逃学官等。劳工统计局和大企业人事办公室的工作也向妇女开放,成为她们社会角色的一部分。

将社会政策问题置于专业知识的检验之下,这种思想上的转变对妇女有更广泛的影响。要做好事情,首先需要训练。妇女的命运发生了一个奇怪的转折——她们的世俗使命仍然被定义为保护美德和维护道德,但此时,她们却有了一个很好的理由，能够证明上大学、上研究生、上医学院和法学院的正当性。从1890年到一战这一段进步时期，寻求职业培训的妇女数量成倍增加。虽然3/4的新专业人士成为教师和护士，但投身法律、医学和科学这些传统职业的人数却在上升，在1910年左右达到了顶峰。在医学领域，妇女向来不受欢迎，而到了19世纪90年代，即使是著名的医学院也开始招收女学生。矛盾的是，早些年当妇女被大多数医学院排斥时，妇女医学院尚能艰难挣扎，如今，它们却在看似胜利的情况下关张大吉。新成立的男女同校的学校为妇女设定了入学配额，允许她们只占班级人数的5%。妇女赢得了入学之战，却输掉了一场争取平等的战争。

接受被认为具有社会功用的职业专业培训，也给妇女打开了其他大门。只要是以美德而非野心为理由，妇女修读商业和管理课程，甚至银行课程，都是合法的。这一番精巧的辩护让妇女进入专业领域变得合理化了。伊丽莎白·肯珀·亚当斯（Elizabeth Kemper Adams）在1921年出版了一本名为《专业女工》（*Women Professional Workers*）的书。这本书是肖托夸家庭读物系列（Chautauqua home reading series）的一部分，旨在描述妇女的新机会，向农村的传统读者证明这些机会是合理的。亚当斯表示，妇女属于所有专业性工作，因为这些工作出售的是"经验、判断力和建议"。她们"不是为利润而工作"。相反，妇女可以被视为"社会调控和改善的代理人"。因此，专业性工人没有"个人或党派目的"，而是受到"智力和道德奉献"的激励。[21] 这样定义的话，专业性工作就成了一种被分

社会工作是向妇女开放的新型帮助性职业之一。这位正在查看这个家庭的社工来自"改善穷人状况协会"（Association for Improving the Condition of the Poor）。（来源：哥伦比亚大学珍本和手稿图书馆，社区服务协会收藏）

配给妇女的任务。在寻求道德改革的过程中，妇女将为社会问题的解决带来"一种自由的、机智的、不受阻碍的智慧"。

当谈及现实工作，亚当斯把妇女在几乎所有职业中能找到的特殊机会一一列举出来。亚当斯承认一份得体收入的价值所在，也不忘指出妇女是多么乐于行善。在法律上，"与既得利益和大宗财产交易的相对疏离，（使）她们能自由地投身于人道主义和预防性事务……"。尤其是"在有关妇女和儿童的保护和福利问题上，……在法律援助协会中"，她们的参与非常重要；"……（那些）涉及未成年人、市政工作、家庭关系、小额索赔等案件，也需要她们担任裁决者"。医学为"妇女提供了越来越广泛和越来越多样化的机会，特别是在工业、社区和家庭中改善儿童、女孩和妇女的健康方面"。在20世纪20年代，人事工作作为一种妇女工作的类别不断发展壮大。这类工

20世纪初，寻求专业培训的妇女人数激增。图为华盛顿特区一所师范学校的图书馆内，这些学生正在接受教师培训。（来源：美国国会图书馆，弗朗西斯·本杰明·约翰斯顿收藏）

作特别需要"机敏和有决心的妇女。它涉及改进人际关系、调整困难和不满,以及维持适当的工作和生活标准,而妇女理所应当特别有资格处理这些问题"。亚当斯略过了银行、保险和管理等职业。她虽然注意到这些工作机会正在发展壮大,但显然,她并没有具体说明妇女如何在这些领域发挥她们的特殊才能。[22]

一战期间,由于社会机构的大量存在和男性的短缺,妇女能够在所有专业领域找到带薪工作。长久以来的一个迷思——妇女缺乏体力或智力来从事最严苛的工作,此时终于被摧毁了。到1920年,一群训练有素、充满渴望的妇女开辟出一系

儿童服务协会(Children's Service Society)的卫生工作者讨论一个案例。(来源:哥伦比亚大学珍本和手稿图书馆,社区服务协会收藏)

列的专业领域,其中不少都能被大致纳入"养育"(nurturing)的范畴。大多数妇女,甚至是职业妇女,仍然发现自己所从事的工作是女性占多数的。到1920年,社会工作和福利工作雇用了大约两万人,其中近2/3是妇女,而且这一比例还在上升。护士已经成为一种稳定的职业,其中超过90%是妇女。1920年,有1 700多所学校提供护士培训,这些学校已经培养了14.4万多名毕业生。在不那么有名的医疗领域,如物理治疗和牙齿清洁,妇女占比一半或更多。在教育和图书馆工作的所有非管理人员中,妇女也是骨干。

134

随着这些领域的扩大,妇女的机会大大增加。具有讽刺意味的是,尽管统计数据表明,某些工作的结构有了显著改善,但数据也披露了妇女在非正式角色方面所受的限制。一些领域,如医学和社会工作等,其培训规则收紧了,权力被转交给拥有既得利益的专业协会。这些协会坚持认为,所有从业人员都必须达到他们人为设定的培训标准。以前,妇女能够相互提供免费或相对廉价的服务,但如今,妇女的这种能力则遭到严重削弱。

助产术就是一个很好的例子。在19世纪早期,助产士是典型的分娩陪护人员,但到了19世纪中叶,助产术遭到排挤和贬损,逐渐被新兴的职业医学所取代。然而,直到20世纪,助产术在移民和贫穷妇女中仍然是一项重要和有价值的服务,因为这些妇女更愿意由其他妇女(而非专业人士)来照顾。20世纪初,美国医学协会强化了对医院和州许可证的控制,实际上等于废除了助产术。妇女在医学院获得一些零星的名额,但在医疗保健的一个重要领域失去了控制权。[23]

社会工作专业化时,虽未发生什么戏剧性的事件。但与图书馆工作和教学工作一样,原本以妇女为主的劳动力逐渐被男性管理人员和官僚所掌控。20世纪初进入这些行业的妇女面临着明显的性别分工。

## 妇女作为志愿者

从事帮助性职业,为受过教育的妇女指明了一条跻身国家事务主流的康庄大道。大多数妇女在结婚前就开始了她们的事业。从此,中产阶级家庭出身的大多数妇女(但不是全部)优雅地退休了。剩下的只是例外。社会角色发生了很大的变化,以至于没有孩子的已婚妇女认为,带薪工作几乎不值得被人尊重。1923年的报纸头条惊呼着"银行女总裁在自己家里做家务"。[24]但是,认为母亲身份和事业不冲突的观念仍然是非常陌生的。心理学家约翰·沃森(John Watson)在1927年写道:"生孩子几乎是事业上不可逾越的障碍。"与他同时代的大多数人都会同意这句话。[25]

然而,同样一扇门,既为妇女打开了工作机会,也向她们指出了通往抱负和成就的道路。妇女可以为自己追求事业这一观念逐渐进入妇女的自我意识里,由此也在婚姻与事业之间制造了一种紧张关系,这对大多数美国妇女来说是前所未有的。对于未婚妇女来说,雄心壮志取代了家庭生活,为精力和活动提供了释放的渠道。而对于那些曾经有过事业的已婚妇女来说，放弃事业则显得困难重重。

在20世纪20年代，只有少数勇敢的妇女敢于尝试同时拥有孩子和事业。其中就包括格林威治村（Greenwich Village）的"新女性"。她们和克里斯特尔·伊斯门一样，一边做全职工作，一边努力维持家庭。伊迪丝·克拉克（Edith Clark）描写了她是如何在美国小镇上挣扎的。大学毕业后，她成了一名社会工作者。在结婚的最初几年，当丈夫搬到伊利诺伊州时，她放弃了工作。在有了3个小孩和一份自由撰稿人的工作后，她发现，如果没有人帮助料理家务，她几乎无法不间断地写作超过15分钟。她抵制社区要求参加糕饼义卖和公民项目的压力，为此她不得不退回到"一个冰冷的沉默地带"。"然而，"她总结道，"家务作为一项生活工作，让我感到厌烦和愤怒。写作，即使是像我写的这种粗劣的文学作品，也能点亮我灵魂的窗户。"[26]

从某种程度上说，在家工作的妇女发现，20世纪20年代及此后社会服务的专业化减轻了自己的社会任务。精神科医生岗位、护士岗位、老年之家、早教中心给妇女提供了带薪工作机会，取代了以前的很多家务。度假顾问、学校顾问、婚姻顾问提供指导和专业知识。带薪的社会工作者取代了从前的教堂和社区群体，为社会提供服务。然而，家庭团结仰赖于妇女这一观念仍然存在。尽管妇女的社会任务在数量上减少了，坚称妇女应当待在家里的声音却越发响亮。那些不从牺牲的生活中获得个人满足感的妇女，被打上了"离经叛道的"或"男性化的"的标签。

我们可能会好奇,这些压力能否解释为什么20世纪20年代大多数妇女仍然在自己家里工作。1920年,调查显示,有9%的已婚妇女加入了工资劳动力队伍。这些妇女中的绝大多数——其中一半是非裔美国妇女——挣工资是为了养活家庭。[27]当然,这些数字遗漏了那些接收房客,或从事洗衣或在家缝纫,以及那些想方设法增加家庭收入的人。当把这些妇女纳入考量,我们便能理解贫穷妇女无法达到规范标准,即便她们想要这样做。

在20世纪30年代大萧条时期,意识形态和现实之间的冲

20世纪20年代,在自己家里工作发生了重要变化。这些妇女正在学习如何为美国农业推广局(United States Extension Service)准备食品罐头。(来源:美国国会图书馆印刷品和照片部)

突暂时缓解了。对于很多妇女来说，收入降低意味着用于休闲娱乐的钱更少了，在家干活更有必要了。妇女增加了对家庭成员的服务，用自己的劳动代替以前能用钱购买的商品和服务以弥补收入的损失。像在家缝补衣服、保存水果、把蔬菜做成罐头之类的活动增加了。[28] 很多经济困难的家庭，心存感激地向社会上的专家寻求帮助。当1939年战争来临时，家庭收入增加了，妇女又面临着一种新的压力。父亲走上战场，母亲在照料孩子的同时还接过了赚钱养家的任务。随着公众对带薪工作的抵触情绪暂时消退，妇女才得以发现一个支持网络，能帮助自己协调工作和家庭生活。那些没有从事带薪工作的妇女发现，在男性极度缺乏的时期，社会活动更需要自己的支持。她们自愿取代那些应征入伍的教师，服务于各类民防辅助单位。

战争的结束带来了另一场危机。一个新的富足社会再次向妇女施加压力，要求她们待在家里。种种因素，如关心家庭的分裂，担心男人没有足够的工作机会等，在二战后的美国社会卷土重来。如果妇女对在家工作表达出不满的话，那么她会被认为是精神失调、不爱国、仇视男人、"女权主义者"。用一位评论家的话来说，妇女"已经走进了一条死胡同，通过对自己的孩子施加巨大影响，她们连带把所有的理智也一并拖入死胡同"。[29]

那么，如何恢复家庭本来的荣耀地位呢？费迪南德·伦德伯格（Ferdinand Lundberg）和玛琳娜·法纳姆（Marynia Farnham）合作撰写了一部广为传阅的著作，讨论妇女地位的变迁。他们坦率地指出第一项"任务毫无疑问是宣扬，以期恢

二战期间，全国各地的家庭主妇和屠夫都被动员起来，收集烹饪用的脂肪，再把它转化为爆炸物材料。(来源：美国国家档案馆)

复妇女对于自己身为一名女性、一名事实或潜在母亲的自尊感和荣耀感"。宣传工作要纠正"在妇女本质、需求和能力方面的各种误解"。另一种有助于强化宣传的方式是为妇女赢得实实在在的公共荣誉，因为"她们养育的孩子后来成为全面发展的公民，成了有价值的社会领袖"。伦德伯格和法纳姆不认为家庭工作已经不可避免地减少了。相反，他们认为，妇女应当抵制那些有助于减轻家务劳动的技术变革，理由是它降低了家庭生活的品质。就像好的技术工人，他们更青睐于家庭自制食品和家庭烘焙面包的品质。创造性地完成自己的家务活，将提升妇女的自尊，带来的好处是，妇女的地位"将比目前在蒸汽洗衣房、罐头工厂里当全职女仆高得多"。他们得出结论，妇女"应当通过自己的母亲身份来获得地位和声望。……声望、荣耀、补贴和公共尊重等，应当授予那些被公认对社会作出最大贡献的妇女"。[30]

然而，这一目标的真正实现不是通过宣传和公共政策，而是通过工作歧视和居住模式。二战后，美国家庭纷纷搬迁到郊区私人住宅，这一发展趋势把妇女困在一个很小的世界里。由于缺乏家务帮手和邻居的帮助，妇女别无选择，只能把注意力和梦想寄托在家庭里。

一个依附性的、无偿的成年工人群体的存在，给家庭和整个社会带来的好处是显而易见的。事实上，如果妇女的无偿劳动不是那么便利和灵活的话，一战后美国特有的郊区生活方式是不可能实现的。在家庭里，妇女成为经济学家约翰·肯尼思·加尔布雷斯（John Kenneth Galbraith）所说的"秘密仆人"（"crypto-servants"）。无论富裕还是贫穷，无论是受过良好教育还是高中辍学，绝大多数家庭主妇都必须自己做拖地、洗衣、采买和清洁工作。

与此同时，商人和更高社会阶级家庭的妻子所承担的社会功能，对于他们丈夫的飞黄腾达至关重要。在一个逐渐私人化的家庭里，由于没有财力雇用仆人，家庭主妇几乎只能完全依靠自己的丈夫过活。具有讽刺意味的是，这一切更多地发生在种族隔离的、富足的郊区，而不是城市里的工人阶级居住区。因为在郊区，距离和空间把妇女彼此隔离开来；而在城里工人阶级居住区里，妇女及其家庭仍聚集在一个紧密联系的社区里。受过良好教育的、相对富裕的妻子，她们的重要性源于其辅助性角色。一位研究者问家庭主妇，她们是否对自己丈夫的工作"有很大的影响"，但他发现，这些家庭主妇更倾向于主动回答自己的丈夫是商人还是专业人士。有一位妻子回答了自己是否重要的问题。她说："我丈夫知道，我总是说正确的话，做正确的事，给人留下正确的印象。"另一位妻子说："丈夫在选择职业时咨询过她的意见，跟大公司通常的做法一样。"一些妇女相信，她们有责任"推"自己丈夫一把。那些更关心安全和家庭生活的妇女，则更倾向于把丈夫往回"拉"一把，而不是鼓励他们去争取更好的工作。这种感同身受的影响力似乎跟工人阶级妇女关系不大。很多工人阶级妇女并不相信自己对于丈夫的工作有任何影响力。而且她们也不想要这种影响力。[31]

虽然郊区妇女把大量精力放在个人家庭上，但她们也并非完全孤立。她们对其他妇女的依赖很深。在小说《醒来的女性》（*The Woman's Room*）中，作者玛丽莲·弗伦奇（Marilyn French）描述了妇女之间的非正式互访和帮助。邻里之间相互帮忙照看、照顾病人和老人、拼车、共享购物，甚至为酗酒之类的严重问题提供帮助，这些妇女之间的互助，填补了以往依赖个人资源和依赖机构帮助两条路径之间遗留的巨大空缺。妇女的工作时间相对灵活，这使得她们能够随时应对紧急情况。

和城市中的妇女一样，这些社区内的妇女也建立起自己的社会网络来提供服务，而且，她们提供的服务不会被征税。与过去那些为社会中不幸者服务的慈善工作者不同，二战后的家庭主妇们自愿参加有益于自己和邻居的活动。城市贫民之间因房地产市场的种族歧视而日益隔绝，于是他们求助于社区来帮助照看孩子、分享食物和照料病患。[32]无论何地，在学校交通安全员、家长教师协会主席、女童子军领袖、医院护工、博物馆导游、教堂筹款人中都能看到她们的身影。据估计，到1965年，有2 200万名妇女——其中3/4是已婚妇女——担任志愿者。她们总共提供了价值约140亿美元的无偿服务。[33]

早期投身慈善事业的妇女，她们在如何提供慈善的问题上极力争取，并最终赢得了发言权。如今，妇女志愿者的无偿劳动也成了一股不可忽视的力量。以妇女为主的家长教师团体支持建立图书馆，影响学校政策的制定，并向地方政府施压要求财政支持。学校在20世纪60年代成为斗争的焦点。以社区为基础的团体开始要求增加对儿童、老年人和弱势群体提供社会服务。妇女组成正式的协会，重新激活在教堂、社区会堂和社会俱乐部的联络网，为她们的社区争取获得更好的社会服务。

妇女至少从19世纪初就开始参与政治活动了。当1919年获得选举权时，她们组织起来，成为一支影响力很大的免费工作者。妇女选民联盟（The League of Women Voters）对候选人的资格进行评级，并就如何投票提出建议。玛丽·杜森（Mary Dewson）推掉了她在马萨诸塞州最低工资委员会

（Massachusetts Minimum Wage Commission）中的带薪工作，成为民主党的免费组织者，推动妇女投票支持各种法案。[34] 虽然到20世纪60年代，大部分妇女的政治能力已经退化到舔信封和散发传单的程度，但志愿者们不会在这种条件下工作太久。过去，她们逐渐要求获得决策岗位，那么现在，她们有越来越多的人去竞选公职。

妇女从事带薪工作，不仅被社会接受了，还成为一件令人向往的事。随之而来的，志愿工作中固有的矛盾也变得明显起来。反对志愿工作的人认为，无偿劳动的传统理由不再适用。社会现在有能力从公共财政中提供必要的社会服务。更短的工作时间、更高的工资、人性化的工作条件和在职的人事人员，这些都满足了一个工业社会的工作需要。专业的社会工作者填补了失业人员的空缺。社会机构已经替代家庭，承担照顾孤儿、病人和老人的工作。一些支持妇女解放的人认为，志愿工作剥夺了家庭主妇的无偿时间，本来她们可以用这些时间来给雇主施加压力，要求他们调整工作结构以实现令人满意的就业。

然而，另一些人看到，社会对妇女志愿活动的需求是不断增加的，不仅需要提供必要的服务，还要维系一种可能会消逝的养育的母性品质和对社会事务的参与。波士顿志愿者信息中心的志愿者主任赫塔·勒泽尔（Herta Loeser）认为，对于那些不确定自己想要从事何种职业的妇女，那些需要从家庭妇女角色逐渐过渡到带薪工作的妇女，以及那些工作不顺心的妇女来说，志愿工作提供了一种满足感，也提供了一种教育的途径。

勒泽尔认为,既然休闲不再是有钱人的专属特权,那么,在所有社会经济群体中广泛传播志愿工作的理念便是极有潜力的。[35]这种观点鼓励妇女,尽管她们与带薪工作之间存在一种模糊不清的关系,也正是因为这种模糊不清的关系,她们要继续从事志愿工作。

但是,志愿工作是否减轻了政府支付服务费用的压力?是否因此也剥夺了一些穷人的工作机会?这些问题很复杂,仍然没得到解决。在某些地区,这一问题的紧张程度达到极限。在这些地方,资金不足的医院不得不严重依赖志愿护工,通常是年轻女孩。这降低了带薪实习护士的工资,同时也减轻了社区资助医院的压力,使医院能够自给自足。这种情况导致拿薪水的医院工作人员和志愿者之间的对立,因为后者的经济状况几乎总是比较好的。

20世纪20年代的海报敦促妇女行使投票的新权利。(来源:美国国会图书馆)

## 妇女作为消费者

无论是从事雇佣劳动、志愿工作，还是仅仅是自己做家务，几乎所有妇女都做过这样一项基本工作——为家庭购买商品。自19世纪80年代以来，像索恩斯坦·凡勃伦这样的社会评论家就一直认为妇女具有展示财富的功能。凡勃伦指出，在富裕的家庭中，妇女展示的是作为主人所拥有的财富。在家庭陈设、妇女服装和装饰品上的"炫耀性消费"（conspicuous consumption）反映了丈夫或父亲养家的能力。优雅而约束性的妇女服饰"处处妨碍穿着者，使她无法尽其所能"，显示出她对家中经济支柱的极度依赖。[36]

在更贫苦的家庭，妇女并不能起到展示丈夫收入的功用，而是成为家庭收入的监护人。在不断扩展的中产阶级中，妇女阅读《妇女家庭杂志》，被教导如何明智地消费，如何扩大收入以支付家庭必需品。爱德华·波克（Edward Bok）在《妇女家庭杂志》做了30年的编辑，致力于教育读者什么是营养食品的经济学。和后来的其他杂志一样，《妇女家庭杂志》向那些花丈夫钱的妇女提供了实用性建议。

杂志也不失时机地抓住战时紧急状态之机，通过呼吁消费者的爱国主义来增加销量。在美国加入一战时，波克写道："《妇女家庭杂志》会预测家庭主妇和母亲将面临何种经济问题，并指出解决问题的办法……该杂志中每一页提供的实际帮助,比以往任何时候都更加强烈。"波克将《妇女家庭杂志》的战时任务解释为:帮助政府保存稀缺资源,控制通货膨胀。每个月,《妇女家庭杂志》都敦促其读者避免挥霍性的食物消费。"如果我们因为在食物供应方面不愿付出必要努力和做出必要牺牲而输掉这场战争,那将是史上最丢脸的景象之一。"[37]

战争结束后不久,商业发掘了妇女在购物方面的角色。20世纪20年代,新型电气化和相对富裕的家庭创造了一个巨大的市场。在这个市场中,广告把目标突然对准了妇女。4/5的商品销售额是由妇女贡献的。在百货商店购物的有82%是妇女,在杂货店购物的有81%以上是妇女。妇女购买了75%的钢琴、75%的男袜、90%的珠宝、80%的电器,以及超过40%的汽车。她们花在衣服上的钱比家里其他任何成员都多。[38]

如果说,妇女杂志始终对服务妻子感兴趣,那么它们的广告商则聚焦于把产品卖给妇女。不知不觉中,明智消费等同于好母亲或好管家的观念,从广告蔓延到杂志、电影和广播中。广告中宣传的新型真空吸尘器或烤面包机,承诺能为妇女带来闲暇时光,把她们变成故事和肥皂剧中有趣而迷人的女主角。投资一台洗衣机是当务之急,因为可以防止疲惫的妻子被丈夫抛弃。到了20世纪50年代,消费与自我形象——一个人买什么和这个人是什么——紧密地交织在一起,形成一个自我强化的循环,使得妇女的工作与身为妇女的艺术融为一体。

收入压力的增加让采购任务大大复杂化了。家庭主妇收入微薄,却必须"管理消费",用经济学家约翰·肯尼思·加尔布雷斯的话来说,她们需要在面对特定产品的广告压力时,对价格和价值做出判断。在大众传播媒介如此深入渗透之前，区分真正的需要与强加的需要是比较容易的。商品的定价和购买往往由整个社区共享。例如，1902年，纽约下东区的犹太移民妇女组织起来抵制肉铺，以抗议犹太教认证的肉类价格上涨。为了实现诉求，她们把肉拖到街上，恐吓那些试图走进肉铺的妇女，把反对高价肉的犹太拉比（注：犹太教神职人员）登记在册。1905年和1906年，妇女领导了下东区的租客罢工活动，迫使房东放弃涨租。为了防止房东驱逐付不起租金的房客，20世纪30年代大萧条时期建立了一个反驱逐委员会，其中也能看到妇女的身影。这一传统一直延续到20世纪70年代早期的采购合作社，这些合作社的宗旨就是用集体采购的方式来争取批发价。

赞美妇女的家庭角色，并不能确保妇女会满足于此。消费者的角色是为繁荣经济服务的——如果妇女停止购物，经济就会停止增长。但妇女并不一定觉得这个角色很舒服。尽管媒体、学校和妇女自己，都坚定地试图将家庭角色定义为妇女唯一自然的选择，但仍然有妇女默默地、义无反顾地离开家，投身到外面的大世界。如果意识形态是正确的，那么她们为什么要这样做呢？贝蒂·弗里丹（Betty Friedan）在她1963年出版的《女性的奥秘》（*Feminine Mystique*）一书中做出了回答。她把这个问题称为"无名之问"（the problem that had no name），认为这正是美国中产阶级家庭主妇难以捉摸的困扰所在。她们既无聊又劳累过度。她们做的事情太多就会既无聊又老套，做的事情太少又会胡思乱想。如果她们像商业电台那样，把自己漂亮的房子和丈夫浪漫化，那么总有一天她们会发现这是不够的。抑郁、酗酒和性不满充斥着她们的生活。她们只能靠药片、桥牌、高尔夫和睡眠来获得镇定。[39]

弗里丹可谓戳到了痛处。20世纪20年代，这个多年来被个人压抑的阵阵剧痛，成为共同讨论的主题，并首次有了寻求解决方法的可能。当然，并非所有妇女都有这种痛苦。一些人愤怒或防御性地做出回应。贫穷的妇女、因经济需要被迫从事带薪工作的妇女、单亲父母、孤身一人的寡妇——这些人中有不少都渴望郊区的舒适生活，而富裕的妇女却轻而易举地对这种生活嗤之以鼻。在工人阶级家庭里，丈夫要努力养活妻子，还要应付抵押贷款和汽车贷款，而妇女则认为，带薪工作只是在偶尔经济紧迫的情况下才是必需的。即便那些在经济上有保障的妇女，她们中也有许多人担心，由于妇女的家庭特权受到挑战，她们的悠闲生活方式很容易被打乱。其中一些妇女加入了"十足女人"（Total Woman）或"迷人女性"（Fascinating Womanhood）等团体。她们在这些团体中了解到，妇女最重要的工作仍然是为丈夫和孩子提供舒适。马拉贝尔·摩根（Marabel Morgan）反复强调："一个十足的女人总能满足她男人的特殊癖好，无论是用沙拉、性还是运动。"[40]

"女性的奥秘"在郊区和城市富人中产生回响，并逐渐在各种经济境遇的妇女中引起共鸣。就像隐隐的牙痛一样，"无名之问"渗透到生活的方方面面，直到在20世纪60年代"沉默的反叛"中浮出水面。妇女返回学校，从事兼职工作，挑战家庭分工，挣扎于性解放的诱惑中。年轻妇女留在学校，推迟结婚，拒绝生孩子，争取职场晋升。不可避免的是，随着妇女越来越多地在家庭之外获得新的经济和个人机会，家庭关系变得更紧张了。丈夫和妻子重新评估各自的角色。离婚率节节攀升。20世纪60年代末和70年代初妇女解放运动的一个因素就此产生了。推动妇女解放运动的另一个因素是，20世纪60年代早期和中期在选民登记运动和静坐示威中为黑人民权而斗争的妇女，意识到她们在运动中被男性视为二等公民对待。

这些年轻的、理想主义的、勇敢的妇女很快明白，她们虽然参与黑人民权斗争，但在其中明显处于次要地位，两者之间存在深刻的矛盾。[41]那些曾接受既定角色的妇女，如今渴望超越这些角色。为此，她们必须打破人们对于家庭、母性以及性别角色的普遍看法。她们自己、她们的家庭曾经与就业市场紧紧捆绑，如今她们必须挣脱出来。而这样做的话，她们最终将不得不考虑如何工作的问题。妇女的养育价值是否有可能进入工作场所，即便不是取代，至少是影响商业部门的竞争和好斗行为？妇女的责任更重了，她们肩负着把美德扩展到"整个世界"的义务。在这一过程中，妇女被要求去攻占男性价值观的堡垒——市场。但问题在于：如果妇女保持传统的女性定义，继续保持一种关怀和自我牺牲的姿态，她们能在这个领域成功竞争吗？如果她们为了在市场取得成功而放弃这些姿态，她们是否也会失去自己养育的特质呢？

# 第五章 改变劳动力的形态

从20世纪20年代到60年代，妇女参加工作的模式基本上保持不变。虽然60年代从事带薪劳动的妇女人数急剧增加，妻子、母亲和老年妇女也为工资而工作，但是，对妇女开放的职业仍然固守性别隔离。无论是战争还是大萧条，都没有改变劳动力的结构，也没有动摇妇女适当地位的神话。紧接着，出现了一场新的妇女运动——妇女解放运动。它能在20世纪70年代提供新的答案吗？

也许可以。这场妇女解放运动所依据的现实情况与此前任何一波女权意识浪潮都截然不同。19世纪，女权主义者的奋斗目标是争取选举权和承认妇女有管理自己事务的能力，但她们很少从事带薪劳动。20世纪初，组织起来的女权主义者将这一鲜明特征转化为一种力量。她们宣称，正因为妇女拥有一系列与家庭相关的特殊道德价值，所以应当有权在公共生活中发声。半个世纪后，新一代女权主义者颠覆了旧观点。她们扎根于20世纪70年代的劳动力队伍，呼吁建立一个承认她们经济平等的法律和制度框架。她们想要获得经济生活的一切特权。她们的主张和力量源于40年来妇女家庭和工作生活的巨大变

148　在战争的压力下，妇女取代了男性，从事那些以前被排除在外的工作。1942年，这些来自加州奥克兰的妇女正在一家货运飞机上工作。（来源：美国国会图书馆）

化。这些变化意味着什么？长期以来，大萧条和战争压制了人们对这一问题的思考。

当这些问题最终在20世纪60年代末浮出水面时，它们就像一根流动的导火索，点燃了一个又一个问题，直至把许多妇女赖以生活的核心理念彻底引爆。

## 萧条与战争

20世纪20年代的繁荣过后，接踵而至的是30年代的经济大萧条。人们普遍预测妇女将不得不放弃工作，为已婚男性让路。大萧条早期的杂志文章敦促妇女回归家庭。至少埃莉诺·罗斯福（Eleanor Roosevelt）曾表示，自己支持富裕妇女从事志愿劳动。[1]

已婚妇女尤其容易受到伤害。为什么有些家庭有两个工资劳动力，而另一些家庭却因为失业而挨饿或领取救济？1930年和1931年，一些市政当局开始向已婚妇女施压，要求她们辞职。1932年的一项联邦行政命令规定，只有配偶一方可以为联邦政府工作。于是，成千上万的妇女放弃了工作。20世纪20年代，学校董事会在聘用已婚妇女问题上也变得谨慎起来，并单方面解雇了已婚女教师。一些公司也在妇女结婚后解雇了她们。[2]

有些人反对这一政策。一些想保住工作的已婚妇女提出离婚，继续生活在"罪恶"中。在一个案件中，妇女集体把离婚文件扔给得克萨斯州一家铁路公司的董事会，因为该公司想以结婚为借口解雇她们。³ 但这些妇女最后还是被铁路公司解雇了。偶尔，丈夫们会辞职，以保住收入更高的妻子的工作。但是，没有出现集体或有组织的抗议，这一事实足以表明，社会中存在一种广泛的共识。面对经济灾难，已婚妇女没有权利从事工资劳动。她们可以通过其他方式来支持家庭，或得到家庭的支持。

有一段时间，这种压力似乎成功地将一些妇女排挤出劳动力市场。1931年失业人数达到1 000万人，1932年达到1 300万人——相当于每4个潜在工资劳动力中就有1个失业。妇女失业率攀升得更高。在大萧条早期，妇女失业的比例几乎是男性的两倍。接着，随着工业的动荡，以及缓慢地、有选择性地重新振作，妇女重新就业的速度越来越快。到1936年，虽然总体失业率仍徘徊在20%左右，但只有约10%的女工报告自己失业。她们的收益喜忧参半。许多妇女从事了大材小用的工作。她们的选择反映出，为了得到工作她们不得不做出妥协。⁴

然而，总体数据表明，大萧条让妇女的处境比之前稍好一些。比较1940年和1930年的人口普查数据，能够揭示一些令人震惊的事实。妇女在所有工人中的比例略有上升。1940年，全国有超过1/4的工人是妇女。更重要的是，已婚工资女工的比例从1930年的不到29%，跃升至1940年的35.5%。大萧条非但没有把已婚妇女赶出劳动力市场，反而似乎把她们拉了进去。是出去工作以满足家庭对收入的需求，还是留在家里为家庭做贡献？当妇女在这两者之间权衡时，即使明白会受到公众

## 第五章 改变劳动力的形态

谴责，很多妇女还是选择为工资而工作。当然，非裔美国妇女长期以来就是这种情况，甚至在大萧条之前，她们中就有1/3要养家糊口。但是伴侣的失业或未充分就业，可能会迫使曾经的中产阶级妻子进入劳动力市场。在大萧条时期，妇女推迟生育或少生孩子，以便可以更自由地工作。有时，大萧条迫使一个大家庭挤在一起住，祖父母或阿姨能够照顾年幼的孩子，以便让母亲能外出寻找带薪工作。<sup>5</sup>

如果没有工作机会，妇女自己寻求带薪工作的迫切愿望就会化为乌有。雇主们在劳动力市场物色工人。虽然承受着雇用男工的压力，但他们似乎急于雇用妇女，就像妇女急于工作一样。具有讽刺意味的是，为这一现象负直接责任的是大萧条，尤其是1933年的《全国工业复兴法》（National Industrial Recovery Act）。大萧条鼓励雇主精简业务，简化工作组织，集中工厂和办公流程，以最大限度地提高效率。于是，雇主们用技术水平更低、成本更低的人取代昂贵的技术工人，或者说用女工取代男工。与此同时，制造业，尤其是重工业，需要很长时间才能重新装备和启动，这导致男性就业机会的复苏有所延迟，因为男性的工作更集中在这些领域。相比之下，为了满足大萧条时期人们的需求，联邦政府向社会服务和教育部门投入了大量资金，而这些部门往往倾向于雇用妇女。罗斯福新政（New Deal）改革所创造的官僚机构也吸收了更多的女性文职人员和办公室工作人员。

从理论上讲，新的工作本可以由男性来做，而且有人确实是这样做的。但一般来说，男性工人不愿意考虑这些工作，雇主也不太想雇用男性从事这些工作。这些被认定为"女性"的工作具有一些特殊性，雇主不可能对此熟视无睹。雇主要求工人接受过高等教育，同时愿意拿低工资。雇主要求工人在工作几年后自愿离职，不要求昂贵的升职、加薪和休假福利。无论是花销很少的年轻未婚妇女，还是由于已婚而在理论上依赖丈夫养活的妇女，雇用她们的工资都比男性更低。各种各样的办公室工作人员——秘书、速记员、打字员和职员——都属于这一类。那些重视稳定性，希望避免频繁培训工人的雇主，像轻工业和一些熟练技术工种，更青睐于雇用已婚妇女。不管怎样，由于妇女收入仅仅被视为男性收入的一种补充，人们认为妇女在晋升方面没什么雄心壮志，在薪酬方面也不会有激进的态度。看重这些特性的雇主愿意为妇女保留一些工作。

由于劳动力被严格划分为男性和女性部门，在大萧条期间，男性并没有大量接替妇女的工作。少数男性成了图书管理员，有些人投身教学和社会工作。但总的来说，这些由性别定义的职业仍然由妇女占据。那些"无性别"，即性别界限不明确的工作，的确是由男性主导的。例如，电梯操作员、看门人、大学教授和音乐家，妇女在这些工作中的分量有所下降。她们获得了一些原来由男性占据的工作，特别是在那些由于新机器发明或业务精简而使工作结构发生变化的地方。女售货员的比例增加了，妇女在皮革和玻璃生产以及电气设备制造中也承担了更多的工作。[6]

在二战时期，这些僵化的界限备受指责，因为此时，对劳

第五章 改变劳动力的形态

# The more WOMEN at work the sooner we WIN!

**WOMEN ARE NEEDED ALSO AS:**

| FARM WORKERS | WAITRESSES | TIMEKEEPERS | LAUNDRESSES |
| TYPISTS | BUS DRIVERS | ELEVATOR OPERATORS | TEACHERS |
| SALESPEOPLE | TAXI DRIVERS | MESSENGERS | CONDUCTORS |

—and in hundreds of other war jobs!

**SEE YOUR LOCAL U.S. EMPLOYMENT SERVICE**

美国就业服务局用爱国主义动机来鼓励妇女进入劳动力市场,做她们想要的任何工作。(来源:美国国会图书馆印刷品和照片部)

153 动力的巨大需求促使雇主四处寻找帮手。雇主们虽然希望利用欧洲战争提供的机会，在珍珠港事件后也迫切需要另雇人手取代被征召入伍的男工，但他们在雇用妇女时仍然很谨慎。1940年和1941年，他们转而用大量失业男性来填补空缺。直到1942年，在妇女事务局（Women's Bureau）和妇女团体的推动下，雇主才试图用妇女来填补工作岗位。在短短两年的时间里，妇女大量涌入造船厂、钢铁厂和弹药厂。她们从事焊接、挖沟、操作叉车的工作，然后又被毫不客气地解雇了。

1942年至1944年，当战争处在胶着状态时，《财富》（Fortune）杂志的头条新闻惊呼"现在就差妇女的力量了"，在这种情况下，妇女才被允许从事男性的工作。[7]为了方便她们履行双重角色，工厂给她们准备了托儿所、购物设施、热午餐、方便的银行业务，有时甚至还有洗衣服务。她们的工作时间被缩短了，班次被重新安排了，新机器被开发出来以便为她们"减负"。为了鼓励妇女留在工作岗位上，工厂设立了专门的培训项目，并指派人员帮助处理家庭问题。在许多工厂，劳动力需求的压力甚至打破了长期存在的肤色壁垒，黑人妇女第一次得以与白人工人一起工作。在工作中，所有妇女都面对一连串的口号，比如：

> 对你来说
> 可能只是一根断了的电线
> 但想想这架飞机
> 可能就挺不下去了。[8]

以往不为工资而工作的妇女，借这一需求之机进入了新的工作岗位，这群人数量多达600万人。还有一些妇女辞去了家政服务、洗衣店和服装厂的低收入工作，进入薪水丰厚的军工厂。

鼓励妇女参加工作的关键因素，到底是爱国主义，还是家庭需要呢？更有可能的是两者兼顾，以及获得个人满足感的机会。妇女不能在前线与法西斯作战，她们心甘情愿地代替应征入伍的男性工作。大多数妇女毫无怨言地忍受超长工时和每周6天的工作，将其视为战时贡献的一部分。尽管如此，仍有大量妇女证实，这其中包含了多大的代价。在工作中，造船厂和钢铁厂的女工面临着男工嘘声的挑战，她们必须证明自己是有能力的工人。在家里，她们仍要应付照顾孩子和操持家务的种种问题。尽管有各种各样的行业和政府项目，许多妇女为了出门工作，还是不得不把孩子独自锁在家里和车里。大量妇女第一次面对后来被称为"双重负担"的问题。《纽约时报》（New York Times）的记者问一名妇女，成为战争工人大军的一员是否让她感到兴奋。她回答说："当你遇到交通堵塞，而你的孩子在家里等着时，这没什么可兴奋的。"[9]

战争并没有改变基本的社会态度。甚至在战争结束之前，工会和战争人力委员会（War Manpower Commission）就开始辩论，应该用何种方法鼓励妇女放弃工作。幼儿日托的资金停止了。工会的年资条例规定，由退伍军人取代战争工人。一场规模巨大的宣传运动敦促妇女为退伍军人腾出空间。随着妇女被降职到低技能的工作岗位，她们的薪水也随之缩水。挣工资

黑人妇女得到和白人一起工作的机会。图中这位黑人妇女以前是服务员，如今正在为乔治·华盛顿·卡佛号出海做准备工作。（来源：美国国会图书馆印刷品和照片部）

的妇女比例迅速下降到战前的水平。即便如此，对于很多妇女来说，有些事情已经发生了变化。

妇女似乎不想停止工作。她们被打发走了。在战争年代和复员期间接受采访的妇女中，有75%压倒性多数表示希望继续工作。记者露西·戈林鲍姆（Lucy Greenbaum）说："这些妇女认为，如果自己足够优秀，能够在危机中提供服务，那么就应该有机会在和平时期谋生。她们在战争期间与男性共同承担责任，……她们拒绝回家。"[10]她们在战前从事的是低薪工作，如今她们也不愿再重返这样的工作岗位。

露西·戈林鲍姆被证明是一位优秀的预言家。妇女被迫离开战争期间的新工作,但不久以后,她们重新出现在劳动力队伍中。然而,她们在20世纪40年代末和50年代初从事的工作,与她们离开时的工作有所不同。除了极少数例外,妇女几乎完全放弃了重工业的工作。在大多数制造工厂,女工数量回到了战前的水平。女医生和女律师的比例下降。但越来越多的妇女在不断扩张的服务部门中谋职。女教师、女图书馆员、女社会工作者的比例保持在较高水平。办公室的工作机会不断增加,卫生和社会服务领域如雨后春笋般涌现。

20世纪20年代的豪言壮语在大萧条和战争中幸免于难,到20世纪50年代终于得以实现。美国国家人力委员会

妇女似乎不想停止工作。1943年,艾奥瓦州一家铁路公司的女工们正享受午餐的欢乐。(来源:美国国会图书馆)

(National Manpower Council）在1957年写道："美国人总体上并不反对妇女从事带薪工作。"然而，他们"对于有小孩的已婚妇女外出工作，无论是过去还是现在，都持严重保留意见。他们还批评妇女在工作机会稀缺时可能给男性，尤其是一家之主带来的竞争"。报告继续说，民意数据"表明，绝大多数美国人不赞成有年幼孩子的母亲在丈夫有能力养活她的情况下去工作"。简言之，"男人和女人都理所当然地认为，男人是养家糊口的人，他有权优先获得工作，尤其是优先于那些不必养活自己的妇女"。[11]这些态度影响了妇女对其劳动力市场角色的看法。她们鼓励学校限制妇女的教育机会，并强调要制定公共政策，继续"保护"妇女不从事危险的或"不合适"的工作。

## 战后模式

社会态度可能限制了妇女从事的工作种类，但这并没有阻止妇女——甚至是有小孩的母亲——慢慢地、低调地出去工作。20世纪50年代，出生率一度飙升。孩子一上学，母亲们就开始找工作，以便支付教育费用，或帮助家庭购买舒适的住房。60年代家庭结构的变化促使妇女对带薪工作的兴趣日益浓厚。越来越多的妇女在快30岁的时候仍然单身。不断下降的出生率助推妇女持续不断地加入劳动力市场。50年代中期，每1 000名年龄在19岁到40岁之间的妇女中，每年只有25人生育。1975年，在这一年龄段的妇女中，每年生育的不到15‰。

家庭规模降至平均3.4人。1970年以后缔结的婚姻中，有一半以离婚告终。1978年，有超过14%的美国家庭是以妇女为首。在这些家庭中，妇女虽然受困于种族偏见和缺乏培训，但她们有强烈的动机去谋求一份带薪工作。

出生于20世纪30年代至40年代的白人妇女与她们母亲那一代不同。她们不认为自己会早早结婚，也不认为婚姻能提供终身的经济支持。她们抓住教育、社会工作和零售销售业的新机会，踏入就业市场。由于自身经历，非裔美国妇女期待不间断地从事带薪工作，于是她们抓住公共部门（医疗保健、市政和州官僚机构等）扩展的良机，来获得稳定的工资和福利。在低薪和临时性服务行业里，亚裔和拉丁裔的新移民群体为了不那么理想的工作而激烈竞争。就像美国历史上的新移民一样，越来越多刚来到美国的移民妇女把带薪工作视为家庭收入的重要补充。

同样，年龄较大的妇女也感受到，自己被一步步推向带薪工作的洪流。那些在20世纪20年代出生，在40年代和50年代结婚和抚养家庭的人，到了60年代发现，孩子已经离家了。她们上一代人，没有从复杂家务技术需求减少中获益，而且寿命也短，而她们这一代妇女则有更多的时间。到45岁的时候，她们还可以期待至少再工作20年，再活35年。她们预计会比男性多活7年到8年。由于大多数妇女嫁给了年纪比自己大的男人，所以她们预计有10年到15年的守寡时间。她们可以好好利用这些时间，在家庭之外对社会做出有益贡献，与此同时，也可以在经济上为自己提供更多保障。

即使是有小孩、家庭完整、没有紧迫经济需求的妇女也发现，自己至少可以通过部分时间外出工作来为家庭做出更多贡献。在富裕家庭，婚姻的规则已经变了。妇女不再需要成为收入的帮手或生产者，不再需要照顾年迈的父母或生病的人，而是被期望成为有趣的、让人兴奋的、有能力维持令人满意的两性关系的伴侣。人们结婚是为了陪伴。当"爱"减少或消失时，她们会寻找新的伴侣。为了保持生活的趣味性，这些妇女开始在世界上寻求冒险。

雇主雇用女工有自己的理由。与20世纪初一样，"妇女应该待在家里"这一理由继续被用来证明妇女职业隔离的正当性。雇主们辩称，妇女不想承担责任，说如果更好的工作岗位与家庭发生矛盾的话，她们就会拒绝调往，说她们愿意更多地参与家庭事务，而不是工作。妇女自己往往找的是兼职工作，她们宣称不愿意为其他妇女工作，而愿意继续在传统领域接受培训。她们非常适合日益增长的办公室职位，因为办公室需要越来越多的各种职员和秘书。许多希望在结婚之前从事带薪工作的妇女，都青睐于像出版、广告这种有光环的工作。在潜在的爱情面前，低工资只不过是一个小小的牺牲。一个越来越依赖专业服务的社会，通过不断向妇女灌输服务他人的理念，把教育、护理和社会工作推销给她们。随着这些行业的扩展，妇女的就业机会也在快速增长。1975年，从事工资劳动的妇女，人数最多的类别是文员，紧随其后的是食品服务人员（包括女服务员）、教师、售货员，然后是打字员、会计等其他办公室人员。位列妇女工作前十的还有发型师、女佣、护士、营养师和治疗师。

这些工作具有妇女职业所熟悉的一切特点。它们是性别隔离的，也就是说，它们本身就被定义为"妇女工作"。这些工作是低收入的——一位全职妇女的工资只有男性工资的60%左右，这一数字自20世纪初以来没有太大变化。妇女几乎没有晋升的机会，雇主欢迎妇女因生育或结婚而迅速离职。例如，1976年的一个法庭案件显示，在美国电话电报公司，有超过98%的电话接线员和94%的文职人员是妇女，而男性占据了97%的中层管理职位。直到1978年，有78%的劳动妇女从事销售、文员、服务或工厂工作，只有22%从事管理或专业工作，而这其中有很大一部分还是集中在教学和护理领域。

尽管几乎所有的妇女都面临职业范围的狭窄问题，但前景最为黯淡的当属少数族裔妇女（非裔美国人和拉丁裔）。在她们的家庭里，丈夫的收入往往不足以养家糊口。在20世纪50年代的一个短暂时期，不断上涨的实际工资加上合理的政府支持，让最贫穷的家庭（农村白人、非裔美国人和新来的移民）过上了体面的生活。但是，在一个消费社会中，公共服务的减少提高了"必需品"的水平，以至于电话、冰箱和汽车从可选项变成了必选项。为了支付这些费用，有时也为了支付孩子的教育费用，低收入家庭的妇女即使不能找到全职工作，也会找一份兼职。这种情况给妇女带来了严重困扰。她们发现，自己从事最贫穷的工作，工资远远落后于不断上涨的生活成本。当她们无论如何努力也无法摆脱贫困时，国会扩展了政府项目以支持贫困儿童，让生活困顿的母亲能够养得起孩子。在20世

虽然妇女的就业模式在20世纪50年代发生了巨大的变化，但像密苏里州一所高中班里的这些年轻妇女，仍然参加了必修的家政课。（来源：密苏里州立档案馆）

纪60年代，许多家庭只有靠一系列不断扩大的政府项目才能摆脱最严重的贫困。到了70年代，这些项目受到了威胁。由于70年代通货膨胀率的上升，失业率徘徊在7%左右，妇女的带薪工作成为抵御通货膨胀和丈夫失业或离职的有效保障。

　　1/3的妇女仍然受到持续的歧视，只能从事兼职工作。妇女仍然是劳动力中失业率最高、收入最低的群体。1973年，非裔美国妇女从事家政服务的比例是白人妇女的3倍，而家政服务的工资低，福利微不足道，失业极为普遍。大量妇女从事季节性农业工作，在不卫生的条件下种植和收获作物，没有工会工资，生活环境最恶劣。1973年，黑人、拉丁裔女工以及白人女工的工资低于美国其他任何一个群体。她们的贫困已经成为一个全国性的问题。

虽然妇女的就业模式没有改变，但进入劳动力市场的妇女人数却急剧增加。1950年，16岁以上妇女中只有32%从事带薪工作。到1978年，16岁以上妇女中超过一半（56%）每年至少工作一段时间。1950年，妇女在工资劳动力中所占比例不到30%。1977年，她们占工薪阶层人数的42%。公共政策仍然像以往一样严厉，不鼓励妇女外出工作：美国没有全国性的儿童托育政策，没有全国性的育儿假政策，没有子女津贴或其他支持性家庭津贴，雇主支付的产假或家庭健康福利也很少。尽管如此，妇女似乎一直在工作。1978年，超过一半的美国家庭是双职工，而在1950年，这一比例只有1/3。20世纪70年代中期，有1/3学龄前儿童的母亲和一半学龄儿童的母亲从事带薪工作。自1940年以来，工薪母亲的比例增加了10倍。[12]

20世纪70年代末，有超过70%的妇女从事全职工作。她们参与劳动的模式似乎越来越接近男性。受过良好教育的妇女即便成为母亲后，也不会退出职场。有一项数据表明，20多岁的妇女在有了孩子后，不再辞掉自己的工作，或者只离开相对较短的时间。这一数据能充分预示未来的发展趋势：这些妇女终其一生，其从事带薪工作的时间只比同等男性少10年。[13]雇主不能再指望妇女只是临时地工作，也不能指望妇女比男性提前退休。

## 挑战性别想象

关于家庭生活的性别观念最终发生了转变。美国人曾经认为，家庭的稳定和孩子的幸福需要家里有妻子和母亲，后来则认为，每个成年人都应该参加工薪工作。这一转变在20世纪最后几年生根发芽，在21世纪开花结果。为什么会发生转变？有一系列复杂的原因可以解释这个问题。关于政府和自由市场的适当作用，以及对技术变革、经济危机等问题的看法，助推了21世纪初性别想象的转变。然而，很可能是20世纪70年代经济危机所引发的冲击波，最终催生了随后的戏剧性变化。

由于财政赤字资助军事开支、石油和大宗商品价格不断上涨，以及制造业流向海外的因素的作用下，这场危机以经济滞胀（economic stagflation）的形式出现：物价和失业率同时大幅上升。[14]这反过来又引发了人们的质疑，凯恩斯主义政府干预政策在控制通货膨胀以及失业方面是否有效？甚至加剧了人们的怀疑，政府能否解决社会和经济问题？滞胀引发了这样的问题：为了减少穷人的经济不安全感，政府出台政策鼓励民众依赖政府资源，但这一政策本身是否是引发危机的因素？这一政策还诱导人们攻击工会，指责工会限制资本流动，实施限产超雇，并人为地保持高工资。

保守派经济学家一边质疑政府解决经济问题的能力，一边推崇以自由市场个人主义为特征的新自由主义意识形态。新自由主义的拥护者们认为，自由市场将鼓励企业之间和劳动力市场的竞争，赋予每个人以最大的能力，让其生活变得最充实。用这种观点来看，工会、政府法规、税收都是阻碍个人成功的障碍。大政府，尤其是政府的福利项目，成了削减的首要目标。但是，新自由主义者在信仰自由市场的同时，忽视了公平竞争的必要前提：新自由主义妨碍了政府为所有人提供适足的生活水平、经济安全和就业的能力，导致在增加了一些人的自由的同时，也减少了许多人的平等。试图减少政府干预，迅速削弱了这样一种观念：国家作为一个集体有责任照顾下一代。残疾人和老年人仍然是优先考虑的对象，但是国家这个集体会倾向于让其他所有人都去工作，包括孩子母亲。

一场将"抚养未成年子女家庭援助"（Aid to Families of Dependent Children, AFDC）计划妖魔化的激进运动，凸显了新自由主义政策的意图，揭示了它对穷人的破坏性影响。[15]政府声称，政府发放的救济金，以及政府愿意补贴那些不工作的人，是贫困加剧的原因。政府官员阴险地、错误地指责，那些接受政府援助的人仅仅是因为懒惰，他们给那些世代靠公共开支生活的母亲贴上"福利女王"（welfare queens）的标签。为了削弱对福利的支持，他们散布各种虚假故事，例如某某福利接受者原来是富裕的有车一族，宣称一些家庭几代人都在领取福利。非裔美国妇女在这些攻击中首当其冲，因为她们在全国所有福利接受者中所占的比例要远远高于她们的人口比例。

妇女试图通过建立美国国家福利权利组织（National Welfare Rights Organization）这样的团体来争取孩子的抚养权，

还提议扩大对穷人提供的儿童托育服务，而为母亲提供更好的教育和培训，但都徒劳无功。渐渐地，这个国家放弃了新政对于支持穷人的承诺，转而强调个人责任。

要求所有成年人从事工资劳动成了一项国家政策。也许具有讽刺意味的是，在20世纪70年代年轻妇女迅速加入劳动力大军的背景下，母亲们的恳求没有起到任何作用。她们的热情让人们有可能想象，所有妇女——包括婴儿和学龄前儿童的母亲——都能从事带薪工作。高工资妇女有资源来找人替她们承担家务，而穷人（其中2/3是妇女）则发现自己面对着一个自由市场，在这个市场中，她们的工资不足以雇用他人照顾家

福利权利的支持者为正义游行。（来源：杰克·罗蒂尔摄影集，C0003号，乔治·梅森大学图书馆特别收藏研究中心）

庭。[16]尽管如此，自由市场个人主义的精神凸显了一些人所说的转向"能促型国家"(enabling state)的趋势——这种类型的国家认为没必要资助穷人，而应当支持培训穷人自力更生的项目。[17]

与此同时，对大政府的敌意，伴随着税收收入的下降以及要求给特权阶层更多自由，这些因素也抑制了工会主义。由于工作岗位和资本迅速流向海外，以及企业抵制力度的加大，工会成员处境困难。进入劳动力市场的人发现，好工作越来越少，工人之间围绕剩余工作的竞争越来越激烈，随之而来的是，工会成员数量急剧下降。面对企业的抵制，前几十年劳工运动在提高工资和改善生活水平方面赢得的成就，如今难以为继了。男工和女工丢掉了制造业岗位，而这些岗位建立有工会，为工人提供医疗保健福利、带薪假期和病假。丢掉这些岗位的工人们只能从事没有福利的低薪兼职工作。妇女在这些工作中所占的比例高于男性，这降低了妇女的失业率，但也加剧了家庭的紧张关系，因为男性面临着长期的失业。

工会提出很多策略来应对这种情况，包括分担工作、缩短工作日、缩短工作周、为所有工人提供休假和带薪教育假。这些策略中如果有任何一个实现的话，男工和女工都会更有可能把家庭与工作结合起来。然而，扩大妇女选择这一创新性策略却被置若罔闻。未来的商务部部长胡安妮塔·克雷普斯（Juanita Kreps）提议，与其强迫工人在65岁退休，不如在工作期间给他们提供1年到2年的带薪休假（以便抚养孩子）。[18]这些想法都没有取得进展。

到20世纪70年代末,在公共部门的妇女教育工作者、社工和保健人员中,有很多人加入了工会,但这也无济于事。工会提醒人们注意政府紧缩政策的危害,指出削减开支给学生和客户带来的问题,由此遭到谴责,被说成是在掠夺公共钱包。工会试图寻求更大的尊重,提高自己在政策上的发言权,但在低效、无能、自私自利的批评声中,它们的努力被置若罔闻。它们被指责"吃政府的食槽",于是也成了新自由主义意识形态的牺牲品。[19]

在工会运动中,妇女试图呼吁人们关注对工作或家庭问题漠不关心的现象。1973年,一些妇女在芝加哥集会,成立了工会妇女联盟(Coalition of Labor Union Women),主张增加妇女在工会中的领导地位,为的是让家庭问题得到重视。同一年在波士顿成立的美国全国职业妇女协会(National Association of Working Women)中,"朝九晚五"("9 to 5")的妇女上班族对此表示赞同。她们要求平等的工资和晋升阶梯、公平的利益分配,以及免于为男老板提供私人服务的自由。两年后,这些女工与国际服务业雇员工会(Service Employees International Union)合作,反对性骚扰、不平等工资和歧视性医疗福利。关注这些问题的妇女通常在法庭上占上风,有时还会从保护她们的平权行动中受益,但在20世纪末,工会运动整体上似乎更同情那些因全球化而失去工作的男性的利益,而非贫穷的、不从事工资劳动的妇女的利益。

## 与歧视作斗争

经济学家卡洛琳·肖·贝尔（Carolyn Shaw Bell）写道，如果4 200万名妇女"不想再回家"，她们需要的不仅仅是没有前途的工作。到20世纪70年代初，劳动力市场上妇女人数的增加所带来的影响是不容忽视的。在20世纪60年代末出现的日益增长的女权主义精神的启发下，20世纪70年代的妇女团体开始组织起来，要求变革。那些需要更高收入的人要求升职加薪，认为这是她们努力工作的正常回报。她们创立了办公室女职员（Women Office Workers）、工会工资（Union Wage）、工会妇女联盟等组织，以争取同工同酬、更明确的工作界定和工会内部的认可。离开家寻求自我满足的妇女，希望从工作中获得个人成就感。她们希望在一种"帮助"的环境中从事教书或社会工作。然而事与愿违，她们进入了一个紧缩的就业市场，社会服务被削减到工人只能监督其客户的地步。当妇女进入决策岗位，希望改变运转不力的项目时，她们发现自己无法获得权力职位。她们遇到的障碍，归根到底仍然是"认为妇女应该待在家里"的旧观念，例如，不愿把责任分配给妇女，或不允许她们监督男人等。若想在工作场所寻求公平待遇，美国人就必须反思：妇女的家庭角色是否有必要如此严格地规定？它引发了一场广泛的反抗，针对的是传统的旧观念——认为妇女不想要更好的工作，或者妇女宁愿待在家里。

在美国全国妇女组织（National Organization for Women, NOW）诸如"现在就行动起来"（DO-IT-NOW）这样的口号下，妇女们被动员了起来，伸张自己的权利。妇女平等行动联盟（Women's Equity Action League）推动妇女在教育、经济和就业方面获得平等机会。工会妇女联盟宣称，"妇女应当在工会拥有一席之地"。它努力让妇女进入工会的领导岗位，并在集体谈判时提出妇女关切的议题。美国全国妇女政治党团（National Women's Political Caucus）支持那些想要以女权主义为纲领竞选公职的妇女。美国国家福利权利组织（National Welfare Rights Organization）游说国会，要求提供更慷慨的福利，同时减少对受援者的监督。她们认为，做母亲这项工作需要父母双方都在家。

这仅仅是个开始。其他妇女提出疑问：妇女是如何接受以家庭为中心的观念的？以党团会议的形式组织起来的职业妇女坚持认为，那些肯定妇女家庭角色的公共政策，产生了一系列心理上的自我形象和行为模式，从而预设了妇女在劳动力中的劣势地位。她们的任务是揭示这种社会限定，并追溯其起源。

教育工作者试图说服学校董事会重新审查教科书，以消除对全职妈妈的刻板印象。教师敦促自己的同事们，要认真对待崭露头角的年轻女数学家。在全国各地的高中和大学里，妇女研究课程应运而生，以满足人们了解过去和当下性别角色的需求。女性历史学家拒绝了以政治为中心来解释过去。她们开始书写一种新的历史，将妇女的生活置于社会变迁的核心位置。在现代语言协会（Modern Language Association）的组织下，

美国国会女议员雪莉·奇泽姆（Shirley Chisholm）在1972年竞选总统。她是第一位参加总统竞选的非裔美国妇女。（来源：美国国会图书馆印刷品和照片部）

英语教师和教授们重新发现了一批被忽视的女性文学作品，对文学经典的标准提出了重要的疑问。心理学家质疑传统观念，否认妇女是被动的、受虐的，也拒绝把异性婚姻视作唯一健康的生活方式。女艺术家特别委员会（Ad Hoc Woman Artists Committee）反对将妇女排除在画廊和博物馆之外。从事媒体行业的妇女试图说服电视制作人，向社会提供一种积极的、独立的妇女形象。

经济学家做了特别重要的工作。一些人勇挑重任，阐明劳动力的市场结构和行为，进而挑战了这样的观念：工人在"自由的"劳动力市场相互竞争，每个人都有平等的成功机会。相反，这些经济学家认为，劳动力是分层的，人们早早就被安置在特定的赛道上。只有在每个赛道内部，人们才会相互竞争。赛道和赛道之间很少有竞争。这个新理论解释了那些本来符合条件的人，如何由于种族、族裔、教育、阶级和性别等因素而找不到好工作。它描述了上述每一种因素是如何调节竞争的——要么是限制一个人的住房选择和获得良好教育的机会，要么是把一个人排除在合适的社交圈之外。因此，更多有特权的群体从限制弱势群体的竞争中获益良多。1978年，卡内基-梅隆大学的一位公共政策专家简洁地阐述了该问题。他认为，随着妇女和少数族裔进入"过去被排除在外的职业结构的每个角落"，"在组织阶梯中向上爬升的竞争将会加剧。……1975年，可能有10名工人竞争中层管理职位，现在将会有13名，在这个总数上，可能还要加上3名妇女和3名来自少数族裔的成员"。[20]

玛丽·史蒂文森（Mary Stevenson）、芭芭拉·伯格曼（Barbara Bergmann）、哈丽雅特·泽尔纳（Harriet Zellner）等经济学家描述了那些被排除在绝大多数工作之外的妇女是如何挤进其他领域，从而加剧竞争，降低了"拥挤"部门工资的。由于工资较低，男性不愿在这些领域谋职，于是这些职业很快就100%由妇女占据。一旦发生这种情况，雇主就会给这些职业贴上"妇女"的标签，认为它们是没有前途的。在这里工作的员工没有晋升的机会。一些经济学家乐观地预测，由于工作结构本身的转变，妇女的地位将得到改善。技术的进步减少了大多数工作所需的体力，减少了歧视妇女的理由。与此同时，自动化和官僚化增加了公司的文书工作，在妇女领域开辟了新的工作机会。但这幅美好的画面中也有黑暗的一面。尽管妇女迅速进入较低级别的管理工作，担任助理和技术帮手，但她们仍然被排除在高级管理和决策职位之外。

为了打开这些紧闭的大门，美国全国妇女组织（National Organization for Women）、妇女平等行动联盟、美国全国妇女咨询委员会（National Advisory Committee on Women）等团体制定了法律策略，旨在打破障碍，出台和实施推动妇女的工作生活更加公平的法律。这些法律建立在现有联邦立法和行政政策的基础之上。1963年的《公平工资法》（Equal Pay Act）规定男女同工同酬。1964年《民权法案》（Civil Rights Act）第7条禁止就业中的性别歧视。1965年，第11246号行政命令禁止联邦承包商的歧视行为（包括性别歧视），进一步支持了这一点。这些团体共同组成强大的联盟，最终促使国会在1972年3月通过一项平权修正案（Equal Rights Amendment）。虽然该宪法修正案并未得到批准，但它言简意赅地宣称："美国或任何州不得因性别而否认或剥夺法律规定的平等权利。"[21]

法案获得通过，并不能确保获得实施。虽然从理论上讲，平等就业机会委员会（Equal Employment Opportunity Commission, EEOC）的任务是执行这些法律，以及由其催生的其他法规，但该委员会很快就被案件淹没，以至于它忽视了个人投诉，特别是妇女的投诉，而倾向于回应以种族和宗教为理由的抗议。尽管如此，平等就业机会委员会仍然在缓慢地采取行动。在美国全国妇女组织和州妇女地位委员会（Commissions on the Status of Women）的压力下，该委员会在1966年裁定，以已婚为由解雇妇女违反了《民权法案》第7条；1968年，它禁止发布标明"男性"和"女性"职位的招聘广告；一年后，该委员会又提出了包括性别、种族和肤色的平权行动目标。最后，1972年《教育修正案》（Education Amendments）第9条规定，接受联邦财政援助的教育机构不得对学生和雇员实施性别歧视。[22]即便如此，平等就业机会委员会在1971年得出结论，妇女在就业市场中的地位几乎没什么变化。它与妇女团体一起向国会施压，要求通过1972年的《平等就业机会法》（Equal Employment Opportunity Act）。该法案修订了《民权法案》第7条以赋予平等就业机会委员会执法权与更大的权威。

一系列法庭案件和各种补充法规解决了反歧视立法所产生的复杂问题。1971年，联邦最高法院裁定，《民权法案》第7条禁止性别歧视，禁止雇主区别对待有相近年龄孩子的妇女和男性。[23]同年，最高法院还裁定，雇用的男工和女工数量差距过大的雇主，需要证明自己这样做的善意职业资格（bona-fide

近10年后，平权修正案的批准进程在各州仍然停滞不前。(来源：美国国会图书馆)

occupational qualification, BFOQ)。²⁴这两项裁决共同为后续一系列法庭案件奠定了基础，在其中许多案件中担任辩护人的，正是后来成为联邦最高法院大法官的鲁斯·巴德·金斯伯格（Ruth Bader Ginsburg）。²⁵

反歧视立法的通过不是没有代价的。它引起了居于特权地位的男性们的愤怒，因为他们不习惯与妇女竞争，还引起了工会成员的担忧，因为他们急于保护来之不易的资历权（seniority rights）。法院一贯支持工会有权保护其成员的地位，即使这样做意味着解雇新来的黑人和妇女。一些雇主和一些工会，如美国切肉和屠宰工人联合会（Amalgamated Meat Cutters and Butcher Workers of America）与美国汽车工人联合会（United Auto Workers），试图在资历权和平权这两个相互矛盾的原则之间寻求一种公平的妥协，例如，为妇女留出少量的工作岗位。然而，在车间里，妇女闯入男性领地，对男性构成威胁的故事还是屡屡发生。1978年6月，《纽约时报》发表了一篇关于男性"反制"的文章。文章报告了一些案例，例如工会成员拒绝向一名妇女提供信息和指导，导致她在做一项无法完成的工作时扭伤了背部。还有，例如雇主分配工作给妇女，并愿意提供一点津贴，但工会成员却不允许发生破坏资历原则的行为，例如允许妇女不打扫男厕所。工会成员认为，改变工作的次序将使一些男性不得不花时间做卑微的工作。[26]

更微妙的歧视更难解决。即便是对于训练有素的妇女来说，与怀孕和生育有关的公共政策和私人实践，也妨碍了她们与劳动力市场中的弊端作斗争。在1973年平等就业机会委员会修改其性别歧视方针之前，雇主可以强制孕妇休假，或者在她们怀孕后解雇她们。与那些由其他医疗因素而致残的雇员不同，对于由怀孕而致残的妇女，雇主可以给她们提供不那么优惠的健康保险或残疾津贴。1978年以前，大多数雇主出资购买的健康保险计划都不涵盖女雇员怀孕期间的医疗费用，但是，雇主们却经常为男雇员的妻子提供这种保险。各州出台了一系列杂乱无章的规定，在工作调动、休假政策，以及与怀孕有关的残疾保险范围方面给了雇主很大的自由裁量权，具体内容各州有所不同。那些渴望拥有一份事业的妇女抗议没有产假。她们要求生完孩子后重新回来工作，同时不丧失自己的资质。1978年，妇女团体与民权和劳工团体联手，推动国会通过一项法案，禁止基于"怀孕、分娩或相关医疗状况"的歧视。[27]

《妊娠残疾法》（The Pregnancy Disability Act）将怀孕和相关残疾的医疗保险，纳入雇主出资购买的健康计划里。该法案还禁止雇主仅仅因为妇女怀孕就解雇或拒绝提拔她们。

事实证明，有关儿童托育的公共政策更棘手。由于1977年全职妇女的工资中位数仅为8 814美元（相当于2016年的35 820.12美元），大多数工薪妇女负担不起私人托育所或无补贴的日托服务。与此同时，男性的工资中位数为15 070美元（相当于2016年的61 244.53美元），这一数字使双职工家庭在育儿预算方面有了一定的灵活性。一半的人——他们的收入低于中位数——只能徒劳地寻找解决方案。二战期间，在女工备受欢迎的情况下，联邦政府为儿童托育提供了资助。从那以后，虽然数额有所不同，但这项资助一直维持了下来，接受资助者通常是那些在"抚养未成年子女家庭援助"计划中接受经济援助的单身母亲。它有效地鼓励了本来只能坐等公共补贴的妇女进入劳动力市场。然而，对于那些配偶从事低薪工作而生活难以为继、不得不请求资助儿童托育的妇女，她们的抗议被置若罔闻。尽管所有成年人都面临着越来越大的挣钱压力，但公共政策仍然不鼓励有小孩且配偶有工作的母亲外出工作。正如1971年的时任总统理查德·尼克松（Richard Nixon）在否决一项儿童托育法案时所说的："良好的公共政策要求我们加强，而不是削弱父母的权威，以及父母对孩子的参与……如果联邦政府贸然在财政上支持儿童发展，将使国家政府的巨大道德权威偏向以社区的方式抚养儿童，而非以家庭为中心的方式抚养儿童。"[28] 为了取代上文提及的儿童托育法案，国会先是允许父母从联邦税收中扣除部分托儿费用,然后又通过了一项税收抵免计划,为在职父母报销一小部分托儿费用。

尼克松的话体现了一种持久的观念,直到今日,这一观念仍是所有公共政策的基础。所得税立法、养老保险和失业救济金都隐含了妇女对家庭的依赖。正如1979年《纽约时报》在一篇社论中指出的,社会保障福利"仍然是根据每个家庭都有一个养家糊口的人、每个婚姻都能维持下去这一传统量身定制的"。[29]《纽约时报》指出,其结果是,一对夫妻中工资较低的一方,几乎总是妻子,她们作为依附者所获得的福利,通常比作为赚钱养家者要多得多。要想理性地改变政策,给妇女应得的福利,就需要社会保障打破其"与家庭地位的传统联系"。税收政策也促进了妇女对家庭的依赖。联邦和州的预扣税从女性和男性的薪水中提取的金额相同,但在许多情况下,当丈夫和妻子都有工作时,他们支付的税款比两个挣同样多钱的单身人士要高。这些政策阻碍了妇女全身心投入工作,而且,与推动婚姻平等行动一样,这些政策也促使越来越多的人选择结婚。

失业女工也继续面临一系列歧视。《全面就业和培训法》(Comprehensive Employment Training Act, CETA)和工作激励计划(Work Incentives, WIN)等职业培训项目主要针对的是年轻男性。根据妇女在失业人口中的比例来算的话,妇女被登记入册者只有一半。孕妇仍可能因为无法找到另一份工作而领不到失业救济金。那些放弃工作跟随丈夫事业的妇女,可能会被迫放弃自己的福利,因为她们不是被解雇的。

一些看似中性的政策（其中很多是在20世纪70年代实施的），对那些不符合依赖性妻子模式的妇女也有负面影响。通货膨胀鼓励妇女用找工作的方式来增加家庭的实际收入。然而，它也导致政府削减了很多对妇女有利的公共服务。20世纪70年代中后期的紧缩财政，对日托基金、课后项目、公共部门的工作，以及福利资金都产生了负面影响。这些领域的资金缩减，对于贫穷的黑人妇女来说尤其具有威胁，因为她们中有51%的人收入低于贫困水平。当卡特总统的妇女地位委员会（Commission on the Status of Women）试图指出削减社会服务对妇女有多么不公平时，该委员会主席贝拉·阿布朱格（Bella Abzug）被粗暴地免了职。增加失业率的政策主要影响的对象是非熟练工人，而这些人往往是黑人和妇女。20世纪70年代，美国劳工统计局对失业率大幅上升不以为意，认为这是家庭主妇外出找工作的结果。然而，美国民权委员会（United States Commission on Civil Rights）却对此持悲观态度。它宣称，自己"深感关切的是，尽管白人男性的失业状况有所改善，但妇女的失业率仍居高不下"。[30]

1978年，在平权行动进行了10年之后，有大公司的报告称，妇女只占管理层职位的10%。争取晋升和同工同酬的斗争不仅在法庭上进行，也在校园里进行，然而在学院和大学里，妇女的相对地位没有丝毫提高。美国大学妇女协会（American Association of University Women）在1978年4月得出结论，"大学社区内的敌对态度"解释了为什么妇女仍然只占所有正教授职位的8%，占所有终身职位的16.5%——自1972年《教育修

贝拉·阿布朱格于1971年宣誓就职国会，随即成为妇女社会服务的倡导者。（来源：美国国会图书馆印刷品和照片部，《美国新闻与世界报道》杂志摄影集）

正案》（Education Amendments）第9条规定禁止歧视以来，这一比例只增加了0.5%。妇女的处境没有改善。即便如此，也有一些令人看到希望的迹象。在平等录取法的鼓励下，妇女在法学院、医学院、牙科学院和商学院的入学率是过去的3倍。

对于一名妇女来说，她的母亲可能曾是家庭佣工，她自己则是一位工作时间固定，有带薪休假，还有医疗福利的医院助理，而她的女儿可能会成为一名实验室技术员或膳食顾问，这种跨越代际的职业提升是极其真实的。但是，这三位妇女占据的都是专门为妇女设计的岗位，也就是说，她们无法获得男性在工作中可以获得的地位、权力和特权。妇女受益于职业结构从蓝领到白领的转变，但相对于男性，她们在劳动力队伍中的地位没有改变。

经济学家一致认为，要提高妇女的相对地位，就需要为她们提供不同种类的工作机会，但他们无法达成一致的是：为什么够格的妇女仍然得不到有提升前景的工作。由于缺乏培训、资历或"老男孩关系网"（"old-boy networks"）而被排除在好工作之外的妇女显然是有缺陷的。但对于那些因为根深蒂固的社会态度而被排除在工作以外的妇女来说，情况并非如此。经济学家加里·贝克尔（Gary Becker）分析了男性不愿雇用女性的所有可能原因，他将非理性歧视作为唯一合理的解释。男性只是不相信妇女会成为相处和谐、办事高效的同事，所以即便她们在其他方面都够格，也拒绝雇用她们。[31]

菲莉丝·沙夫利（Phyllis Schafly）领导了阻止平权修正案的运动，当时许多人担心妇女获得平等可能导致的后果。（来源：美国国会图书馆印刷品和照片部，《美国新闻与世界报道》杂志摄影集）

到20世纪70年代末，一些男性的工作权利意识和大部分贝克尔所说的"歧视的味道"减弱了。一项研究表明，在需要妻子补贴家用才能维持常规消费水平的家庭中，丈夫鼓励妻子去找工作，也更愿意为维持双职工家庭而做出必要的妥协。据报道，在妻子收入占家庭收入40%或以上的家庭中，丈夫"非常高兴"看到妻子有工作，其中一个原因是"他们不再觉得自己有义务继续做讨厌的工作"。[32]因此，不断变化的经济环境有助于男女直面根深蒂固的社会偏见。下一代美国人将重新审视关于家庭的基本信念，特别是妇女在家庭中的角色。

# 第六章 平等与自由的矛盾

20世纪末和21世纪初，工作和家庭生活发生了革命性的变化。在继续寻求平等以及20世纪70年代立法和司法力量的推动下，性别观念发生了巨大变化，足以破坏传统的家庭和男女工资工作的观念。家庭工资的理想破灭了，男性养家糊口的意识形态也随之破灭。男女分离领域的旧观念消失了。支撑性别分工的脚手架摇摇欲坠。性别这个概念本身受到了攻击，因为性别身份变成了一个流动的类别，不再泾渭分明地划分为男性和女性，也不再取决于生理因素，而成为一种个人选择。男女之间的结合瓦解了，一种新的伙伴关系模式取而代之。能否获得育儿、税收优惠、医疗保健或养老金等方面的权利，不再由个人生活的性取向来决定。

　　这不是任何人的错。依靠旧规则来维持些许秩序的工业社会，如今发生了变化。全球化和新的信息技术增强了跨国公司的影响力，以及其将业务转移到低工资地区的能力。企业不再依赖熟练而稳定的劳动力，因此也拒绝支付福利和工资，正是这些造就了美国繁荣的工人阶级。相反，企业鼓励扩充不稳定的、临时和兼职劳动力队伍。劳动力方面的这些变化，对工会

妇女在20世纪70年代进入军事院校,但直到2013年之后,她们才经常参加战斗。两名女兵站在她们的男同事中间,她们在2013年11月刚从海军陆战队步兵训练营毕业。美国海军陆战队照片,摄影者为一等兵尼古拉斯·J.特拉格(Nicholas J. Trager)。(来源:维基共享资源)

组织造成了严重破坏,导致其在私营部门的衰落,并加剧了对公共部门工会主义的敌意,而那正是妇女和少数族裔的避风港。苦苦挣扎工会运动再也无法扩大其福利覆盖范围,以惠及日益减少的成员群体。工资停滞不前和服务行业的薪酬微薄,这些成了当时的常态。经济的不稳定状态普遍存在。

新的、不断变化的文化、政治和经济环境,改变了人们讨论工作和家庭生活的方式。人人都有带薪工作的机会,这使得家庭内部原本无偿承担的照顾任务变得分外显眼。似乎再也没有空间留给照顾这类事情了。

## 看得见的平等

随着从20世纪逐渐跨入21世纪，每个人似乎都在满意地谈论劳动力中的性别平等。妇女和男性从事某种性别占主导的职业工作（按性别划分的职业隔离），这种情况在程度上已大幅降低。可以肯定的是，到2010年，每10个妇女中有4个仍然在妇女占主导的职业中工作，但这与1970年每10个女性中有7个被分派从事"妇女专属"的工作相比，已经大大进步了。从1972年到20世纪90年代末，女木匠、女电工和女机械

少数妇女进入技术行业工作，她们的人数增加至原先的2倍到3倍。（来源：美国空军）

师在她们行业中所占的微小比例增加了两倍,从不到1%的比例增加到3%甚至4%,这个数字虽然很小,但仍然是看得见的进步。在一些像邮递员、公共汽车司机、摄影师这样的职业中,男女几乎实现了平等。[1]

然而,妇女面临的就业市场是,所有人的好工作都在稳步减少。那些在传统领域里工作的妇女,在高失业率时期仍然很脆弱,因为她们的男性同事有资历和长期经验的优势,可以免受失业之苦。大多数新加入的女工在低收入的服务部门、食品服务或医疗保健部门工作。这些部门的工资和福利都很少,而且几乎没有工作保障。为了把家庭生计维持在贫困线边缘,年老的和年轻的,男人和女人,移民,黑人和白人都在竞争上岗。还有人从事不稳定的工作。她们走出家庭只能做兼职工或

大多数新进入劳动力市场的人都在低收入的服务行业工作,包括快餐行业。并不是所有从事这一行业的人都这么开心。(来源:维基共享资源)

## 第六章 平等与自由的矛盾

合同工。虽然保留了对自己时间的支配权，但她们没有养老金、假期工资、医疗保健和工作保障等福利。性别平等可能近在眼前，但在当今世界里，它似乎注定要承受种族、族裔和阶级的不平等。

在这个世界上，受过良好教育的、富裕的人获得了可观的收益。从20世纪70年代到1990年，被名牌大学、排名靠前的专业学校和商学院录取的妇女，其人数比例攀升到所有在校生的近一半。她们在职场取得了前所未有的成就，挑战了中层管理领域以及法律和医学领域的职业隔离。在这些领域中，虽然妇女在最重要的岗位上（如首席执行官、神经外科医生或最富有公司的法律合伙人）所占比例仍然落后于男性，但在总人数方面，她们占据了所有医生和律师职位的1/3，在高级管理职位上的比例也大致相同。[2]白人妇女以及少量有色人种妇女，穿透了学术界的围墙，仅在科学、技术、工程和数学等领域的最高级别教授职位上稍逊于男性。她们进入了管理岗位。到2010年，妇女在美国公司所有高管职位中所占比例为15%。她们甚至突破了政治的堡垒。尽管2012年只有20%的国会众议员和参议员是妇女，但妇女任职州长和市政办公室的人数却前所未有的庞大。虽然种族歧视仍然阻碍着绝对的进步，但受过大学教育的年轻妇女自信地进入了劳动力市场，她们相信自己和男性一样有成功的机会。最重要的是，来自各个种族和族裔的妇女越来越多地投身于劳动力市场。到2000年，20多岁年轻妇女的劳动参与率与男性相当。[3]

当然，谨慎的观察者还是会注意到一些危险的信号。例

20世纪50年代，安妮·伊斯利（Annie Easley）在美国国家航空航天局（National Aeronautics and Space Administration）担任"人类计算机"（human computer）。她是参与美国太空计划发展的几位黑人女性数学家之一。（来源：维基共享资源）

如，完全就业的男女工工资之间原本稳步缩小的差距，在20世纪90年代开始不明原因地停滞不前。1970年，妇女的收入不到男性的60%；到1990年，这一数字上升到80%的峰值，然后又回落到77%，2007年金融危机之后又爬升了一两个百分点。[4] 尽管少数引人注目的妇女在华尔街和金融领域获得了高层职位，但大多数妇女抱怨说，玻璃天花板（glass ceilings）限制了她们晋升到最高层。[5] 2015年，在财富500强企业中，只有22名妇女（4.6%）担任首席执行官。如果妇女的劳动力参与率接近男性的话，也部分是因为技术变革和金融危机导致男性参与率下降了。

2017年，愤怒的妇女掀起了一波颇具戏剧性的浪潮，揭示了普遍存在的危险信号：性胁迫在一定程度上已成为妇女工作生活中的常规部分。这些抱怨的实质内容并无新意。由于男性认为工作场所是他们的领地，所以往往对来找工作的妇女提出性要求，以这种方式来管制自己的领地。从19世纪初开始，在工厂和办公室工作的妇女就常常拒绝男性上级的要求，但往往要付出失去理想职位甚至失业的代价，但她们的抱怨被认为是和"领地问题"联系在一起的。毕竟，人们认为，如果妇女跨出了家庭的保护界限，那么她们应该预料到，只能靠自己来保护自己。虽然实质内容并无新意，但这次与以往不同之处在于，妇女的声音或许首次制造出了一场压倒性的反抗运动。

工作场所"性骚扰"的概念在20世纪70年代进入了法律，当时正值妇女运动的高潮。在鲁斯·巴德·金斯伯格等女权主义律师的领导下，法院一致认为，在工作中贬低妇女的行为会损害她们的地位，从而构成歧视。但在实践中，法院和公众无法就骚扰的实质和后果达成一致。从侮辱或称赞妇女的身体部位，到在妇女更衣室张贴男性性器官的照片，再到要求用性行为换取良好的工作待遇，这些行为在各级工作场所都很普遍。⁶那些向工会或法院寻求保护的妇女很快发现，她们的努力可能适得其反。她们被贴上麻烦制造者的标签，发现自己被排斥、被排挤出好工作，被拒绝升职，从此无法在自己的领域找到工作。许多妇女通过开玩笑来避开含有性意味的评论和令人厌恶的含沙射影。大多数人都挺直了脊梁，忍受着被认为是正常的男性行为。

2016年夏天，妇女开始在社交媒体和大众媒体上讨论性骚扰问题。一开始是对总统候选人唐纳德·特朗普（Donald Trump）提出性虐待指控，第二年是对一些媒体明星进行零星指控。2017年夏天，这些声音达到了顶峰，一些有抱负的艺术家们记录了数十年来男性胁迫性的性暗示和不当行为。当这些指控把电影大亨哈维·韦恩斯坦（Harvey Weinstein）拉下神坛时，舆论爆发了。十几名妇女指控韦恩斯坦性侵。他威胁她们说，如果不同意，就会毁掉她们的职业生涯。

丑闻发生后，成百上千的妇女加入了"我也是"（#MeToo）运动，声称与那些揭露职场性权力腐败的勇敢妇女站在同一阵线，宣布她们是共同受害者。媒体、政界和体育界备受尊敬的人纷纷被拉下马，并立即失去了工作。[7]在厨房里，在

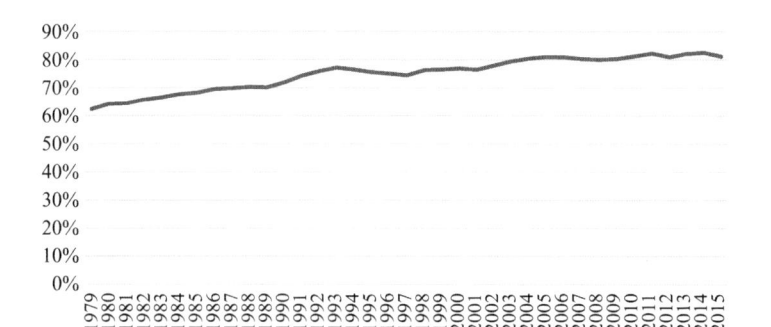

1979年到2015年全职工薪工人中妇女收入占男性收入的百分比情况

注：此图表示1979年到2015年，按年龄分组，妇女常规周薪的中位数占男性全职工人薪资的百分比。
资料来源：美国劳工统计局BLS报告，2016年11月第1064号报告，第1页。

办公室里，每个妇女都回忆起自己也曾遭到不受欢迎的性评论、触摸和挑逗。她们一起挑战了职场中男性享有特权的文化，她们的目标是攻克最根深蒂固的堡垒，为削弱男性权力而战。

撇开危险信号不谈，大多数妇女和过去的男性一样，都渴望成功。妇女不再以母亲、妻子和女儿的家庭地位来定义自己，而是以永久劳动者的身份进入劳动力市场。一项又一项的调查报告显示，妇女不再期望一辈子待在家里做母亲，而男性也不再期望自己成为家庭中唯一的经济支柱。到2013年，在由父母双方所构成的家庭中，只有大约5%的家庭有全职爸爸。双职工家庭已经成为常态。事实上，在所有双收入异性恋家庭中，30%的妇女收入高于男性伴侣。新的模式——成年工人模式——假设每个成年人都要承担养家糊口的经济责任；女人和男人一样，可以通过个人的努力和勤劳来获得成功。到2010年，这种形式的家庭已经变得无所不在。[8]

如今，受过良好教育的成功妇女把自己与同等地位的男性相比较，以此来衡量平等。她们实现目标的方式是：反对顶尖学校录取政策中的性别歧视，以及打破工作场所的玻璃天花板。她们认为，扫除妇女获得教育和经济机会的一切障碍，就能让妇女发挥其能力的极限。她们认为，一个性别不构成任何障碍的理想社会，是不需要平权行动计划和特殊激励措施的。家境殷实的妇女为了争取工作的自由，不得不依赖他人为自己劳动。对于这些妇女来说，个人努力、市场环境，加上住家保姆、有创意的儿童托育，以及家务帮手，为她们提供了个人自

脸书（Facebook）首席执行官谢丽尔·桑德伯格（Sheryl Sandberg）敦促女性"向前一步"（"Lean In"），但并不支持政府出台政策以减轻工作和家庭的双重压力。（来源：维基共享资源，世界经济论坛）

由，让她们能够成功地与男性竞争。[9]

全球化进程的推进使部分妇女受益，但同时也加剧了贫富之间的紧张关系。在社会上层，许多富人通过从国外雇用仆人和保姆来解决问题。她们依靠来自发展中国家的妇女，这些妇女把自己的孩子交给其他家庭成员照顾，自己来富人家做工，以赚取抚养和教育孩子的钱。在工业化国家，一个保姆或管家可能离家数千英里，为的是挣足够多的钱定期汇款给家里。这些"全球保姆"（"global nannies"）解放了更多有钱的妇女，使她们能够全身心投入带薪工作。[10]

家境殷实的妇女有很多选择，但绝大多数妇女没得选择。雅虎（Yahoo!）首席执行官玛丽莎·梅耶尔（Marissa Mayer）

在生下第一个孩子后,在办公室旁边为刚出生的孩子建了一个托儿所。不久之后,她改变了雅虎的政策,要求那些以前在家工作的父母定期到办公室报到。脸书首席执行官谢丽尔·桑德伯格鼓励员工夜以继日地工作。她认为,员工都可以像她一样,付钱让别人照顾家庭。当教授兼外交政策专家安妮-玛丽·斯劳特(Anne-Marie Slaughter)想把更多时间花在十几岁的儿子身上时,她可以利用自己的教育优势,换另一份同样好只不过声望稍逊的工作。这种选择对她来说似乎是合理的,但对数百万名收入有限、工作机会也有限的妇女来说却行不通。[11]

2014年至2015年冬天的一场关于"向前一步"的激烈辩论,反映了妇女在是否以及如何进入企业界的问题上一直存在的分歧。20世纪70年代早期那一代女权主义者的目标包括寻求一种姐妹情谊,进而共同要求政府出台相关政策,为所有妇女提供公平的竞争环境和机会等。当时一些女权主义者认为,提供高质量、廉价的儿童托育、带薪育儿假和安全的住房,将使各个阶层的妇女受益。但谢丽尔·桑德伯格也加入其中,鼓励妇女作为独立个体取得成功。引发争议的是桑德伯格发起的一场运动,"鼓励妇女有远大的梦想,开辟一条跨越障碍的道路,充分发挥自己的潜力"。[12]桑德伯格在2014年出版的《向前一步:女性、工作及领导意志》(*Lean In: Women, Work, and the Will to Lead*)一书中解释说,除非更多的妇女行使权力和影响力,否则大多数人的命运永远无法改善。这本书迅速跻升至美国畅销书排行榜的首位,这促使桑德伯格以这本书的原则为基础,成立了一个基金会,并开发教育指南和资源,教女性如何向前一步。

虽然受到许多人的欢迎，但"向前一步"的策略也招致了强烈谴责。许多老派女权主义者认为，鼓励妇女关注个人领导潜力的策略最终会适得其反。一些人认为，"向前一步"的策略忽视了底层妇女的需求，将使许多男人女人的边缘化状况长期存在，甚至加剧，并声明随着民主或集体声音受到限制，他们的尊严肯定会丧失。律师兼作家琳达·赫希曼（Linda Hirschman）指出，该策略支持经济分层、阶级和种族分化，因而会分裂妇女群体。在她和许多人看来，"向前一步"的策略依赖于竞争和个人主义行为，而这一直是资本主义的核心。它将妇女与一种极富争议的自由市场资本主义联系在一起，鼓励妇女接受那种典型的"男性化"的竞争方式。[13]

21世纪初的经验阐明了经济发展趋势。虽然在性别平等方面取得了一些进展，但付出的代价是：不同阶级和种族背景的妇女之间的不平等加剧了。这一发展证实了富人和穷人之间日益扩大的差距。受益于阶级地位（包括继承、文化和父母地位）的妇女在工作场所慢慢站稳了脚跟，但在她们所身处的世界里，大多数工人的工作机会和选择权正因为急剧的技术变革而变得越来越少。

## 为谁争取自由？

不平等限制了很多人选择自己生活的自由。技术变革激发了很多受过良好教育、家庭丰裕的年轻男女的信心，却在传统的工人阶级中滋生了怨恨和反弹。随着制造业工作在海外的萎缩或消失，已加入工会的蓝领工人（其中许多是白人男性）的工作机会减少了。以前收入丰厚的工人，如今只能去低收入的服务部门找工作，或者干脆退出劳动力市场。不能再依靠丈夫收入来养家的妻子们，跟没有伴侣的妇女竞争就业机会。她们发现，虽然服务业在不断扩大，但对于那些没有第二份收入抚养孩子的人来说，工资太低了。

从20世纪70年代到21世纪头几十年，失业工人和低收入工人的不满情绪不断上升，加剧了对最贫困人口的反感，促使政府削减各种福利项目。移民、长期依赖政府照顾孩子和残疾家人的单身母亲，以及那些缺乏经济保障的人，越来越被社会甩在后面。截至2015年，近1/4的少数族裔女性——非裔、西班牙裔和印第安人——生活在贫困中。这些趋势使具有相同阶级地位的男性和女性联合起来反对更穷的人，扩大了种族和族裔的差异。

在同一时期，紧缩政策削减了政府支出，导致人们普遍不愿支持穷人，也不愿给那些没有工作的人以补贴。公共支出不足，加剧了住房不安全、街道危险、公共交通减少、学校人满为患等问题。家庭的解体让无家可归者激增。少女怀孕率下降了，但高离婚率和家庭暴力仍有增无减。高得惊人的失业率，尤其是年轻黑人男性的高失业率，助长了吸毒成瘾和街头犯罪。穷人和缺乏教育的人变得越来越脆弱。监狱监禁率直线上升。联邦政府和当地政府都无法投入足够资源来关照留守

186

儿童。

所有这些变革带来的重负最终落在了穷人的肩上,因为那些毫无意义的街头枪击事件和警察暴力行为似乎证明:国家权力对非裔美国人追求平等的努力具有强制性影响。20世纪90年代,城市、州甚至联邦政府都对轻微的非暴力犯罪施以严惩。在20年的时间里,这些罪行的监禁率上升了7倍,这意味着,美国被监禁的公民数量是紧随其后几个最繁荣国家的5倍。对许多人来说,大规模监禁(尤其是非裔美国男性)似乎是在工作和教育之外的另一种选择。监狱私有化消除了认为监狱可以提供救赎服务的想法。由于法院服务效率低下,几乎每个州的法庭日程都排得满满当当,甚至那些付不起保释金的无辜者也发现,自己只能被长期监禁。

不成比例的监禁率,其导致的恶果绝不仅限于监禁期间,也不限于监禁者本人,往往其家庭成员的公民权也会遭到侵犯。在短短20年里,黑人女囚的数量从占监狱人口的4%增加到20%。被囚禁的母亲常常会失去抚养权。重罪犯,无论男女,都失去了投票权,有的甚至终身失去投票权。出狱者可能无法获得学生贷款,从而无法进入教育机构,而他们本可以靠教育来找到体面的工作。出狱者在申请工作时也面临歧视。失业往往无家可归,很容易陷入再次犯罪的恶性循环。由监禁导致的各种不利条件,使出狱者的家庭和社区都陷入贫困。对公民权利的剥夺也不止于重罪犯。一些旨在将穷人、移民以及有色人种限制在狭小选区内的行动,成功地为某一特定政党创造了虚假的多数优势。[14]一些州开始要求潜在选民提前登记,要求在投票站出示身份证,并要求提供公民身份证明。

压力重重的州和地方政府求助于雇用私人承包商来提供公共服务,声称效率更高,实际上给他们带来了巨额利润。他们遵从自由市场的原则,把托育中心租给私人公司,由政府出资,而家长和社区成员没有发言权。他们鼓励对私人教育财团经营的特许学校进行实验,让学校可以自由地拒绝麻烦或困难学生。他们把公共住房、交通系统、市政供水和能源供应的管理权(有时是所有权)也交给了私营公司。私有化本意是为了提供更高效、更便宜的服务,让那些有意愿的人有更多的选择,但却制造出这样一番可怕的景象:社区学校不再对社区负责,私人监狱仅仅是为了关押囚犯或出租他们的劳动力,而不是试图改造他们。最糟糕的是,在意识形态上承诺减少政府干预导致了供水系统的污染,比如在密歇根州弗林特,直到毒害了数千名儿童这样的惨剧发生后,供水系统才重新回归有效的公共控制。[15]

在政府减少社会项目支出和穷人服务的过程中,妇女和她们的孩子(加起来至少占穷人的2/3)受到了特殊限制。从20世纪70年代中期开始,那些拿最低工资的人一直受益于劳动所得税抵免(Earned Income Tax Credit, EITC)的政策,该政策在每个纳税年度结束时提供一次性付款。单身职业母亲和所有的职业父母都受益于不断扩大的劳动所得税抵免政策。但该政策并没有让最底层者摆脱贫困。对于那些没有医疗保障、失业保障甚至社会保障的低薪者来说,该政策无法给他们提供福利。2012年之后,虽然联邦政府开始补贴贫困工人的医疗费,但仍有20个州拒绝扩大医疗补助的福利。

由于政府减少了对公众福利的承诺，一系列的侮辱也随之而来——人们可以把这些描述为对被剥夺者自由的限制。为穷人提供补贴或免费药物的艾滋病项目面临大幅削减，有些关闭了，导致艾滋病患者无法获得救命药。[16]向贫困家庭提供食品券以满足基本配给的补充营养援助计划（Supplemental Nutritional Assistance Program, SNAP）面临连续削减。仿佛是为了进一步强调这一点，2016年有一项提议是将食品券与带薪工作挂钩，目的是让那些不工作的穷人失去最基本的生存保障。该提议在参议院中获得了支持，但最终还是不了了之。代金券计划（voucher program）的第8条规定，给穷人补贴租金，让他们能找到体面的住房。但由于市政当局拖欠付款，该计划面临多次削减和延误，房东不再接受租金代金券。就业市场不断吹嘘经济衰退水平的失业率，在这种情况下，像这种抛弃穷人（尤其是贫穷妇女）的自由，根本不是为妇女服务的。[17]

贫困工人和对最底层者的恐惧和愤怒，带来了恶果。保守派政客利用穷人的每况愈下的状况，将他们描述为揩油者和无所事事者，并在政治中边缘化他们。当立法者通过所得税慢慢扩大对贫困工人的补贴时，许多州的贫困妇女却失去了前往诊所接受医疗保健、节育建议或堕胎服务的机会。遭受家暴的妇女被迫将孩子的抚养权转移给国家监护，理由是她们无法保护孩子。如果孩子逃学，或者一个孩子携带毒品，公共住房的住户可能会失去自己的公寓。无家可归家庭的孩子们从一所学校搬到另一所学校，他们在成功的道路上面临着难以克服的困难,很容易陷入贫穷的恶性循环。

21世纪的趋势和数据很能说明问题。在要求政府有限干预的呼声中,政策的目标改变了:以前是无条件支持失业者和贫困人口,现在则是坚持把带薪工作作为获得政府帮助的必要条件。随之而来的,贫困妇女发现自己处于食物链的最底层。由于政府支持的减少,她们往往被迫进入劳动力市场,从事工资最低的工作,没有医疗保险,没有带薪假期或病假,有时需要2份到3份兼职工作才能勉强维生。2015年,以某些标准衡量的话,总体贫困率略有下降,但仍有5 000万人生活在贫困中,其中绝大多数(70%)是妇女及其子女。全国22%的儿童生活在贫困线以下,其中一半以上是以妇女为主导的家庭。2015年,美国农业部报告称,超过1 500万名儿童(占全国青少年总人数的20%)晚上饿着肚子上床睡觉。在任何一个夜晚,全国各地的无家可归者收容所里都有近60万人,其中1/4是儿童。

种族、阶级和性别差异的交叉重叠,限制了男性和女性的生活。在联邦人口普查中被归为"穷人"的这一类中,有一半是有色人种。[18]在拿最低工资的人中,妇女占一半以上。美国劳工统计局的报告称,截至2015年,黑人妇女和男性的失业率比同等群体的白人妇女和男性至少高出50%。[19]

贫穷、种族和性别等因素,让妇女在选择和接受生育护理方面也存在明显差异。1991年以后,十几岁单身母亲的生育率稳步下降。而大龄未婚妇女的生育数量却反而增加了,因为这些有同性伴侣,且经济上成功的职业妇女专注于自己的事业,无论有没有伴侣都选择生孩子。[20]保险公司乐于支付男性勃起功能障碍药物的费用，愿意为投保的妇女提供生育治疗。具有讽刺意味的是，年长的、富裕的成年人利用昂贵的新技术生育婴儿，而贫穷妇女和意外怀孕的年轻妇女，却在获得任何形式的生育服务方面面临越来越大的困难。那些想要少生孩子的人发现，提供避孕和堕胎服务的诊所越来越少。2014年，一场关于雇主和保险公司是否应该承担避孕费用的争论，让这一矛盾更加凸显出来。尽管某些妇女的自由促进了男女之间日益平等，但实际上，大多数妇女的生育选择却缩小了。

从2016年夏末向媒体发布的数据可以看出，全国范围内的不平等程度正在加剧。在全球孕产妇死亡率大幅下降的10年里，除加利福尼亚州外，美国每个州的孕产妇死亡率都在上

随着不平等的加剧，反对贫困工资的抗议活动越来越多。在美国，妇女在最低工资的工作岗位中占据了2/3的人数。（来源：维基共享资源）

升。在全部工业化国家中，美国的婴儿和产妇死亡率最高，仅次于墨西哥。在得克萨斯州，由于向孕妇和新妈妈提供生殖服务的诊所数量减少了，产妇死亡率在21世纪的头15年中翻了一番。显然，美国不愿意与已经成为母亲或有可能成为母亲的妇女站在一起。

## 协调家庭和工作

随着21世纪的到来，除了残疾人和老年人之外，所有的成年人都被要求从事带薪工作。1996年的《个人责任法案》（Personal Responsibility Act）结束了联邦政府半个世纪以来对单身母亲及其子女的支持，让贫穷的母亲别无选择，只能从事带薪工作。国会声称，不愿意将高昂的福利成本转嫁给陷入困境的中产阶级，因此对贫困家庭（其中93%的家庭是以妇女为首）的福利设定了5年的上限，并要求各州严格限定福利接受者在教育和职业培训方面的选择。[21]这项立法要求领取福利的妇女从事没有前途的卑微工作。它缺乏足够的儿童托育资金，无法将儿童安置在安全中心，还严格限制那些希望在接受援助的同时完成学业的人的资金。[22]

然而，工作模式（包括诸如"全职"工作的衡量标准、工资和晋升标准等必需品）仍然是为养家糊口的父亲和全职在家的妈妈量身定制的。如果期望每个人都出去挣钱，那么一般家庭，尤其是母亲，该如何照顾孩子、老人和病人呢？妇女有养家糊口的迫切需要，有对满意生活的渴望，也受到意识形态转变的推动，相信工作是所有人的生活必需品。她们在进入劳动力市场时，几乎没有想到她们的行为对家庭生活意味着什么。男性在面对更具挑战性的劳动力市场时，无法再提供经济保障以彰显自己的男子气概。那么如今，家庭的权力和权威又在哪里呢？家庭该如何维系呢？

历史上，妇女在家庭范围内照顾家人。当她们走出家门工作时，她们渴望获得和男人一样的工资和报酬。虽然她们有时做的工作和在家里一样，但不同的是，这是有报酬的。目前还不清楚男人是否愿意接替她们的位置。男人会为了照顾家庭而放弃权力、声望和金钱吗？他们会为了家庭生活的情感回报，而甘愿冒失去长期收益的风险吗？如果男人和女人都被要求在经济上支持家庭，那么谁来照顾老人、病人和小孩呢？同性家庭或者变性人的家庭又该如何呢？他们如何将照顾他人与经济保障结合起来？在2016年的总统竞选中，民主党候选人希拉里·克林顿（Hillary Clinton）将关怀问题提上了议程。她主张制定一项联邦法规，以确保同工同酬、带薪家庭（不仅仅是母亲）休假、扩大医疗保健，并为贫困家庭提供更慷慨的补贴。随着共和党候选人唐纳德·特朗普获胜，这些提议只得偃旗息鼓。

在一个"家庭"被颠覆、性别角色不稳定、工资停滞不前的成年劳动者的世界里，几乎无暇顾及照顾他人。就在20世纪70年代中期，经济学家卡洛琳·肖·贝尔还宣称，传统上，家庭和照顾家人被视为妇女的责任。[23] 贝尔认为，这正给了雇主排斥她们的合理理由，因为她们"在工作研究和工作选择方面有不同的标准"。她们希望工作时间能与孩子上学的时间一致，或者工作时间安排更灵活，允许她们按照丈夫的时间表休假。她们用金钱和地位换取了更短的通勤时间、便利的位置或灵活的时间表。当丈夫搬家时，她们就放弃了工作。但是，即便这些品质曾经是许多妇女的准确特征，那么如今，情况不再是这样了。不到一代人的时间，男人和女人的心态发生了变化，但为了践行新生活所必需的计划，却迟迟未变。

尽管通过了一些措施来推动妇女从事工资劳动，但事实上，没有任何新的措施来支持照顾性劳动。为了鼓励工资工作，管理者为妇女提供平权行动项目、更公平的养老金和社会保障分配，将针对单身职业母亲的劳动所得税抵免扩大到所有贫困工薪家庭。但是，20世纪70年代提出的很多有可能实现平等的一系列提案，却很少被采纳。强制性儿童托育保险被考察过，但很快遭到否决。还有一些建议，比如对照顾儿童的男性征收特别税，对工薪阶层男性征收额外的重税等，旨在鼓励男性在家照顾孩子，甚至把家想象成他们的领域。一些措施起了作用。1997年的一项儿童保险计划（Children's Insurance Program, CHIP）向各州提供补贴，为没有资格享受医疗补助的贫困家庭支付儿童的医疗费。全民医疗保健计划（the Affordable Care Act,《平价医疗法案》，也被称为奥巴马医改）旨在补贴医疗保险和药品成本，帮助平衡工作和家庭。总的来说，这些计划虽然是积极的，但对于需要协调工作和家庭的绝大多数工资劳动者来说，只能说起了一点点作用。

为每个成年人争取工资工作的努力仍在继续。[24] 20多年来，贫困家庭临时援助计划（Temporary Assistance to Needy Families）分配给各州的整体拨款一直保持不变，所以各州发现无法补贴贫困工薪父母的工资。一些州（加利福尼亚、华盛顿、南卡罗来纳、威斯康星和新墨西哥）不得不削减了每月的现金援助福利。其他州（加利福尼亚州和亚利桑那州）则减少了个人可获得的终身福利年数。还有一些人将援助计划资金转用于资助无家可归者、青少年怀孕预防项目和儿童托育。在一个奉行个人责任原则的自由市场里，任何政府资助个人的福利项目都遭人憎恶，即便是资助带孩子的母亲。

越来越多的家庭把照顾孩子的任务外包出去，承受着由此带来的情感和经济压力。熟食和加工食品取代了家庭自制食物，外卖和快餐店为工薪家庭提供了晚餐。在工作日，婴儿托育中心、亲戚和特殊儿童看护员多管齐下，一起行动。照顾老人的护理中心和照顾病人的护工人数都呈指数级增长。他们工资微薄，只有最敬业的人，或者没有选择权的人才会从事这些工作。然而，没有任何人能完全取代母亲在家庭中的位置。婴儿死亡率居高不下和儿童普遍肥胖，引发人们对营养不良的关注。[25]托育中心的看护人员不堪重负，无法应对过度拥挤的环境和需要特殊照顾的婴儿，不时爆发丑闻。疗养院通常会忽视孤立无援的患者，或者干脆给他们注射镇静剂，以避免干扰。

虽然新闻报道和宣传号称妇女可以"拥有一切"，现实情况却完全不同。渴望工作的妇女选择缩小家庭规模，推迟生育，这导致出生率大幅下降。女医生不得不选择压力较小的领域，如精神病学和儿科。高级律师事务所的律师们习惯于待在"妈咪轨道"，因为在那里她们不需要与同伴竞争。到2000年，大量进入中层管理职位的女性高管遇到了玻璃天花板。在20世纪90年代中期，她们占据了大公司首席执行官职位的3%。到2015年，她们的人数几乎没有增加。越来越多有承担能力

为了照顾孩子，这位有两个孩子的母亲暂停了建筑师的工作。她是许多选择退出（职场）而不是把孩子送到日托中心的母亲之一。（来源：美国空军）

的新妈妈选择退出竞争。这些现实问题或许可以解释，为什么20世纪90年代末妇女在劳动力中所占比例攀升至49%之后，又缓慢回落至48%，然后稳定在47%。这些现实问题还能帮助我们理解，为什么全职男工和女工的工资差距一直顽固地维持在80%左右。

雇主们对这些趋势的反应各不相同。有些公司尝试用新策略来取悦员工。有些公司尝试就地日托（on-site daycare），但因保险费率和成本飙升而失败。还有些公司为有年幼孩子的父母提供灵活的工作时间安排，但这难免让同事之间的关系变得紧张，因为同事不得不帮忙收拾残局。事实证明，允许父母在家工作是一个更让人满意的选择：它满足了一些父母的需求，但却把另一些父母的工作时间延长到了晚上，剥夺了他们与同事交流的乐趣。在律师事务所、金融行业、医疗行业和学术界，薪水最高、最好的工作依然留给那些能够且愿意长时间工作、随时出差和应对紧急情况的人。没有孩子的妇女从中获益，她们的工资上涨到几乎和同类男性持平。选择把时间和精力贡献给家庭的妇女们很快发现，她们的收入远远落后，职场晋升受阻。经济学家开始谈论"母职惩罚"（"maternal penalty"）。他们的研究揭示，与没有孩子的妇女相比，有孩子的妇女的薪水要低5%到7%。父亲不必承受任何惩罚。他们的收入比没有孩子的男人还要高8%左右。[26]与此同时，从事兼职的劳动者比例增加了，而其中2/3是妇女，她们普遍没有福利，没有安全感，也没有晋升的前景。

立法者出于好意，想要出手干预。他们尝试为刚生孩子的妈妈和其他照顾家庭的人提供休假。国会曾两次（1991年、1992年）通过《家庭与医疗休假法》（Family and Medical Leave Act, FMLA），提供12周的不带薪休假，但两次都被乔治·H. W. 布什（George H. W. Bush）总统否决。终于，在1993年1月，比尔·克林顿（Bill Clinton）总统签署了这项法案。妇女几乎立刻站出来抗议，说该法案限制太多，即便知道休假结束后可以回来工作，她们还是无力承担12周的不带薪休假。2016年总统大选把这些问题明确摆上台面，两党候选人都支持带薪休假：共和党候选人唐纳德·特朗普主张提供6周的带薪产假，但与其民主党对手希拉里·克林顿的慷慨提议相比，还是相形见绌。结果，特朗普的当选让这一问题再次被搁置起来。

在没有工会压力的情况下，收入最低的男性和女性的实际工资和福利都大幅下降。那些处于收入中位数末端的人几乎请不起帮手来照料孩子和家庭。更糟糕的是，许多低薪的小时工工作只提供很少，甚至根本不提供任何医疗保健福利、假期和退休金，甚至还解雇优秀员工以雇用工资更低的工人。一些雇主降低工人的劳动时间，以逃避给每周工作满40小时的工人提供福利。像沃尔玛这样的大型零售业雇主，想方设法逃避对工人的义务，比如篡改工人的上下班记录、拒绝承担加班，或要求工人整天待命直至分派工作等。[27] 餐饮业更是臭名昭著。雇主骗取小费工人的收入，而且常常扣发最低工资长达数周甚至数月。

由于缺乏合理的福利和儿童托育的补贴供给，拿最低工资的工人发现自己无法在一个消费驱动和技术依赖程度日益深厚的社会中养活自己和家人。即使是最贫困地区的双职工家庭，也无法满足不断提升的消费需求。妇女在最低工资的工作岗位中占据了2/3的人数，而其中又有一半以上是非裔或拉丁裔妇女。这些妇女发现，如果没有第二份收入的话，她们根本无法照顾家庭。她们挣第二份甚至第三份工资，但是，这一切是以损害家庭生活为代价的。

21世纪初，随着贫困人口的持续增加，一些较为保守的政府官员开始提倡性规范和婚姻，将其作为解决问题的办法。[28] 他们认为，如果十几岁的女孩不未婚先孕，如果妇女有伴侣，

即便是双职工家庭也很难养活自己和家庭。请注意，在2013年这场示威游行中，有标语提出要诉诸神圣正义。（来源：维基共享资源，本杰明·G. 罗宾森）

## 第六章 平等与自由的矛盾

如果单身妈妈的数量减少，如果父亲尽到自己的责任，如果没有监护权的父亲提供足够的经济支持，那么贫困问题就会得到解决。他们主张，解决问题的关键在于个人行为，而非增加政府的支持。

另一方面，劳动力的变化挑战了传统的家庭角色。一些人认为，如果每个人都从事工资工作，那么家庭和照顾孩子的任务也可能被分摊下去。虽然对许多人来说，这听上去很美好，但在实践中却遇到了许多障碍。让人们放弃男人应该有妻子照顾的想法是一回事，接受传统上属于妇女的责任则完全是另一回事。此外，在2/3的双职工家庭中，男性的收入依然高于妻子，对很多家庭来说，与牺牲妻子的工作相比，牺牲男性的工作意味着收入减少得更多。最终，男性抗拒了一些人所说的"去男性化"。虽然年轻一代中有不少人口头上支持家庭性别平等的理念，也有不少男性换尿布、做饭，但照顾孩子的责任还是基本上落在妇女身上，即便妇女有着繁重的工作和异性伴侣。即便在那些妇女收入高于男性的1/3双职工家庭里，变化也很有限。虽然在那些更充分参与家庭生活和照顾孩子的男性中出现了新的行为模式和期望，但整个20世纪90年代的每一项研究都表明，大多数工薪妇女的丈夫几乎不承担任何家务。

在1990年到2013年期间，"全职爸爸"的人数翻了一番。尽管如此，在所有有15岁以下孩子的已婚夫妇中，只有8%的家庭有全职爸爸。相比之下，有全职妈妈的家庭占到23%。进一步研究这些数据的话会发现，这些全职爸爸中只有1/5是出于照顾家庭的责任而留在家里的，其余爸爸留在家里是因为找不到工作、生病、残疾、上学或退休。[29]有些人看到男女生育意愿发生了变化，但皮尤研究中心基于这些数据的研究难免让他们倍感失望。2014年，大约50%的公众仍然认为，孩子和母亲待在家里会过得更好，只有8%的人认为孩子和父亲待在家里会过得更好。[30]

## 未完的议程

21世纪初，人们对于妇女经济角色的理解更宽泛了，这迫使人们进一步关注照顾议题。2016年美国总统大选凸显了妇女工作的重要性。民主党提名的主要候选人希拉里·克林顿和伯尼·桑德斯（Bernie Sanders）竞相为工薪妇女，尤其是双职工父母争取权益。

两人都支持强有力地执行同工同酬立法、带薪怀孕和育儿假，以及扩大劳动所得税抵免。在大选前不久，海军陆战队废除了女兵参加战斗的禁令。在大选期间，五角大楼为那些生育和照顾婴儿的妇女提供了12周到18周的全带薪假期。在初选临近结束时，最高法院宣布各州不得对寻求堕胎的妇女增加过重负担。[31]这是支持堕胎者难得的胜利。共和党总统候选人特朗普指责希拉里打"女人牌"。希拉里回答说，是时候为女性举起大旗了。

然而，这场被称为反对妇女的战争仍在全力进行中。毕竟，妇女已经为了工作放弃了家庭责任。如果妇女没有雄心壮

希拉里·克林顿和她的民主党内竞争者伯尼·桑德斯都支持出台措施,为工薪妇女和照顾家庭的妇女提供便利。(来源:维基共享资源,盖奇·斯基德莫尔)

志的话,离婚率会低一些,更多的孩子会由父母双方共同抚养长大。男人不去找工作,而是退出劳动力市场,因为他们可以依靠妇女的收入,而不惜与所有男性规则背道而驰。简言之,妇女想要充分、平等地参与经济和政治生活,这·雄心壮志摧毁了男子气概和家庭生活。家庭这一自由的堡垒正在崩塌。一些人将同性婚姻的蔓延归咎于妇女投身更充实的新生活。另一些人则认为,妇女是男性劳动参与率下降的罪魁祸首。妇女通过工资工作而寻求平等,似乎对男性的自由构成了根本威胁。工作、家庭和社会生活之间不断升级的紧张关系也证明了这一点。

伴随这些担忧的是一个一直存在的问题：扩大劳动力参与的同时，如何实现照顾（尤其是小孩和老人）的需求？在过去，有各种不同思路的解决方案。二战期间，政府和雇主合作，以社区洗衣店、工作场所厨房，甚至是送货上门的方式提供帮助。20世纪70年代，当工会成员占据工人总数的25%时，工会领导人提出了各种协调家庭和工作的方法，包括分担工作、缩短工作日、延长周末和休假，提供带薪教育假。这些变化中的任何一个都将使带薪工作和在家工作的结合变得更加可行。

胡安妮塔·克雷普斯在1976年成为商务部部长之前，提出过一个分散休闲时间的想法。她认为，不应该强迫劳动者65岁退休，而应该鼓励他们在工作期间带薪休假1年到2年，以满足家庭需要，或接受一些教育。[32]但和其他方案一样，克雷普斯的想法也带来了一个疑问：它对个人"力争上游"的动机带来什么影响呢？从历史上看，在我们的劳动力市场上取得成功，需要把工作放在第一位，并无休止地工作。如果每个人都分享工作或享受带薪休假，工作动力会发生什么变化呢？如果劳动者不再重视竞争行为的回报，那么，一个以竞争和自由企业为根基的社会还能继续运转吗？

儿童托育不仅带来了后勤问题，也带来了心理问题。20世纪60年代，许多心理学家认为，婴儿在有爱心的成年人，最好是亲生母亲的照顾下才能茁壮成长。[33]儿童日托所的质量往往很差，达不到这一标准。由于资金不足、人手不足，日托中心只能敷衍了事。90%以上外出工作的妇女只能临时安排孩子的托育。随着越来越多的妇女投身带薪工作，这些依靠亲缘关系的、非正式的儿童托育网络变得越来越少。[34]那些有幸获得福利的人可能会给孩子找一个有补贴的托育机构，但这些机构往往交通不便，且经营不善。政府拨款不足，反映出人们对于将最亲密的育儿任务社会化普遍存在一种不信任感，对于让母亲们自由从事带薪工作普遍感到困惑。一些日托中心的条件十分恶劣，以至于心理学家怀疑，婴儿得到照料多寡不均，可能会导致潜在的伤害。塞尔玛·弗雷伯格（Selma Fraiberg）在《每个孩子与生俱来的权利：为母亲辩护》（*Every Child's Birthright: In Defense of Mothering*）一书中直截了当地断言，母亲亲自照顾婴儿极其重要，其他选择要么让人不满意，要么不切实际。其他人不同意弗雷伯格的断言，认为日托中心虽然个体关注不够，但社交优势却大得多。关于日托服务质量和数量的争论仍在继续。尽管越来越多的父母赞同为所有母亲提供欧洲式的社区资助设施，但在21世纪初，富人和穷人所能得到的照顾仍然差异甚大。

　　家务工资运动提供了另一种可能性。20世纪70年代的女权主义者尝试提出由政府对家庭主妇提供津贴，理由是，在自己家里工作的人也承担了社会的必需任务。支持者认为，提供家务工资可以提高家庭主妇的地位，消除她们对于养家糊口者的依赖。支持者还提出，家务工资不应与家庭之外的雇佣劳动挂钩，他们认为，这样能鼓励男性和女性承担照顾家庭和孩子的角色。但他们无法想象，去哪里找资金来支持家务劳动从无偿到有偿的转变，于是，这一运动不了了之。一些反对家务工资的人认为，只有在家庭里工作才是实现个人满足的途径，而不是作为金钱关系的一部分，但是，家务工资的提议让家庭这最后一块净土也失守了。另一些反对者则担心，家务工资会进一步加剧劳动力的性别隔离，以及家务劳动的私有化性质。

偶尔，在儿童托育和家务问题上也会涌现一些集体解决方案，但这些也未能引起人们的热情。在共享的基础上重新分配家务，所有成年人分担照顾孩子的责任，充分利用退休人员的服务，设计一种把公共厨房、托儿所、带私人空间的客房结合起来的公寓，如此种种方案也经常有人提起。但是，这些方案是想用公共的形式来解决问题，这威胁到个体家庭的经济功能，其宗旨是通过购买消费品来扩大经济增长，因为消费品的生产和销售会推动经济繁荣。在这方面，妇女的利益与由市场驱动的社会利益发生了冲突。

随着21世纪的到来，这些替代方案似乎都不可行。相反，私人解决方案占了上风。相对富裕的家庭能够购买洗衣机、烘干机、真空吸尘器和方便食品，以减少妇女做家务的时间。大多数妇女继续洗衣服、打扫房间和做饭。最重要的是，那些有能力的妇女雇用保姆、管家和厨师来帮忙。大多数工薪妇女继续负责家务。如果她们在家务上得到任何帮助的话，通常也是来自自己的孩子。外出工作的妇女降低了标准，要么在家务上花的时间更少，要么牺牲自己的闲暇。[35]

私人家庭之间的紧张关系一直延续，集体解决问题的可能性尚有待探索，这些情况再次将那个长期存在的老问题摆在我们面前：个体家庭是一种"美国方式"吗？最终，这些问题挑战的是把我们所有人社会化,并让我们接受这个社会价值观的那些制度。随着个人寻找新的角色和新的生活方式,家庭、家务、学校制度都被动摇了。相对富裕的生活让一些妇女不必花大量时间来做家务和抚养孩子,所以她们才有可能去做其他工作。很多妇女逐渐意识到,是家庭限制了她们的选择。传统家庭似乎是一种低效的社会单元,每个妇女只不过是在重复邻居的活动而已。家庭是限制性的;家庭把妇女禁锢在琐事中,禁锢在消费者的角色里;家庭让很多妇女生活乏味,心生不满。但同时,家庭又是慰藉和舒适的源泉。因此我们可以说,妇女经济地位的改变,鼓励了新家庭结构和新家务模式的产生。

可以说,妇女工资劳动模式的变化,以及在性别和家庭问题上的观念变化,将挑战人们长期以来对于工作意义的理解。一些人已经开始质疑自己是否属于传统的性别范畴。在他们看来,这是一个"后性别"时刻,个人可以任意行动,不必考虑自身被强加的生物类别。跨性别角色肯定了个人自由,同时又违背了传统的期望。性别身份、角色和期望的变化,为传统家庭生活和传统职业模式带来了更具创新性的替代方案。如今,大多数州都承认同性家庭关系,婚姻平等成为国家法律。鉴于新的生育技术的出现,如代孕和体外受精等,有人还重新审视了长期以来有利于亲生父母的儿童监护权的安排。跨性别身份在使用学校洗手间、参加体育运动、获得医疗服务和宗教信仰等问题上引发了争论,导致个人和群体感到困惑和分裂。

但无论如何,关于照顾性劳动的问题还有待讨论。如何照

2010年5月，这位抗议者高举标语，试图说服明尼苏达州参议院通过婚姻平等立法。（来源：维基共享资源，斐波那契·布鲁）

看儿童和老人？我们是否应该把相关的工作外包出去，由收入微薄的人而不是家庭成员来照顾他们？如果这些任务仍然是无偿和共享的，那么应该由谁来做呢？男性会放弃在竞争激烈的就业市场上打拼，转而接手照顾他人的工作吗？如果是这样，传统的雇主又将如何应对呢？像弹性工作制、"弹性"时间表、就地日托和"独立合同"等这些策略，为两性提供了合理的照顾时间，但通常是以晋升和高薪为代价的。与工作相关的价值观的转变，意味着男性和女性会有更多的合作，进而带来的结果是：竞争行为减少，家庭和休闲时间更加灵活。如果付诸实施的话，这些变革将挑战美国的一些基本信念，包括个人主义、对社会流动性的期望，以及对成功的渴望。

在反对意见中，雇主可能会辩称，一支有生产力的劳动队伍必须以纪律严明、全心投入的工人为基础。减少工作时间，允许员工发挥主动性或改变价值观，将破坏工作对于劳动者的规训功能，制约生产力，甚至可能导致工资工作完全贬值。如果这些策略让妇女进入了劳动力市场，那么也会让性别和权力问题悬而未决。20世纪90年代，当年轻富裕的妇女选择退出劳动力市场时，我们就尝到了这种滋味。一些分析人士对此表示赞赏。他们认为，妇女可以通过放弃工作来单方面降低高失业率。然而在实践中，由于持续的工作隔离，妇女还是想方设法保住了她们的收益。2007年的金融危机导致了暂时性的高失

跨性别角色肯定了个人自由，同时也带来了传统家庭生活和工作之外的很多其他选择。他们还让很多人遭受就业歧视。（来源：维基共享资源）

美国农场工人联合会（United Farmworkers）的领导人多洛雷斯·韦尔塔（Dolores Huerta）提醒人们，要关注那些被忽视的男女农场工人的困境。（来源：维基共享资源）

业率，女性和男性都失去了工作。在一个仍然性别隔离的劳动力市场中，妇女工作岗位的增长速度快于男性工作岗位，所以妇女更有可能找到工作，因此从衰退中恢复得也更快。

家庭责任和女性化的观念，一直以来被用于证明妇女只能对工资工作的地位和报酬提出有限要求。只要这一情况没有改变，那么妇女在工资和晋升方面所遭受的歧视和不平等就无法得到彻底揭露，它对于协调工作和家庭所带来的负面影响也就很少被理解。但是，随着妇女开始跨越障碍，力求获得最好的工作，她们就能看到，自己的工作（包括低工资和繁重的体力劳动）如何制约了她们照顾家庭的能力。她们在就业市场上要求获得平等待遇，遭到竞争同一份工作的男性的敌意。在失业率高、劳动者竞争激烈的就业市场中，妇女开始明白，为什么某些工人能免受经济崩溃的影响，而另一些劳动者则面临失业和福利缩水的危险。

作为回应，妇女发起了反击。她们要求工资平等、带薪孕产假、晋升阶梯和其他大量福利。她们加入工会的人数也多得惊人。尽管工会成员人数在减少，但其最大的成就是大量女工的加入。在以妇女为主要成员的公共部门工会（包括教师和护理工作者）中，涌现出新的组织战术和变革战略。其中，争取15美元最低工资的斗争取得了显著成功。最近，美国家政工联盟（Domestic Workers Alliance）对于照顾别人的工人和需要照顾的雇主（通常是老人或病人），都表现出强烈的敏感。

## 为什么我们不能所有人拥有一切？

看护工作和工资工作不应该相互排斥。但对大多数女性来说，在实践中这两者是相互排斥的。现代科技和新工种的涌现，使富裕阶层能够利用自己的私人资源来提供看护服务，支付儿童托育费用，将年迈的父母安置在高质量的养老机构里，或雇人来满足自己的需求。然而，绝大多数妇女都没有这样的资源。当她们出于对朋友和家人的爱而从事看护工作时，往往等于把工资工作完全排除在外了。对于她们来说，工资工作意味着拿最低工资，承受巨大压力，很少能挣到足够的收入来满足家庭需要。在一个不平等的社会里，谋生是每天的挑战，高质量的关怀和充足的收入是不兼容的。一直在工作的妇女，两者都做到了——但往往付出了巨大的牺牲。

我们如何解决这个难题呢？我们能想象一种方式，让人们过上平衡而充实的生活吗？我们研究一直在工作的妇女，研究结果表明，为了给女性和男性提供一点点的平等和自由，我们需要做一些社会投资。幸运的是，技术驱动的现代世界提供了向这一方向发展的机遇，这是早期工业和前工业世界几乎无法想象的。

新的机遇包括为每个人提供更满意的生活所需的财政资源。不断增加的资源已经造就了一个庞大且富裕的中产阶级——这个阶级既依赖于，也允许妇女通过工作获取报酬。然而，这些资源尚未被用于公共事业的投入，因而无法让所有人都达到富裕的生活水平。如果我们选择这样做的话，即使是程度有限，我们也能让看护工作更有利可图，更容易获得，更有吸引力。用于公益事业的支出可能包括学校、医院、养老院、日托中心和婴儿托儿所，当然还包括在这些机构工作的所有人员。也可能包括支付给承担母亲工作的人，给她们足够的报酬，让她们安心全职负责照顾年幼的孩子。我们过去把这叫作"母亲的抚恤金"（mother's pensions），在20世纪初这并不罕见，尽管仅限于有道德的白人女性。如果看护工作的报酬高且不受剥削，那么各种各样的人都可能更自由地选择这样的工作。

但是，在公共利益上的支出，也有可能为无偿照顾提供更多的时间。在这一问题上的政策选择，要么是提供基本收入，

## 第六章 平等与自由的矛盾

为每个成年人和孩子提供一种缓冲的作用，要么是提供更慷慨的失业保险、更高的社会保障、全面的医疗保健和体面的住房补贴，在一定程度上使有需要的人能够负担得起医疗服务。在这些基础上，我们还可以加上高效的公共交通、维护良好的公园和优质的学校。

在工业世界里，工作就是工人的地盘。工人保护自己的工作不受侵犯，希望把工作连同那些使他能保住工作的技能，一起传给他的孩子。只要有工会向他承诺限制他人获得这份工作，他就会加入这个工会，而且还会忧心忡忡，担心少数族裔和妇女会抢走工作。"信息"社会不仅夺走了他的工作，也使他的技能过时了。新形式的职业培训、学徒实习、医疗和法律培训提供了新机会。接受适当的教育，可以让一个人自由地做出他们的选择。如果我们向每个人提供生活津贴和学费，跟《退伍军人权利法案》（GI Bill）的福利一样，那么个人选择的范围就会更广。有了开放的通道，也许种族和性别隔离将会消失。

但是在充分就业的背景下，可选择的工作，对于创造一个非竞争的、更少隔离的工作世界来说是至关重要的。信息社会并没有像工业模式所要求的那样，强化人们的工作，要求每个工人尽可能地提高生产率，而是提供了一个机会，让人们思考工作应当如何分配。更短的工作日、更短的工作周、更长的假期、慷慨的病假，所有这些都可能让无偿看护工作和工资工作更容易地结合起来，尤其是在双职工家庭中。当然，足够的福利会降低企业利润，因此需要所有人改变心态，但足够的福利也会让工人更普遍地参与工资工作和照护工作。

最后,工资工作和照护工作的结合,可能诞生一种新的价值体系——把妇女引以为豪的养育与合作的价值观,和男性强调竞争与驾驭的价值观结合起来。我们注意到,19世纪的劳动力得以建立的基础是:假定这些以性别为基础的特征是真实存在的。当时的劳动力是根据维系男性"保护性"和妇女"依赖性"等品质的需要而组织起来的,它助长了妇女的自卑,并在妇女缺乏雄心壮志的环境中茁壮发展。新时代里工作形式的变化带来了新的劳动力队伍,打破了这种传统的刻板印象。因此,在选择工作伙伴、同事和导师时,性别不再是一个重要的因素。

妇女逐渐意识到,自己的选择受到养育子女的方式、书籍、电视、广告、学校和社会关系等方方面面的影响,于是,她们就更能理解自己在家庭和劳动力市场中的地位,更能抵制各种因素的诱导。她们努力工作,力图改变人们关于"得体"行为的认识。她们鼓励越来越多的妇女公开谈论,当自己威胁到男性的权力和工作时,男性有哪些典型的胁迫性行为。随着少数族裔和种族群体的加入,妇女要求更加多样化的权威人物榜样,以便她们认同和效仿。妇女挑战了工作的结构和男性的工作权利,还试图"拥有一切",因此,她们破坏了一种由传统两性秩序而构成的精神压迫的结构,男性和女性的抱负不再受限,他们的创造性成长不会再被扼杀。与此同时,她们也揭开了掩盖妇女生活和工作本质的面纱,可以说,正是这一面纱,限制了所有在家庭内外从事工资劳动者的自由。

## 第六章 平等与自由的矛盾

但是，另一个面纱很容易便取而代之。妇女很可能被诱导进入一个竞争的框架，这个框架将继续限制我们对现实的看法。正如我们所看到的，已经有少数妇女在权力与声望的传统堡垒中获得了理想的工作。而对于许多其他人来说，接受社会流动的表象（即新的职位头衔和微小的薪资增长）是颇具诱惑力的。人们期望妇女心存感激地接受她们的回报，而不是挑战现有的权力结构。这样做肯定会减少男女工作之间的差别，还能使妇女接受当下关于工作的定义，而不会威胁到男性至上主义，也不会质疑维持权力分配不平等的价值和信仰体系。这些都是我们需要避开的陷阱，因为信息社会为财富的分配和使用开辟了新的途径，让外出挣钱与照顾家庭能够在不牺牲任何一方的情况下并行不悖。成功的变革，将确保那些一直在工作的妇女能够继续工作。

# 注 释

## 第一章 工作在妇女生活中的意义

1. 引自 Ann Douglas, *The Feminization of American Culture* (New York: Alfred A. Knopf, 1977), p. 52。
2. Ivy Pinchbeck, *Women Workers and the Industrial Revolution: 1750–1850* (1930; reprint ed., New York: Augustus M. Kelley, 1969), 第76页、第一章和书中各处。
3. Edmund Morgan, "The Labor Problem of Jamestown: 1607–1618," *American Historical Review* 76 (June 1971): 595–611; Sigmund Diamond, "From Organization to Society: Virginia in the Seventeenth Century," in *Colonial America: Essays in Politics and Social Development*, ed. Stanley Katz (Boston: Little, Brown, 1971).
4. Jennifer Morgan, *Laboring Women: Reproduction and Gender in New World Slavery* (Philadelphia: University of Pennsylvania Press, 2004), chap. 3.
5. Julia Cherry Spruill, *Women's Life and Work in the Southern Colonies* (1938; reprint ed., New York: W. W. Norton, 1972), pp. 11–14; Edith Abbott, *Women in Industry* (1910; reprint ed., New York: Arno Press, 1969), pp. 11–12.
6. Eugenia Andruss Leonard, *The Dear-Bought Heritage* (Philadelphia: University of Pennsylvania Press, 1965), pp. 204–5.
7. Douglas Jones, "The Strolling Poor: Transiency in Eighteenth Century Massachusetts," *Journal of Social History* 8 (Spring 1975): 34–35.

8. Leonard, *The Dear-Bought Heritage*, p. 204.
9. Benjamin Franklin, *The Autobiography and Other Writings*, ed. L. Jesse Lemisch (New York: New American Library, 1961), p. 187.
10. Herbert Gutman, *Work, Culture and Society in Industrializing America* (New York: Alfred A. Knopf, 1976), pp. 14–15.
11. Michael Katz, *Class, Bureaucracy and Schools* (New York: Praeger Publishers, 1971), pp. 10–11.
12. 引自 Henry May, *Protestant Churches and Industrial America* (New York: Harper Torchbooks, 1949), p. 69。
13. 这一立场遭到世界产业工人联盟（Industrial Workers of the World）作曲家乔·希尔（Joe Hill）的讽刺。在《传教士与奴隶》（The Preacher and the Slave）这首歌曲中，他写道："你将饱餐一顿，拜拜，在天上的这片圣地。劳动吧！祈祷吧！靠干草过活吧！死后你就会得到天国的馅饼！"
14. May, *Protestant Churches and Industrial America*, p. 94.
15. Alice S. Rossi, *The Feminist Papers* (New York: Bantam Books, 1973), pp. 251–52.
16. Pinchbeck, *Women Workers and the Industrial Revolution*, pp. 312–13.
17. Barbara Welter, "The Cult of True Womanhood: 1820–1860," *American Quarterly* 18 (Summer 1964).
18. Margaret Fuller, *Woman in the Nineteenth Century* (1855; reprint ed., New York: W.W. Norton, 1971), p. 30.
19. 诗歌全文可参阅 Joyce Kornbluh, ed., *Rebel Voices: An Anthology* (Ann Arbor: University of Michigan Press, 1972)，第 196 页。
20. Gutman, *Work, Culture and Society*, p. 544.
21. 美国劳工统计局，http://www.bls.gov/opub/reports/womens-databook/archive/women-in-the-labor-force-a-databook-2014.pdf。
22. *Work in America*, Report of a Special Task Force to the Secretary of Health, Education, and Welfare (Cambridge, Mass.: M.I.T. Press, 1973), p. xix and chap. 1.

## 第二章　家务劳动

1. Todd Schoellman and Michele Tertilt, "Families as Roommates: Changes in U.S. Household size from 1850 to 2000," https://editorialexpress.com/

cgi-bin/conference/download.cgi?db_name=MWM2008&paper_id=57.
2. Lisa Mahapatra, "Living Alone: More U.S. Residents Forming Single-Person Households than Before," http://www.ibtimes.com/living-alone-more-us-residents-forming-single-person-households-charts-1401580.
3. James T. Lemon, "Household Consumption in Eighteenth Century America and Its Relationship to Production and Trade: The Situation among Farmers in South Eastern Pennsylvania," *Agricultural History* 41 (January 1967): 60. 莱蒙估计，从1740年到1790年的50年间，宾夕法尼亚州东南部80%的农场生产出了一些过剩的粮食——可能多达其全部收成的40%。我要感谢菲莉丝·瓦因（Phyllis Vine）让我注意到这篇文章。
4. Alice Morse Earle, *Colonial Dames and Goodwives* (Boston: Houghton, Mifflin, 1895), pp. 312-13.
5. Julia Cherry Spruill, *Women's Life and Work in the Southern Colonies* (1938; reprint ed., New York: W.W. Norton, 1972), p. 64.
6. 同上，第65页。
7. Thavolia Glymph, *Out of the House of Bondage: The Transformation of the Plantation Household* (New York: Cambridge University Press, 2008), 5.
8. Gerda Lerner, *Black Women in White America* (New York: Pantheon Books, 1972), p. 15.
9. 引自 Nancy Cott, ed., *Root of Bitterness: Documents of the Social History of American Women* (New York: E.P. Dutton, 1972), p. 31。
10. 同上，第89页至第90页。
11. Douglas Lamar Jones, "The Strolling Poor: Transiency in Eighteenth Century Massachusetts," *Journal of Social History* 7 (Spring 1975): 34. 琼斯认为，临时居民中有一半是妇女。
12. Deborah Gray White, *Ar'n't I a Woman? Female Slaves in the Plantation South*, rev. ed. (New York: W.W. Norton and Company 1999), pp. 98-103.
13. Robert Hutchinson, ed., *Poems of Anne Bradstreet* (New York: Dover Publications, 1969), pp. 57-58. 更多的人口统计数据，可参阅 John Demos, *A Little Commonwealth: Family Life in Plymouth Colony* (New York: Oxford University Press, 1970), pp. 68-69。
14. Edmund Morgan, *The Puritan Family: Religion and Domestic Relations in Seventeenth Century New England* (1944; reprint ed., New York: Harper &

Row, 1966), p. 76.
15. Rolla Milton Tryon, *Household Manufactures in the U.S.: 1640–1860* (Chicago: University of Chicago Press, 1917), p. 33.
16. Alan Dawley, *Class and Community: The Industrial Revolution in Lynn* (Cambridge, Mass.: Harvard University Press, 1976), p. 14.
17. Tryon, *Household Manufactures*, pp. 304–5.
18. Philip Greven, *Four Generations: Population, Land, and Family in Colonial Andover. Massachusetts* (Ithaca, N.Y.: Cornell University Press, 1970). 关于1850年儿童出生的例子，可参阅第七章，尤其是第203页。
19. White, *Ar'n't I a Woman?*
20. Nancy Cott, *The Bonds of Womanhood: "Woman's Sphere" in New England, 1780–1835* (New Haven, Conn.: Yale University Press, 1977), p. 71.
21. Bernard Wishy, *The Child and the Republic* (Philadelphia: University of Pennsylvania Press, 1972), p. 28.
22. Mrs. A. J. Graves, "Women in America," in Nancy Cott, *Root of Bitterness* (New York: E.P. Dutton, 1972), p. 141.
23. Gerda Lerner, *The Female Experience: An American Documentary* (Indianapolis: Bobbs Merrill, 1977), p. 116.
24. Anne Firor Scott, *The Southern Lady: From Pedestal to Politics, 1830–1930* (Chicago: University of Chicago Press, 1970), pp. 33–34.
25. Catharine E. Beecher and Harriet Beecher Stowe, *The American Woman's Home: or Principles of Domestic Science* (1869; reprint ed., New York: Arno Press, 1971), p. 13.
26. Dolores Hayden, "Two Utopian Feminists and Their Campaigns for Kitchenless Houses," *Signs* 4 (Winter 1978): 276. 海登探讨了皮尔斯、豪兰对于拉尔夫·贝拉米（Ralph Bellamy）、夏洛特·帕金斯·吉尔曼（Charlotte Perkins Gilman）等思想家的影响。
27. Siegfried Giedion, *Mechanization Takes Command: A Contribution to Anonymous History* (New York: W.W. Norton, 1948), p. 560ff.
28. *Ladies' Home Journal*, October 1911，引自 Barbara Ehrenreich and Deirdre English, "The Manufacture of Housework," *Socialist Review* 5 (October-December 1975):16。

29. 同上，第20页。
30. Margaret Jarman Hagood, *Mothers of the South: Portraiture of the White Tenant Farm Woman* (1939; reprint ed., W.W. Norton, 1977), pp. 100–101.
31. John B. Andrews and W.D.P. Bliss, *History of Women in Trade Unions*. Report on the condition of women and child wage earners in the United States, vol. 10, Senate Document #645, 61st Congress, 2nd Session (1911; reprint ed., New York: Arno Press, 1974), p. 47.
32. Isaac A. Hourwich, *Immigration and Labor: The Economic Aspects of European Immigration to the United States* (New York: B. W. Huebsch, 1922), p. 232.
33. Susan J. Kleinberg, "Technology and Women's Work: The Lives of Working Class Women in Pittsburgh, 1870–1900," *Labor History* 17 (Winter 1976): 61.
34. 同上，第62页至第63页。
35. Anzia Yezierska, *Arrogant Beggar* (New York: Grosset & Dunlap, 1927), p. 14.
36. Margaret Byington, *Homestead: The Households of a Mill Town* (1910; reprint ed., Pittsburgh: University of Pittsburgh Press, 1974), 第十章，尤其是第152、154页。
37. Anthony F.C. Wallace, *Rockdale: The Growth of an American Village in the Early Industrial Revolution* (New York: Alfred A. Knopf, 1978), chap. 2.
38. Carol Groneman, "She Earns as a Child — She Pays as a Man: Women Workers in a MidNineteenth-Century New York City Community," in Richard Ehrlich, ed., *Immigrants in Industrial America* (Charlottesville: University Press of Virginia, 1977), p. 39. 还可参阅 Byington, *Homestead*, p. 142; and Virginia Yans, *Family and Community: Italian Immigrants in Buffalo. 1880–1930* (Ithaca, N.Y.: Cornell University Press, 1977), p. 200。
39. Isaac Metzker, ed., *A Bintel Brief* (New York: Ballantine Books, 1971), pp. 65–66.
40. 埃拉·沃尔夫（Ella Wolff）的访谈，在 Amerikaner Yiddishe Geshichte Bel Pe, Yivo archives, p. 3。
41. Ehrenreich and English, "The Manufacture of Housework," p. 33.

42. Robert S. Lynd and Helen Merrell Lynd, *Middletown: A Study in Modern American Culture* (New York: Harcourt, Brace and World, 1929), p. 163.
43. Joann Vanek, "Time Spent in Housework," *Scientific American* 231 (November 1974): 116-20. 一些更晚近的研究表明，与不挣钱的妻子相比，挣钱的妻子在家里的时间相对更少。可参阅例子，Lawrence Van Gelder, "Time Spent on Housework Declines," *New York Times*, May 22, 1979, p. C10。
44. 引自 Betty Friedan, *The Feminine Mystique* (New York: Dell Publishing, 1963), pp. 52, 53。

## 第三章 为工资而工作

1. Edith Abbott, *Women in Industry: A Study in American Economic History* (1910; reprint e d.,New York: Arno Press, 1969), p. 40.
2. Leo Marx, *The Machine in the Garden: Technology and the Pastoral Ideal in America* (New York: Oxford University Press, 1964), p. 134.
3. Abbott, *Women in Industry*, p. 50.
4. Caroline T. Ware, *The Early New England Cotton Manufactures: A Study in Industrial Beginnings* (Boston: Houghton Mifflin, 1931), p. 198; Hanna Josephson, *The Golden Threads: New England's Mill Girls and Magnates* (New York: Duell, Sloan and Pearce, 1949), p. 22; Oscar Handlin, *Boston's Immigrants: 1790-1880* (1941; reprint ed., New York: Atheneum Publishers, 1971), pp. 74-76; and Reinhard Bendix, *Work and Authority in Industry: Ideologies of Management* (New York: John Wiley & Sons, 1956), p. 39.
5. Josephson, Golden Threads, pp. 63, 23. 还可参阅 John Kasson, *Civilizing the Machine: Technology, Aesthetics, and Republican Values in America: 1776-1900* (New York: Penguin Books, 1976), p. 70；南部家长制雇佣关系的类似例子，可参阅 Holland Thompson, *From the Cotton Field to the Cotton Mill: A Study of the Industrial Transition in North Carolina* (1906; reprint ed., New York: Books for Libraries Press, 1971), p. 52。在新英格兰的纺织厂中，大约有一半的员工是通过这种方式招聘的。在纺织厂工作的妇女中，有一小部分人（人数尚未确定）能够自给自足，并为自己的家庭负责。
6. "Susan Miller," in Benita Eisler, ed., *The Lowell Offering: Writing by*

*New England Mill Women, 1840–1845* (Philadelphia: J. B. Lippincott, 1977), pp. 172–83.
7. John B. Andrews and W.D.P. Bliss, *History of Women in Trade Unions, Report on the Condition of Women and Child Wage Earners in the United States*, vol. 10, Senate Document #645, 61st Congress, 2nd Session (1911; reprint ed., New York: Arno Press, 1974), p. 12. 还可参阅 Thomas Dublin, *Women at Work: The Transformation of Work and Community in Lowell, Massachusetts, 1820–1860* (New York: Columbia University Press, 1979), chap. 6。
8. Andrews and Bliss, *History of Women in Trade Unions*, p. 31.
9. Ware, *Early New England Cotton Manufactures*, p. 231. 关于一家纺织厂的数字，可参阅 Dublin, *Women at Work*, chap. 8。
10. Ware, *Early New England Cotton Manufactures*, p. 234.
11. 引自 Constance McLaughlin Green, *Holyoke, Massachusetts: A Case History of the Industrial Revolution in America* (New Haven, Conn.: Yale University Press, 1939), p. 3lfn。
12. Lucy Maynard Salmon, *Domestic Service* (New York: Macmillan, 1911), p. 71.
13. Aileen Kraditor, *Up From the Pedestal* (Chicago: Quadrangle, 1968), p. 13. 克拉多特继续说道："家庭是抵御社会混乱的堡垒，而妇女则是家庭的创造者……她占据了一个极其必要的位置，是防止社会分崩离析的机制的象征和中心。"
14. 引自 Ruth Miller Elson, *Guardians of Tradition: American Schoolbooks of the Nineteenth Century* (Lincoln: University of Nebraska Press, 1964), p. 309。
15. Andrews and Bliss, *History of Women in Trade Unions*, p. 118.
16. Carroll D. Wright, *The Working Girls of Boston* (Boston: Wright and Potter, 1884), 76–87; 还可参阅 Green, *Holyoke, Massachusetts*。海伦·萨姆纳（Helen Sumner）在 *History of Women in Industry in the United States*, Report on the Condition of Women and Child Wage Earners in the United States, vol. 9, Senate Document #645, 6lst Congress, 2nd Session (Washington, D.C.: Government Printing Office, 1910)的第28页中报告称，1868年的《工人倡导者报》（*Workingman's Advocate*）抱怨妇女的工资只有男人的1/4。汉德林在《波士顿移民》（*Boston's*

*Immigrants*）第 81 页中也指出，妇女每周平均工资是 1.5 美元到 3 美元，而男人每周平均工资则是 4.5 美元到 5.5 美元。还可参阅 John R. Commons et al., eds., *A Documentary History of American Industrial Society, The Labor Movement*, vol. 6 (Cleveland: A. H. Clark, 1910), p. 195；以及 Emilie Josephine Hutchinson, *Women's Wages: A Study of the Wages of Industrial Women and Measures Suggested to Increase Them* (Providence, R.I.: American Mathematical Society, l968), pp. 24, 25。

17. Commons, *Documentary History,* pp. 282, 284.
18. Andrews and Bliss, *History of Women in Trade Unions*, p. 48.
19. Elizabeth F. Baker, *Technology and Women's Work* (New York: Columbia University Press, 1964), p. 17. 还可参阅 Sumner, *History of Women in Industry*, p. 51; Michael Katz, *The Irony of Early School Reform* (Boston: Beacon Press, 1968), P.12。萨姆纳指出，1900 年，妇女担任教师的比例下降到 40.6%。
20. 引自 Sumner, *History of Women in Industry*, p. 29。
21. Andrews and Bliss, *History of Women in Trade Unions*, p. 104.
22. *The Silk Industry,* Report on the Conditions of Women and Child Wage Earners, vol. 4, Senate Document #645, 61st Congress, 2nd Session (Washington, D.C.: Government Printing Office, 1910), pp. 40, 41.
23. Andrews and Bliss, *History of Women in Trade Unions*, p. 122.
24. Hutchinson, *Women's Wages*, pp. 159–60; Andrews and Bliss, *History of Women in Trade Unions*, p. 151，烟草业的情况可参阅第 179 页。报告把 1902 年以后女性会员数量的下降归咎于雇主的蓄意作对。
25. 积极和消极态度的例子，可参阅 Andrews and Bliss, *History of Women in Trade Unions*, pp. 39, 41, 46, 47, 57; Sumner, *History of Women in Industry*, pp. 6lfn; and Commons, *Documentary History*, p. 205。
26. *New York Daily Tribune*, March 7, 1845, p. 2.
27. *New York Daily Tribune*, August 19, 1845, p. 2.
28. William Sanger, *The History of Prostitution* (New York: Medical Publishing, 1897), pp. 603–4.
29. Virginia Penny, *Think and Act: A Series of Articles Pertaining to Men and Women, Work and Wages* (Philadelphia: Claxton, Remsen and Haffelfinger, 1869), p.iii.
30. Mary Conyngton, *Relation Between Occupation and Criminality of*

*Women*, Report on the Condition of Women and Child Wage Earners in the United States, vol. 15, Senate Document #645, 61st Congress, 2nd Session (Washington, D.C.: Government Printing Office, 1911), p. 102.

31. U.S. Commissioner of Labor, *Working Women in Large Cities, Fourth Annual Report.* 1888 (Washington. D. C.: Government Printing Office, 1889), pp. 74–75.
32. 例如，可参阅 Louise Odencrantz, *Italian Women in Industry* (New York: Russell Sage, 1919), p. 21。
33. *Workingmen's Advocate*, April 24, 1869, p. 1.
34. Anthony Wallace, *Rockdale: The Growth of an American Village in the Early Industrial Revolution* (New York: Alfred A. Knopf, 1978), chap. 2; and Daniel Walkowitz, "Working Class Women in the Gilded Age: Factory, Community and Family Life Among Cohoes, N.Y. Cotton Factory Workers," *Journal of Social History* 5 (Summer 1972): 462–90.
35. Joseph A. Hill, *Women in Gainful Occupations: 1870–1920*, Census Monograph IX (Washington, D.C.: Government Printing Office, 1929), pp. 75–76.
36. 同上，第19页至第20页。
37. Louisa May Alcott, *Work* (New York: Schocken Books, 1977), p. 22.
38. *Independent*, June 4, 1874, p. 1. 我要感谢莎拉·埃尔伯特（Sarah Elbert）寄给我这篇文章的复印版。
39. Barbara Klaczynska, "Why Women Work: A Comparison of Various Groups—Philadelphia, 1910–1930," *Labor History* 17 (Winter 1976): 73–87.
40. Vicki Ruiz, *Cannery Women, Cannery Lives: Mexican Women, Unionization, and the California Food Processing Industry, 1930–1950* (Albuquerque: University of New Mexico Press, 1987). 还可参阅 Carol Lynn McKibben, *Beyond Cannery Row: Sicilian Women, Immigration, and Community in Monterey, California, 1915–1999* (Champaign: University of Illinois Press, 2006)。
41. David Katzman, *Seven Days a Week: Women and Domestic Service in Industrializing America* (New York: Oxford University Press, 1978), pp. 120–21.
42. Young Women's Christian Association, First Report of the Commission on

Household Employment, May 5–11, 1915, p. 6.
43. Cambridge, Mass., Schlesinger Library, Women's Educational and Industrial Union collection, Box 1, file 9.
44. YMCA, First Report of the Commission on Household Employment, p. 19.
45. Katzman, *Seven Days a Week*, Appendix 1, especially p. 289.
46. Gerda Lerner, *Black Women in White America: A Documentary History* (New York: Pantheon Books, 1972), pp. 229–30.
47. 引自 Sumner, *History of Women in Industry*, p. 129。还可参阅第123页。《纽约论坛报》预测，1853年6月一位女裁缝的年收入是91美元。
48. 引自 Sumner, *History of Women in Industry*, p. 140。
49. Mary Van Kleeck, *Women in the Bookbinding Trade* (New York: Survey Associates, 1913), p.219.
50. Carroll D. Wright, *The Working Girls of Boston*. Fifteenth Annual Report of the Massachusetts Bureau of the Statistics of Labor (Boston: Wright & Potter, 1884), pp. 69–72.
51. Charlotte Perkins Gilman, *The Home, Its Work and Influence* (1903; reprint ed., Urbana: University of Illinois Press, 1972), p. 46. 还可参阅吉尔曼所著的 *Woman and Economics* (1898; reprint ed., New York: Harper & Row, 1966)。
52. Blanche Wiesen Cook, ed., *Crystal Eastman on Women and Revolution* (New York: Oxford University Press, 1978), pp. 6–7.
53. Ann Craton Blankenhorn Collection, Archives of Labor and Urban Affairs, Box 1, file 23, chap. 2, p. 12, Wayne State University, Detroit.
54. 引自 Andrews and Bliss, *History of Women in Trade Unions*, p. 173。
55. 想要了解更详细的数字，以及为什么工会排斥妇女，可参阅 Alice Kessler-Harris, "Where Are the Organized Women Workers?" *Feminist Studies* (Fall 1975): 92–110。
56. Hutchinson, *Women's Wages*, p. 81.
57. John R. Commons and John B. Andrews, *Principles of Labor Legislation*, rev. ed. (New York: Harper and Brothers, 1927), pp. 69, 30.
58. Women's Bureau Collection, accession #5A10l, Box 40, Bulletin #15, Individual Interviews, Massachusetts, National Archives, Washington, D.C.
59. 劳动力参与率可参阅 Valerie Oppenheimer, *The Female Labor Force in*

the United States (Berkeley: University of California Press, 1969), pp.3–5; Janet M. Hooks, *Women's Occupations through Seven Decades*, p. 34; and William Chafe, *The American Woman, Her Changing Social, Political and Feminine Roles* (New York: Oxford University Press, 1972), pp. 54–55。我不打算预测这些变化在多大程度上受到了财富增加或移民妇女退出劳动力市场的影响。关于最低工资对最弱势工人群体的影响,可参阅 Elizabeth Ross Haynes, "Two Million Women at Work," in Gerda Lerner, *Black Women in White America*. 这篇文章写于1922年。作者海因斯注意到:"由于旅馆、餐馆等的最低工资被定为每周工作48小时16.5美元,而且白人妇女的就业机会越来越多,黑人妇女在很大程度上被取代了。在过去的12个月里,普通工人的家庭服务工资已经从每周10美元(不包括洗衣)下降到每周7美元和8美元(包括洗衣)……被迫从事家务劳动的人数非常多。"

60. J. 斯坦利·莱蒙斯对于这一冲突做了很好的描述,可参阅 J. Stanley Lemons, *The Woman Citizen: Social Feminism in the 1920s* (Urbana: University of Illinois Press, 1973), chap. 7 and passim。

61. Mary Van Kleeck to Mary Anderson, February 21, 1923, Van Kleeck Papers, unsorted, Sophia Smith Collection, Smith College, Northampton, Mass.

62. 有一点值得注意,在保护性立法对纽约女印刷工人产生不利影响时,这些白领妇女却能因为自己的职业而获得例外。

63. Nancy Woloch, *A Class By Herself: Protective Laws for Women workers, 1890s–1990s* (Princeton, N.J.: Princeton University Press, 2015);还可参阅 Judith A. Baer, *The Chains of Protection: The Judicial Response to Women's Labor Legislation* (Westport, Conn.: Greenwood Press, 1978),尤其是第六章。

64. Chairman Pitzer of the National Association of Corporate Schools, Fifth Annual Convention, Addresses, Reports, Bibliographies, and Discussions, 1917, p. 105.

65. 引自 Margery Davies, "A Woman's Place is at the Typewriter," in Richard Edwards et al., eds., *Labor Market Segmentation* (Lexington, Mass.: D.C. Heath, 1975), p. 290。

66. Harry Braverman, *Labor and Monopoly Capital: The Degradation of Work in the Twentieth* Century (New York: Monthly Review Press, 1974),

p. 305.
67. 同上，第321页。
68. 引自 Lois Garvey, "The Movement for Vocational Education, 1900-1917: An Analysis of Its Consequences for Women" (M. A. thesis, Sarah Lawrence College, 1976), p. 36。

## 第四章 妇女的社会使命

1. 引自 Nancy Cott, ed., *Root of Bitterness: Documents of the Social History of American Women* (New York: E.P. Dutton, 1972), p. 147。
2. 同上，第144页。更多例子可参阅本书第三章。
3. 研究这些妇女很好的一本入门书是 Edward T. James and Janet Wilson James, eds., *Notable American Women* (Cambridge, Mass.: The Belknap Press of Harvard University Press, 1971)。
4. William Ladd, *On the Duty of Females to promote the Cause of Peace* (1836; reprint ed., New York: Garland Publishing, 1971), p. 42.
5. Gerda Lerner, *The Grimke Sisters from South Carolina* (New York: Schocken Books, 1967), p. 187.
6. Barbara Berg, *The Remembered Gate: Origins of American Feminism* (New York: Oxford University Press, 1978), chap. 8.
7. 同上，第182页、第187页。
8. Thorstein Veblen, *The Theory of the Leisure Class* (1898; reprint ed., New York: Viking Compass, 1967), p. 342.
9. Carroll Smith-Rosenberg, "Hysterical Women: Sex Roles and Role Conflict in Nineteenth Century America," *Social Research* 39 (Winter 1972): 652-78; and Charlotte Perkins Gilman, *The Yellow Wallpaper* (Old Westbury, N.Y.: Feminist Press, 1973).
10. Mary Roth Walsh, *Doctors Wanted: No Women Need Apply; Sexual Barriers in the Medical Profession, 1835-1975* (New Haven, Conn.: Yale University Press, 1977).
11. Charlotte Perkins Gilman, *The Home, Its Work and Influence* (1903; reprint ed., Urbana: University of Illinois Press, 1972), p. xxi.
12. Sheila Rothman, *Woman's Proper Place: A History of Changing Ideals and Practices, 1870 to the Present* (New York: Basic Books, 1978), pp. 65-66.
13. Gerda Lerner, "The Community Leadership of Black Women: The

Neighborhood Union of Atlanta, GA," in *The Majority Finds Its Past* (New York: Oxford University Press, 1979). 想要了解概况，可参阅 Deborah Gray White, *Too Heavy a Load: Black Women in Defense of Themselves, 1894–1994* (New York: Norton, 1999)。

14. 对社会达尔文主义思想的描述和分析，可参阅 Richard Hofstadter, *Social Darwinism in American Thought* (Boston: Beacon Press, 1955)。
15. Rothman, *Woman's Proper Place*, pp. 73–74.
16. Mary Ryan, *Womanhood in America from Colonial Times to the Present* (New York: New Viewpoints, 1975), p. 211; and Rothman, *Woman's Proper Place*, p. 67.
17. Allen Davis, *American Heroine: The Life and Legend of Jane Addams* (New York: Oxford University Press, 1973), p. 64. 还可参阅戴维斯整体描述定居运动的著作 *Spearheads for Reform* (New York: Oxford University Press, 1967)。
18. Blanche Wiesen Cook, *Female Support Networks and Political Activism: Lillian Wald. Crystal Eastman, Emma Goldman* (New York: Out and Out Press, 1979). 该著作举例证明了这种支持网络。
19. Davis, *American Heroine*, pp. 205, 207.
20. Louis Brandeis, *Decision of the United States Supreme Court in Curt Muller vs. State of Oregon and Brief for the State of Oregon* (New York: National Consumers League, 1908), p. 6.
21. Elizabeth Kemper Adams, *Women Professional Workers* (Chautauqua, N. Y.: Chautauqua Press, 1921), pp. 9, 12, 15, 3.
22. 同上，第 73 页、第 74 页、第 65 页、第 186 页。
23. 可参阅 Susan Cayleff, "The Eradication of Female Midwifery" (M. A. thesis, Sarah Lawrence College, 1978)。关于职业劳动者的数据，可参阅 Janet Hooks, *Women's Occupations through Seven Decades,* U. S. Department of Labor, Women's Bureau Bulletin #218 (Washington, D.C.: Government Printing Office, 1947), pp. 65–66。
24. 引自一份未注明来源的剪报，March 23, 1923, Bureau of Vocational Information Archives, box 4, file 23, Schlesinger Library of Radcliffe College, Cambridge, Mass。
25. *The Nation*, July 6, 1927, p. 10.
26. "Trying to be Modern," *The Nation*, August 17, 1927, p. ISS, reprinted in

Elaine Showalter, ed., *These Modern Women* (Old Westbury, N.Y.: Feminist Press, 1978).
27. 关于已婚女工的数字，可参阅 Joseph Hill, *Women in Gainful Occupations: 1870–1920*, Census Monographs #9 (Washington, D. C.: Government Printing Office, 1929), chap. 9; James A. Sweet, *Women in the Labor Force* (New York: Seminar Press, 1973)。由于人口普查往往少算妇女，所以这些数据应当谨慎使用。想了解最近的数据，可参阅由美国劳工部劳工统计局发布的《就业透视：职业女性》(*Employment in Perspective: Working Women*), 1979年第一季度第565号报告。
28. Ruth Milkman, "Women's Work and the Economic Crisis: Some Lessons from the Great Depression," *Review of Radical Political Economics* 8 (Spring 1976): 82; and Margaret Jarman Hagood, *Mothers of the South: Portraiture of the White Tenant Farm Woman* (1939; reprint ed., New York: Norton, 1977), p. 175.
29. Ferdinand Lundberg and Marynia F. Farnham, *Modern Woman: The Lost Sex* (New York: Harper and Brothers, 1947), p. 201.
30. 同上，第360页、第370页。
31. Helen Z. Lopata, *Occupation: Housewife* (New York: Oxford University Press, 1971), pp. 96, 98.
32. Carol Stack, *All Our Kin* (New York: Perseus, 1983).
33. Doris B. Gold, "Women and Voluntarism," in Vivian Gornick and Barbara Moran, eds., *Woman in Sexist Society* (New York: New American Library, 1971), pp. 533–34.
34. James T. Patterson, "Mary Dewson and the American Minimum Wage Movement," *Labor History* 5 (Spring 1964).
35. Herta Loeser, *Women, Work and Volunteering* (Boston: Beacon Press, 1974), introduction.
36. Veblen, *Theory of the Leisure Class*, p. 171.
37. 引自 W. Elliot Brownlee and Mary M. Brownlee, *Women in the American Economy: A Documentary History, 1675–1929* (New Haven, Conn.: Yale University Press, 1976), pp. 337, 339。
38. Robert Sklar, ed., *The Plastic Age: 1917–1930* (New York: George Braziller, 1970), pp. 94–95.
39. Betty Friedan, *The Feminine Mystique* (New York: Dell Publishing, 1963).

除了弗里丹,还可参阅 Jennifer Scanlon, *Bad Girls Go Everywhere: The Life of Helen Gurley Brown* (New York: Oxford University Press, 2009)。

40. Marabel Morgan, *Total Woman* (Grand Rapids, Mich.: Fleming H. Revell, 1973), 22.
41. Sara Evans, *Personal Politics: The Roots of Women's Liberation in the Civil Rights Movement and the New Left* (New York: Alfred A. Knopf, 1979).

## 第五章 改变劳动力的形态

1. Edna McKnight, "Jobs—for Men Only? Shall We Send Women Workers Home?" *Outlook and Independent*, September 2, 1931, p. 18; Frank L. Hopkins, "Should Wives Work?" *American Mercury* 39 (December 1936): 409–16; and Jane Allen, "You May Have My Job: A Feminist Discovers Her Home," *Forum* 87 (April 1932): 228–31.
2. Ruth Milkman, "Women's Work and the Economic Crisis: Some Lessons from the Great Depression," *Review of Radical Political Economics* 8 (Spring 1976): 73–97; Claire-Howe, "Return of the Lady," *New Outlook* 164 (October 1934): 34–37; and Anna Spencer Carlin, "Should Married Women Work Outside the Home," *Eugenics* 4 (1931): 21–25.
3. Claire-Howe, "Return of the Lady," p. 38.
4. 大萧条时期的失业率数据,可参阅美国劳工部妇女局第113号、第159号和第218号公报。这三份公报概括了1880年到1940年的数据。能反映年龄、性别、子女数量等劳动力特征的数据,可参阅"Varieties in Employment Trends of Male and Female Workers," *Monthly Labor Review* 31 (July 1930): 19–28; and the 1940 Census of Populations, Volume III, p. 5。
5. Winifred Wandersee Bolin, "The Economics of Middle Income Family Life: Working Women During the Great Depression," *Journal of American History* 65 (June 1978): 60–74; Milkman, "Women's Work and the Economic Crisis," pp. 81–85; Laetitia Conrad, "Some Effects of the Depression on Family Life," *Social Forces* 15 (1936): 76–81; and Paul H. Douglas, "Some Recent Social Changes and their Effect Upon Family Life," *Journal of Home Economics* 25 (May 1933): 361–70.
6. Janet Hooks, *Women's Occupations through Seven Decades*, U.S. Department of Labor, Women's Bureau Bulletin #218 (Washington, D.C.:

Government Printing Office, 1947), pp. 126, 127, 132, 133.
7. *Fortune* 27 (February 1943): 98-102 and ff. William Chafe, *The American Woman: Her Changing Social, Political and Economic Roles* (New York: Oxford University Press, 1972),第六章详细讨论了战争年代妇女职业的变迁。
8. Nell Giles, *Punch in Susie! A Woman's War Factory Diary* (New York: Harper and Brothers, 1943), p. 92.
9. Lucy Greenbaum, "The Women Who Need to Work," *New York Times Magazine*, April 29, 1945, p. 43.
10. 同上,第16页。
11. National Manpower Council, *Womanpower* (New York: Columbia University Press, 1957), pp. 327, 328.
12. National Commission on Working Women, *Fact Sheet*, 引自 *New York Times*, September 23, 1977, p. B2.
13. Karl Tauber and James A. Sweet, "Family and Work: The Social Life Cycle of Women," in Juanita M. Kreps, ed., *Women and the American Economy: A Look to the 1980s* (Englewood Cliffs, N.J.: Prentice Hall, 1976), pp. 67-68.
14. 概况可参阅 Bennett Harrison, *The Great U-turn: Corporate Restructuring and the Polarizing of America* (New York: Basic Books, 1981); Judith Stein, *Pivotal Decade: How the United states Traded Factories for Finance in the Seventies* (New Haven, Conn.: Yale University Press, 2011)。
15. 从1976年到1983年,儿童贫困率几乎增加了一半,从14.6%增加到22%以上。尽管出现了一些短暂的下滑,但从那以后,数量就一直保持稳定。U. S. Census Bureau, Current Population Survey, *Annual Social and Economic Supplement: Poverty in the United States*, 2010.
16. Eva Bertram, *The Workfare State: Public Assistance Politics from the New Deal to the New Democrats* (Philadelphia: University of Pennsylvania Press, 2015), introduction.
17. Neil Gilbert, *Enabling State*.
18. Juanita Kreps and Robert Clark, *Sex, Age and Work: The Changing Composition of the Labor Force* (Baltimore: Johns Hopkins University Press, 1975), pp. 79-82.
19. Marisa Chappell, *The War on Welfare: Family, Poverty and Politics*

*in Modern America* (Philadelphia: University of Pennsylvania Press, 2010).
20. Jerry Flint, "Oversupply of Younger Workers is Expected to Tighten Jobs Race," *New York Times*, June 25, 1978, p. A1.
21. Jane J. Mansbridge, *Why We Lost the ERA* (Chicago: University of Chicago Press, 1986); Donald G. Mathews and Jane Sherron De Hart, *Sex, Gender, and the Politics of the ERA* (New York, Oxford, 1990).
22. 关于这一立法的概括，可参阅 Phyllis A. Wallace, "Impact of Equal Opportunity Laws," in Kreps, *Women and the American Economy*, pp. 123-45。
23. *Phillips v. Martin Marietta Corp.*, 400 U.S. 542 (1971).
24. *Griggs v. Duke Power Co.*, 401 U.S. 424 (1971).
25. *Reed v Reed (1971); Frontiero v Richardson (1973); Weisenfeld v Weinberger (1975).*
26. *New York Times*, June 11, 1978, p. F3.
27. *Spokeswoman*, December 15, 1978, p. 3.
28. *New York Times*, December 10, 1971, p. 20.
29. "Social Security and Sex Discrimination," *New York Times*, March 1, 1979, p. A18.
30. *Spokewoman*, May 15, 1978, p. 9.
31. Gary Becker, *The Economics of Discrimination* (Chicago: University of Chicago Press, 1957).
32. *City News*, September 22, 1978, p. 22.

## 第六章 平等与自由的矛盾

1. 这里的数字以及接下来的数字，均引自 Ariane Hegewisch and Heidi Hartmann, "Occupational Segregation and the Gender Wage Gap, a Job Half Done"(Institute for Women's Policy Research, January 2014)。
2. 对高级管理人员的定义不同，这些数字也有所不同。数字来源于：http://www.catalyst.org/knowledge/statistical-overview-women-workforce。
3. Bureau of Labor Statistics, "Changes in Men's and Women's Labor Force Participation Rates," *TED: The Economics Daily*, January 10, 2007, p. 1; 通过以下网址访问：http://www.bls.gov/opub/ted/2007/jan/wk2/art03.htm。

4. 《2015年妇女收入显著增长,但缩小性别工资差距进展缓慢》,妇女政策研究所新闻发布会,2015年9月19日。
5. Melissa Fisher, *Women on Wall Street* (Durham, N. C.: Duke University Press, 2012), introduction.
6. Catherine A. MacKinnon, *Sexual Harassment of Working Women* (New Haven: Yale University Press, 1979).
7. 想了解一些有可能的例子,可参阅 Rebecca Traister, "This Moment Isn't (Just) About Sex. It's Really About Work,"在这个网址上可以查到: https://www.thecut.com/2017/12/rebecca-traister-this-moment-isnt-just-about-sex.html。还可参阅苏珊·基拉(Susan Chira)在《纽约时报》发表的多篇文章,访问网址 https://muckrack.com/susan-chira/articles。
8. Bureau of Labor Statistics, "Employment Characteristics of Families," press release, April 22, 2016.
9. 1995年,妇女在大公司首席执行官中所占比例为3%,此后数字便停滞不前。
10. Barbara Ehrenreich and Arlie Russell Hochschild, eds., *Global Woman: Nannies Maids and Sex Workers in the New Economy* (New York: Holt McDougall, 2004).
11. Anne-Marie Slaughter, *Unfinished Business: Women, Men, Work and the Family* (New York: Random House, 2015).
12. Sheryl Sandberg, *Lean In: Women, Work, and the Will to Lead* (New York: Alfred Knopf, 2013), 2.
13. 在密苏里州圣路易斯举行的美国资深女权主义者会议上的讲话,2013年9月27日。
14. Erik Engstrom, *Partisan Gerrymandering and the Construction of American Democracy* (Ann Arbor: University of Michigan Press, 2016). 2016年大选后,不公正的选区划分问题引起了广泛关注。可参阅 Jeff Shesol, "The Supreme court Takes up a Major Gerrymandering Case," *New Yorker*, October 3. 2017。
15. "Flint water crisis: An obscene failure of government," *Detroit Free Press*, October 8, 2015; Emily Lawler, "Michigan Gov. Rick Snyder signs $28M aid bill for Flint water crisis," *Detroit Free Press*, January 29, 2016; "Flint Water Advisory Task Force Final Report," Flint Water Advisory Task Force, March 21, 2016.

16. 纪录片《威廉敏娜的战争》(Wilhemina's War)生动地展现了削减开支的效果。
17. 在担任参议员时,希拉里·罗德姆·克林顿主张严格限制单身母亲的福利待遇。与此同时,她投票反对为接受福利的妇女扩大托儿设施和教育机会的拨款。
18. 可参阅 http://kff.org/other/state-indicator/poverty-rate-by-raceethnicity/。
19. Institute for Women's Policy Research, *Quick Figures*, January 2016, 3.
20. 可参阅 http://www.hhs.gov/ash/oah/adolescent-health-topics/reproductive-health/teen-pregnancy/trends.html; Claire Cain Miller, "Single Motherhood, in Decline Over All, Rises or Women 35 and Older," *New York Times*, May 8, 2015。
21. Gwendolyn Mink, *Welfare's End* (Ithaca: Cornell University Press, 1998), ch.4.
22. Eva Bertram, *The Workfare State: Public Assistance Politics from the New Deal to the New Democrats* (Philadelphia: University of Pennsylvania Press, 2014); 可参阅 Neil Gilbert, *Transformation of the Welfare State: The Silent Surrender of Public Responsibility* (New York: Oxford, 2004)。
23. Carolyn Shaw Bell, "The Next Revolution," *Social Policy* 6 (October 1975): 6.
24. Liz Schott and Ladonna Pavetti, "Many States Cutting TANF Benefits Harshly Despite High Unemployment and Unprecedented Need," Center on Budget and Policy Priorities, October 3, 2011, 可访问网址: http://www.cbpp.org/research/many-states-cutting-tanf-benefits-harshly-despite-high-unemployment-and-unprecedented-need。
25. Tara Haele, "U.S. Infant Mortality Rate Worse than Other Countries," Healthday, September 24, 2014.
26. Joan C. Williams, *Re-Shaping the Work Family Debate* (Cambridge, Mass.: Harvard University Press, 2012), chap. 1.
27. Bethany Moreton, *To Serve God and Walmart: The Making of Christian Free Enterprise* (Cambridge, Mass.: Harvard University Press, 2010).
28. Matt Bruenig, "Marriage and Poverty," *The American Prospect*, January 9, 2014; Annie Lowry, *Can Marriage Cure Poverty?* February 4, 2014.
29. 可参阅 Jordan Weissmann, "The Overhyped Stay-at-Home Dad," *Atlantic*, September 3, 2013; http://www.pewsocialtrends.org/2014/06/05/growing-

number-of-dads-home-with-the-kids/, p. 1。
30. 同上，第3页。
31. *Whole Woman's Health v. Hellerstedt*, 579 U.S. (2016).
32. Juanita Kreps and Robert Clark, *Sex, Age and Work: The Changing Composition of the Labor Force* (Baltimore: Johns Hopkins University Press, 1975), pp. 79–82.
33. Selma Fraiberg, *Every Child's Birthright: In Defense of Mothering* (New York: Basic Books, 1977).
34. Carol Stack, *All Our Kin: Strategies for Survival in a Black Community* (New York: Harper and Row, 1974).
35. "Women at Work," *Newsweek*, December 6, 1976, p. 76.

# 索　引

(条目后页码为原书页码，见本书边码，斜体页码为插图所在原书页码)

Abzug, Bella，阿布朱格，贝拉，172—73, *173*
Adams, Elizabeth Kemper，亚当斯，伊丽莎白·肯珀，131—33
Addams, Jane，亚当斯，简，122—26
Ad Hoc Woman Artists Committee，女艺术家特别委员会，167
advertising，宣传，58
Affordable Care Act (Obamacare)，《平价医疗法案》(奥巴马医改)，192—93
African American women，非裔美国妇女：absence in "separate space" discourse，缺席"分离领域"话语，11—12; anti-poverty programs and，反贫困项目以及，162; black women's associations，黑人妇女协会，120; civil rights movement and，民权运动以及，145; colonial household slave labor，殖民地家庭奴仆，24—26, 29—30; domestic code and，家内准则以及，69—70, 78—79; as domestic servants，作为家庭用人，69, 83—84, 88, 160; employment discrimination and，歧视性雇佣以及，83—84, 89, 172; employment statistics for，对……的雇佣策略，17—18, 108, 189; mass incarceration and，大规模监禁以及，186—87; political campaigns，政治运动，*166*; success ethic and，成功伦理以及，11; twenty-first century economic status，21世纪经济地位，186; vagrancy laws and，流浪法以及，49, 82; as wage workers，作为工资工人，79—83, *79*, *89*, 136, 153, *154*, 158, 196—97
agriculture. *See* farming，农业。可参阅农事
Aid to Families of Dependent

Children (AFDC),"抚养未成年子女家庭援助"计划,162,171
Alcott, Louisa May,奥尔科特,路易莎·梅,83,116
Amalgamated Clothing Workers of America,美国服装工人联合会,94
Amalgamated Meat Cutters and Butcher Workers of America,美国切肉和屠宰工人联合会,170
American Anti-Slavery Society,美国废奴协会,115
American Association of University Women,美国大学妇女协会,173—74
American Federation of Labor,美国劳工联合会,95,97,127
American Medical Association,美国医学协会,134
American Peace Society,美国和平协会,114
*American Woman's Home, The* (Beecher and Stowe),《美国女人的家》(比彻和斯通),44—45
Anthony, Susan B.,安东尼,苏珊·B.,94—95
antiwar movement,反战运动,114
arts,艺术: domestic arts,室内艺术,37,44—45; emergence of commercial artisans,商业工匠的出现,3—4,23,61—62; women in arts and media,艺术和媒体中的妇女,167
associations,协会: black women's associations,非裔妇女协会,120; consumer leagues,消费者联盟,126—27; feminist organizations of the 1970s,20世纪70年代女权主义者组织,165—67; married women's associations,已婚妇女协会,111—12; moral reform and,道德改革以及,119—20; professional associations,专业协会,134。*See also* communal work and property; *and particular associations*,还可参阅公共工作和财产;以及特殊协会
Atlanta Neighborhood Union,亚特兰大邻里联合会,120
Austin, Alice Constance,奥斯汀,爱丽丝·康斯坦斯,45

banking profession,银行业,131
Barry, Leonora M.,巴里,利奥诺拉·M.,70,73
barter,交易,25,34。*See also* trade,还可参阅贸易
Becker, Gary,贝克尔,加里,175
Beecher, Catharine,比彻,凯瑟琳,43,*44*,112
Beecher, Henry Ward,比彻,亨利·沃德,10—11
Bell, Carolyn Shaw,贝尔,卡洛琳·肖,165,192
Bergmann, Barbara,伯格曼,芭芭拉,167—68
black women. *See* African American women,黑人妇女。可参阅非裔

美国妇女

Blatch, Harriot Stanton，布拉奇，哈丽奥特·斯坦顿，130
boardinghouses，宿舍，65
Bok, Edward，波克，爱德华，142—43
bookbinding，书籍装订，92
boot and shoe workers，制靴和制鞋工人，23，36，98
boredom，无聊，95—96，117—18，123，144—46，201—2
Bradstreet, Ann，布拉德斯特里特，安，31—32
Brandeis, Louis，布兰代斯，路易斯，126—27
Braverman, Harry，布雷弗曼，哈里，105
Bush, George H.W.，布什，乔治·H.W.，195
Bushnell, Dotha，布什内尔，多莎，1
Bushnell, Horace，布什内尔，霍利斯，1
Byington, Margaret，宾顿，玛格丽特，54

Cambridge Cooperative Society，剑桥合作社，45
capitalism，资本主义：concentrated corporate capitalism，集中的公司资本主义，102—103，129；feminist economics，女权主义经济学，167—68；"fully commodified" housework，"完全商品化的"家务劳动，20；globalization，全球化，164，176—77，184；single-family households and，独户住宅以及，201—2；stagflation crisis of the 1970s，20世纪70年代的滞胀危机，161；Taylorism and scientific management，泰勒主义和科学管理，48—49，105—6，105。See also cottage industries; industrialization; market economy; trade; wage work，还可参阅家庭手工业；工业化；市场经济；贸易；工资劳动
Carey, Matthew，凯里，马修，90
caring labor，照顾性劳动：alternative families and，非传统家庭以及，191—92；caring for boarders，照顾房客，55，136；communal strategies for，共同的战略，139—40；eldercare，照顾老人，31，192，199，203—4，205；frontier life and，边境生活以及，2，12；helping professions，帮助性职业，129—34，*131*，165—66；historical solutions for，对……的历史的解决方案，199—200；organized labor and，有组织的劳工以及，204—5；post-retirement labor as，承担……的退休人员，84；professionalized caring labor，专业化的照顾性劳动，177，193，*194*，200—201，205—6；redistribution of work

and，重新分配工作以及，205—8；separate spheres and，分离领域以及，1—2，11—12，19—20，31—32，*41*，145—46，203—4；urban/suburban affluence and，城市或郊区富足以及，21—22，139—40。See also child‑rearing; household work; separate spheres; service industry，还可参阅养育孩子；家务劳动；分离领域；服务产业

Carter, Jimmy，卡特，吉米，172—73

Charities Aid Association of New York State，纽约州慈善援助协会，121

Chautauqua movement，肖托夸运动，131

childbearing and pregnancy，分娩和怀孕：anti‑poverty programs and，反贫困项目以及，197；austerity politics and，紧缩政治以及，186—87；colonial‑era childbearing，殖民地时期的分娩，6，30—32；Depression‑era birthrate，大萧条时期的生育率，59—60；employment discrimination and，雇佣歧视以及，170—71；family leave，家庭休假，160，195，199—200；industrialization and，工业化以及，38；midwifery，助产士，134；post‑WWII baby boom，二战后婴儿潮，156—57；reproductive care，生育保健，189—91；slave rape and forced pregnancy，奴隶强暴和被迫怀孕，25—26，39—40；slave/servitude status and，奴隶或劳役地位以及，25—27，30—31，38—39，*39*；social status and，社会地位以及，137—38

child‑rearing，育儿：anti‑poverty support for，反贫困对……的支持，159—60，162，*163*，171—72；anti‑violence child‑rearing，反暴力育儿，114；child‑centered households，以孩子为中心的家庭，13—14，40—42，*41*，64；child labor，童工，*33*，*64*，*81*，82—83，125；child‑rearing professionals，专业育儿，60；colonial‑era child‑rearing，殖民地时期的育儿，30—32；custody rights and，监护权，15—16；day care facilities，托育机构，154，171，193，*194*，199—200；education of children，儿童教育，69—70；empty next syndrome，空巢综合征，60；family leave，家庭休假，160，199—200；federal support for，对……的联邦支持，187—89，205—6；gender‑equity proposals for，对……的性别平等提案，192—93；hiring policies and，雇佣政策以及，169—70；kindergarten movement and，幼

儿园运动以及，123—24；men as caregivers，男性作为照料者，32，40，183，191—92，197—98；parent-teacher groups，父母-教师群体，140；professional careers and，职业生涯以及，134—35，183—84；public childcare support cutbacks，削减公共托育补助，187—89；"separate space" discourse and，"分离领域"话语以及，13—14，41；single mothers raising children，单身母亲抚养孩子，19，189—91；suffrage movement and，选举权运动以及，96；wage work and，工资工作以及，70，84，194—95；workplace policies for，工作场所的育儿政策，171—72，184，199—200；WWII-era "double burden,"二战时期的"双重负担"，154。*See also* caring labor，还可参阅照顾性劳动

Children's Insurance Program (CHIP)，儿童保险计划，192—93

Children's Service Society，儿童服务协会，133

Chisholm, Shirley，奇泽姆，雪莉，*166*

cigar makers，雪茄工人，74，92，97

civil rights movement，民权运动，145，168，172—73

Civil War，美国内战：canned foods invented for，为……发明的罐头食品，46；domestic servants and，家庭佣工以及，69；rise of women's unions and，女工工会的兴起以及，94—95；teaching profession and，教师职业以及，73；wage workforce and，工资劳动力以及，78—79；women in clerical positions，担任职员的妇女，103；women's auxiliary units，妇女的辅助单位，116

Civil War Sanitary Commission，美国内战卫生委员会，121

Clark, Edith，伊迪丝·克拉克，135

class，阶级：affluent women，富裕妇女，33，40—49，96，117，120—21，137—39，157—58，184—86，201—2；boredom and，无聊以及，95—96，117—18，123，144—46，201—2；child-centered households，以孩子为中心的家庭，13 14；40—42；competitiveness/individualism and，竞争力或个人主义以及，14；domestic code and，家内准则以及，69—70，101—2；domestic reform movement and，家内改革运动以及，56—57，87；feminist goals and，女权主义目标以及，185—86；household consumer goods and，家庭消费品以及，

58—60，*59*；household servants and，家庭仆人以及，14—15，*15*；husband‐derived social status，丈夫带来的社会地位，16，139，142；labor movement participation and，参与劳工运动以及，16—17，95；urban middle class，城市中产阶级，69；vocational training and，职业培训以及，107—8。*See also* poverty，还可参阅贫穷
Clinton, Bill，克林顿，比尔，195
Clinton, Hilary，克林顿，希拉里，192，195，198—99，*198*
Coalition of Labor Union Women，工会妇女联盟，165
Commission on the Status of Women，妇女地位委员会，172—73
communal work and property，公共工作和财产：buying collectives，集体购物，143—44；child-care support and，育儿支持以及，171，201；church-settlement savings banks，教会储蓄银行，123—24；manufacturing collectives，集体制造，34—37；preindustrial commons，前工业时代的公地，3—4，22；rise of individualism，个人主义的兴起，109—11；suburban social networks，郊区社会网络，139—40；utopian reform communities，乌托邦改革公社，112；women's work

cooperatives，妇女工作合作社，45。*See also* associations，还可参阅协会
competitiveness and individualism，竞争力和个人主义，10，14，109—11，161—62，193，200
Comprehensive Employment Training Act (CETA)，《全面就业和培训法》，172
consumer capitalism，消费资本主义。*See* industrialization; market economy，可参阅工业化；市场经济
cooking，烹饪。*See* nutrition and cooking，可参阅营养和烹饪
Cott, Nancy，科特，南希，40
cottage industries，家庭手工业：boarders as household income，把接收房客作为家庭收入来源，55，136；early household manufacturing，早期家庭制造业，30—31，34—36；independent contractors，独立承包商，178—79，203—4。*See also* home as workplace; market economy，还可参阅家庭作为工作场所；市场经济

Darwinism，达尔文主义，121
Davis, Allen，戴维斯，艾伦，125—26
dental profession，牙医职业，134
Dewson, Mary，杜森，玛丽，140
divorce，离婚，6，7，15—16，

145, 149, 156—57, 186, 199

Dix, Dorothea, 迪克斯, 多萝西娅, 112

Dodge, Grace, 道奇, 格雷丝, 95

domestic code, 家内准则, 69—78, *75*, 101—2, 103

domestic science, 家庭科学, 47—49, 74—76, 108

domestic servants, 家庭佣工: black women as, 黑人妇女作为, 69, 83—84, 88, 160; bound servitude, 仆役, 26—29; childbearing and, 分娩以及, 29, 30—32; child servitude, 儿童仆役, 32—33; in colonial households, 在殖民地家庭, 23—34; corporate forced labor, 公司强制劳动, 4—5, 6; demographics of women in, ……中妇女的人口统计, 82; domestic code and, 家内准则以及, 69—70, 75; indentured servitude, 契约仆役, 25—30, *28*; industrialization and, 工业化以及, 38; organized labor and, 有组织的劳工以及, 205; post-emancipation domestic work, 后解放时代的家庭工作, 49—50; post-revolutionary decline of, 后革命时代的衰落, 69; poverty as motivation for, 贫穷作为动机, 85—89; preindustrial work and, 前工业时代工作以及, 1—3, *2*, *22*; prostitution and, 妓女以及, 77—78; redemptioners, 出卖劳力来抵偿船资的移民, 27; sleep-in jobs, 住家工作, 82—83, 87—89; vagrancy laws, 流浪法, 4—5; wage earners need for, 挣工资者对……的需要, 184。See also service industry; slavery, 还可参阅服务业; 奴隶制

Domestic Workers Alliance, 美国家政工联盟, 205

Earle, Alice Morse, 厄尔, 爱丽丝·莫尔斯, 23

Earned Income Tax Credit (EITC), 劳动所得税抵免, 188, 192, 199

Eastman, Crystal, 伊斯门, 克里斯特尔, 96, 135

economy, 经济。See capitalism; class; market economy, 可参阅资本主义; 阶级; 市场经济

education, 教育: academic careers, 学术生涯, 173—74, 179—80; austerity politics and, 紧缩政治以及, 186; coed higher education, 男女同校高等教育, 130; domestic code and, 家内准则以及, 69—70; home economics field, 家庭经济领域, 43—44, 47; kindergarten movement, 幼儿园运动, 123—24; leisure-class college education, 有闲阶级大学教育, 117—18; parent-teacher groups，父母-教师群体，140; as public good，作为一种公共福祉，10, 206; reform initiatives for，改革的动机，120; social reform professional degrees，社会改革专业度，129—34, *132*; teacher unions，教师工会，204—5; teaching as gendered profession，教师作为一种性别化职业，73, 117, 151; university admissions，大学入学，130, 173—74, 179; vocational schools，职业学校，106—8; women's studies initiative in，妇女研究在教育中的主动性，167

Ehrenreich, Barbara，艾伦瑞克，芭芭拉，57

eldercare，照顾老人，31, 192, 199, 203—4, 205

enclosure，圈地，4

English, Deirdre，英格利希，迪尔德丽，57

entrepreneurship，企业家精神，8。See also success ethic，还可参阅成功伦理

Equal Employment Opportunity Commission (EEOC)，平等就业机会委员会，168—69

Equal Rights Amendment (ERA)，《平权修正案》，101, 168, 169, *174*

farming，农事：absence of wage labor，缺乏工资劳动力，1—3, 2; adoption of market economy，接受市场经济，63; farmers as factory workers，成为工厂工人的农民，63; plantation slavery，种植园奴隶制，5—6, *5*, *26*; seasonal wage work in，在……中的季节性工资工作，84, 160; women in agriculture，农业中的妇女，1, *26*, 34, 49—50, *82*

Farnham, Marynia，法纳姆，玛琳娜，138

Female Collar and Laundry Workers Union，女衣领工和洗衣工联合会，97

Female Labor Reform Association，女工改革协会，67—68

Female Moral Reform Society，妇女道德改革协会，116

*Feminine Mystique, The* (Friedan)，《女性的奥秘》（弗里丹），144—46

feminism，女权主义：antislavery movement and，废奴运动以及，90; conservative "war against women" and，保守派"反对妇女的战争"以及，199; early women's labor movement and，早期女工运动以及，93—95; *Feminine Mystique* impact on，《女性的奥秘》对……的影响，144—46; feminist economics，女权主义经济学，167—68; labor agenda of the 1970s，20世

纪70年代的劳工议程,165—75;"leaning in" debate,"向前一步"争论,183,184—85;New Woman movement,新妇女运动,95—96;opposition to protective legislation,反对保护性立法,100—101;suffrage movement,选举权运动,96,97。See also reform movement,还可参阅改革运动

Fern, Fanny,弗恩,范妮,16
Foster, Abby Kelly,福斯特,艾比·凯利,114
Fraiberg, Selma,弗雷伯格,塞尔玛,200
Franklin, Benjamin,富兰克林,本杰明,7
Frederick, Christine,弗雷德里克,克里斯蒂娜,48—49
French, Marilyn,弗伦奇,玛丽莲,139
Friedan, Betty,弗里丹,贝蒂,144—46
Fuller, Margaret,富勒,玛格丽特,16

Galbraith, John Kenneth,加尔布雷斯,约翰·肯尼思,138—39,143
garment and textile industry,服装和纺织业:employment discrimination and,雇佣歧视以及,83—84;garment trade unions,服装业工会,128;gender competition for jobs,工作的性别竞争,72—73;Jewish women in,……中的犹太妇女,84;labor strikes in,……中的工人罢工,94,98—99,*98*,*99*;Lowell textile mills,洛厄尔纺织厂,65—68,*67*;mechanization of,……的商品化,37—38,61—62,*62*,90—92,*91*;ready-made vs. "be-spoke" tailoring,成衣制造 vs. 成衣定制,90—91;wool carding,梳羊毛,34,37;working conditions,劳动条件,64,72,90—93,*91*

gender,性别:colonial-era cooperation,殖民地时期的合作,23—24;competition for jobs and,工作竞争以及,71—72;gendered imagination,性别想象,161—64;gendered vocational training,性别化的职业培训,107—8,172;gender fluidity,性别流动,176;hiring policies for parents and,对父母的雇佣政策以及,169—70;household work sharing,家务劳动分担,19,197—98;occupational segregation,职业隔离,1—3,103,151,158—59,167—69,173—74,177—78,*178*,203—4;post-gender identity,后性别身份,202—3,*203*;shared child-rearing,育儿分担,32;transgender identity,跨性别身份,192,202—3,*203*;university admission quotas，大学入学名额，130，173—74。See also separate spheres; wage/income inequity，还可参阅分离领域；工资或收入不平等

General Federation of Women's Clubs，妇女俱乐部联合会，119

gerrymandering，将……限制在狭小选区内，187

Gilman, Charlotte Perkins，吉尔曼，夏洛特·帕金斯，93—94，118—19，*118*

Ginsburg, Ruth Bader，金斯伯格，鲁斯·巴德，169—70，181

glass ceiling，玻璃天花板，181，183，194。See also job market for women，还可参阅妇女的就业市场

globalization，全球化，164，176—77，178，*179*，184

Glymph, Thavolia，格林夫，塔沃里亚，25

Goldmark, Josephine，戈德马克，约瑟芬，126—27

*Good Housekeeping*，《好管家》，58

government services，政府服务。See law and government，可参阅法律与政府

Graves, A. J.，格雷夫斯，A. J.，111—12

Great Depression，大萧条，50，136—37，147，149—51

Greenbaum, Lucy，露西·戈林鲍姆，155

Greven, Philip，格雷文，菲利普，38

Grimké, Angelina，格里姆克，安吉丽娜，115，*115*

Grimké, Charlotte Forten，格里姆克，夏洛特·福腾，114

Grimké, Sarah，格里姆克，莎拉，115，*115*

Gutman, Herbert，古德曼，赫伯特，8

Hagood, Margaret Jarman，哈古德，玛格丽特·贾曼，50

Hale, Sarah Josepha，黑尔，莎拉·约瑟法，16

Hamilton, Alexander，汉密尔顿，亚历山大，61，63

Hammond, Lawrence，哈蒙德，劳伦斯，32

health，健康：caring labor and，照顾性劳动以及，193；health insurance，健康保险，192—93，195—96；public health services cutbacks，公共健康服务削减，187—89；reform initiatives for，对……的改革举措，120—21

"helps" (domestic servants)，帮手（家庭佣工），69

Henry Street Settlement，亨利街定居点，125

Hirschman, Linda，赫希曼，琳达，185

Hispanic women，拉美裔妇女，186

home as moral space，家作为道德

空间：home as maternal sanctuary, 家作为母亲的庇护所，14，40—42，63—65，111；home as preindustrial refuge，家作为前工业时代的避难所，11，14，63—65；home economics，家庭经济，43—44，47，159。See also morality; separate spheres，还可参阅道德；分离领域

home as workplace，家作为工作场所：demographics of，人口统计，*82*，136；home as pre-industrial refuge，家作为前工业时代的避难所，11，63—65；home canning，家庭罐头制作，*136*；household manufacturing，家庭制造业，30—31，34—36；take-home garment work，带回家的制衣工作，91—92；workforce hierarchies reproduced in，在……中的劳动力等级制的再生产，14—15。See also cottage industries; household work，还可参阅家庭手工业；家庭工作

home economics，家庭经济，43—44，47，*159*

Home Economics Association，家政协会，47

household work，家庭工作：appliances and technology，设备和技术，46—47，59—60，201；colonial-era household，殖民地时期的家庭，4—7，22—25；domestic partner work sharing, 家庭伴侣分担劳动，19，197—98；domestic science and，家庭科学以及，47—49，56—57，108；Great Depression and，大萧条以及，136—137；historical overview，历史概况，21—22；home spun goods，家庭纺织品，6，23—24，*36*，37；household organizer role，家庭组织者的角色，52—53；as income source，作为收入来源，136；"nonwork" status，"非工作"地位，17；nutrition and cooking，营养和烹饪，43—44，47—48，*48*，57，142—43；paid domestic work，带薪的家庭劳动，14，49—50；in poor house-holds，在贫穷家庭，49—57；in pre-Civil War middle-class homes，在美国内战前中产阶级家庭，40—41；professionalization of social services，社会服务的专业化，135—36；in settlement houses，在定居屋，*124*；single-family households and，独户住宅以及，201—2；social housekeeping，社会管家，124—25；suffrage movement and，选举权运动以及，96；two-job burden and，两份工作的负担以及，14，101—2；in urban households，在城市家庭，51—52；wages-for-housework initiatives，给家务劳动支付工资的倡议，19—20，200—201；

women as supervisors，妇女作为监管者，3，24—25，40，69—70，111—12；WWII and，二战以及，136—37。See also caring labor; home as workplace; separate spheres; urban households，还可参阅照顾性劳动；家作为一种工作场所；分离领域；城市家庭

housewives，家庭主妇：affluent housewives，富裕的家庭主妇，40—49；consumerism and，消费主义以及，58—60，59；in farm households，在农村家庭，1—3，2，12，23—24；household businesses and，家庭商业以及，37；household technology and，家庭技术以及，59—60，87—88；immigrants and，移民以及，89；normative standard for，对……的规范标准，136—37；as post-WWII "crypto-servants"，作为二战后的"秘密仆人"，138—39；poverty and，贫穷以及，52—54；professional careers and，职业生涯以及，134—35；volunteerism and，志愿主义以及，139—42；white women as，白人妇女作为，11—12，14；women's self-esteem and，妇女的自尊心以及，137—38。See also marriage and domestic partnership，还可参阅婚姻和家庭伴侣

Howland, Marie Stevens，豪兰，玛丽·史蒂文斯，45

Hull House，赫尔之家，125

immigrants，移民：domestic code and，家内准则以及，69—70，78—79；employment discrimination and，就业歧视以及，83—84；as "global nannies"，作为"全球保姆"，184；nineteenth-century wage work and，19世纪的工资劳动以及，79—83，79；reform initiatives for，对……的改革倡议，120—21；shared pricing and buying，共享定价和购买，143—44；twenty-first century economic status，21世纪的经济地位，186；women's textile work and，妇女的纺织工作以及，67—69

individualism and competitiveness，个人主义和竞争力，10，14，109—11，161—62，193，200。See also success ethic，还可参阅成功伦理

industrialization，工业化：boardinghouses，宿舍，65；concept of work and，工作的概念以及，1—3；early U.S. industrial independence，美国早期的工业独立，37—38；garment industry and，服装业以及，37—38，61—62，62，90—92，91；globalization，全球化，164，176—77，184；household consumer goods，家庭

消费品，58—60，*59*；household manufacturing，家庭制造业，30—31，34—36；industrial job model，工业化工作模式，206—7；industrial workforce discipline，工业化劳动力纪律，6，*9*；post-WWI Great Migration，一战后大移民，57—58；Taylorism and scientific management，泰勒主义和科学管理，48—49，105—6，*105*；working conditions for women，妇女的劳动环境，63—69，*64*，*72*，90—93，99—100；WWII-era women's jobs，二战时期妇女的工作，*148*，151—55，*152*，*155*。See also machines and automation; market economy，还可参阅机器和自动化；市场经济

information society，信息社会，1—3，176，206

International Ladies Garment Workers Union，国际女装工人联合会，99

International Typographical Union，国际印刷联合会，95

Jefferson, Thomas，杰斐逊，托马斯，62

Jewish women，犹太妇女，54，83—85，98—99

job market for women，妇女的就业市场：colonial-era wage and trade work，殖民地时期的工资和贸易工作，30—31；corporate office work，公司办公室工作，102—8，*105*，124，132，151；demo-graphics of working women，劳动妇女的人口统计，17—20，*19*，136，147；domestic code and，家内准则以及，74—78；employment discrimination and，就业歧视以及，83—84；glass ceiling，玻璃天花板，181，183，194；Great Depression and，大萧条以及，149—51；helping professions，帮助性职业，129—34，*131*，165—66；managerial and policy-making positions，管理和决策位置，131—33，158，167—68，173—74，179—80；paid domestic work，带薪的家庭工作，14，49—50；post-WWII demographics，二战后人口统计，18—19，155—56，160；prevalence of menial jobs，卑微工作的普遍存在，10—11；professional associations and，专业协会以及，134；retail sales，零售，106；"separate space" discourse and，"分离领域"话语以及，13—14；STEM careers，STEM 职业，179—80，180；women as factory workers，妇女作为工厂工人，63—69，90—93，*91*；WWII and，二战以及，136—37，*148*，151—55，*152*，*155*。See also wage work; and *particular careers*，还可参阅工资工作；以及特殊职业

Katz, Michael，卡茨，迈克尔，10
Kelley, Florence，凯利，弗洛伦丝，124
Klaczynska, Barbara，克拉琴斯卡，芭芭拉，84
Knights of Labor，劳动骑士团，70，74，97
Kraditor, Aileen，克拉多特，艾琳，69—70
Kreps, Juanita，克雷普斯，胡安妮塔，164，199—200

labor movement，劳工运动：antidiscrimination legislation and，反歧视立法以及，169—70；criminalization of organized labor，有组织的劳工的刑罚化，10—11；discrimination against women in，在……中消除对妇女的歧视，74，99—100，165，181—82；domestic code and，家内准则以及，70，101—2；factory workforce，工厂劳动力，4；feminist agenda of the 1970s，20世纪70年代的女权主义议程，165—75；feminist economics and，女权主义经济学以及，167—68；globalization and，全球化以及，176—77，184；moral reform movement and，道德改革运动以及，128—29；post-WWII opposition to，二战后反对，163—64；revival of women's involvement in，妇女重新加入，204—5；teacher unions，教师工会，204—5；trade unions，行业工会，11，52，74，94—102，*107*，123，127—28，161—65，170，181，195，199，204—5；urban households and，城市家庭以及，51—52；women as strikebreakers，妇女充当工贼，73，95；women's protective labor legislation and，妇女的保护性劳工立法以及，99—102。See also women's labor movement; *and particular unions*，还可参阅妇女劳工运动；以及特殊工会

Ladd, William，拉德，威廉，114
Ladies Garment Workers Union，女装工人联合会，128
*Ladies' Home Journal*，《妇女家庭杂志》，47，58，104，142—43
Lathrop, Julia，莱思罗普，朱莉亚，124—25
Latina women，拉丁裔妇女，160，196—97
law and government，法律与政府：1960s-era anti-poverty programs，20世纪60年代的反贫困项目，159—60；austerity politics and，紧缩政治以及，186—87；caring labor as public good，作为一种公共福利的照顾性劳动，205—6；Civil Rights Act of

1964，1964年《民权法案》，168；domestic worker regulations，家政工培训，87；employer‐bias in，……中的雇主偏见，4；Equal Employment Opportunity Act of 1972，1972年《公平就业机会法》，168—9；Equal Pay Act of 1963，1963年《公平工资法》，168；Equal Rights Amendment (ERA)，《平权修正案》，101，168，*169*，174；Family and Medical Leave Act (FMLA)，《家庭与医疗休假法》，195；inheritance and property laws，继承和财产法，3，6；maximum‐hours legislation，最高工时立法，126—27；New Deal recovery legislation，罗斯福新政的复苏立法，150—51，162；Personal Responsibility Act of 1996，1996年《个人责任法》，191；Pregnancy Disability Act，《妊娠残疾法》，171；protective labor legislation，保护性劳工立法，99—102，126—27；support for child‐care and education，支持育儿和教育以及，187—89，193；tax‐credit support programs，税收抵免支持计划，171—72，188，192—93；Title IX (Educational Amendments of 1972)，1972年《教育修正案》第9条，169，173—74；two‐earner household ban，双职工家庭禁令，149；vagrancy laws，流浪法，4，20，49，82；Vocational Education Act of 1917，1917年《职业教育法》，107—8；women in political office，妇女担任政治职务，*166*，*173*；women in the legal profession，从事法律职业的妇女，130—33

League of Women Voters，妇女选民联盟，140

"leaning in" debate，"向前一步"争论，*183*，184—85

Lerner, Gerda，勒纳，戈达，120

library profession，在图书馆工作，134

Loeser, Herta，勒泽尔，赫塔，141

Lowell, Francis Cabot，洛厄尔，弗朗西斯·卡伯特，65

Lowell, Josephine Shaw，洛厄尔，约瑟芬·肖，121，126—27

Lowell textile mills，洛厄尔纺织厂，65—68，*67*，96—97

Lundberg, Ferdinand，伦德伯格，费迪南德，138

Lynd, Robert and Helen，林德，罗伯特和海伦，58

Lyon, Mary，里昂，玛丽，112

machines and automation，机器和自动化，4，37—38，61—62，*62*。See also industrialization，还可参阅工业化

mail‐order catalogs，邮购商品目录，50

management jobs，管理工作，

131—33, 158, 167—68, 173—74, 179—80 manufacturing, 制造业。See industrialization, 可参阅工业化

market economy, 市场经济: consumer-based labor actions, 面向消费者的劳动行为, 95—96, 126—27; early consumer market, 早期消费市场, 3, 22—23, 38; farming adoption of, 农事对……的接受, 63; gendered consumer market, 性别化的消费市场, 143; gendered labor market, 性别化的劳动力市场, 73—74, 85, 103, 156, 167, 204; household consumer goods, 家庭消费品, 58—60, 59; laissez-faire government and, 自由放任政府以及, 109; "lean-in" strategy and, "向前一步"策略以及, 185; marital status and, 婚姻的地位以及, 108, 150, 160; as men's sphere, 作为男性的领域, 145—46, 191, 203; neoliberalism and, 新自由主义以及, 161—63; post-WWII labor market, 二战后的劳动力市场, 157, 160, 165, 178—81; racial labor market, 种族的劳动力市场, 88; ready-made clothing, 成衣制造业, 90—91; retail sales, 零售业, 106; shopping and conspicuous consumption, 购物和炫耀性消费, 142; as women's sphere, 作为妇女的领域, 17。See also capitalism; individualism and competitiveness, 还可参阅资本主义；个人主义和竞争力

marriage and domestic partnership, 婚姻和家庭伴侣: alternatives to heteronormative marriage, 异性婚姻的替代品, 167, 176, 199, 201—3; anti-poverty programs and, 反贫困项目以及, 197; demographics of marriage, 婚姻人口统计, 21—22, 136; husband-derived identity, 源于丈夫的身份认同, 16, 139, 142; indentured servitude and, 契约仆役以及, 29; inheritance and property laws, 继承和财产法, 2, 6; love as factor in, 爱情作为一个因素, 157—58; middle-class wife role, 中产阶级妻子的角色, 40—41; post-WWII marriage changes, 二战后婚姻变化, 156—57; rejection of marriage, 拒绝婚姻, 117; same-sex and transgender families, 同性和跨性别家庭, 191—92; two-income families, 双收入家庭, 149, 183; wage work and, 工资工作以及, 82—83, 108。See also divorce; housewives; separate spheres; unmarried women, 还可参阅离婚；家庭妇女；分离领域；未婚妇女

Mayer, Marissa, 梅耶尔, 玛丽莎, 184

medical profession, 医生职业, 117, 123—24, 130—34, 142

man, 男性: caring labor and, 照顾性劳动以及, 203—4; child-rearing role, 育儿角色, 32, 40, 183, 191—92, 197—98; domestic code effect on, 家内准则对……的影响, 74—76; employment discrimination and, 就业歧视以及, 170, 175; garment industry workforce and, 服装业劳动力以及, 90—91; household work sharing, 分担家务, 19, 197—98; "separate space" discourse and, "分离领域"话语以及, 10; success ethic and, 成功伦理以及, 11; workplace as source of freedom, 工作场所是自由的源泉, 3

mercantilism, 重商主义, 35—36

midwifery, 助产士, 134

miners, 矿工, 98

Mitchell, S. Weir, 米切尔, S. 威尔, 117

morality, 道德: competitiveness/individualism and, 竞争力或个人主义以及, 10—11, 14, 109—11, 161—62, *163*; consumption ethic, 消费伦理, 58; domestic code and, 家内准则以及, 69—70, 74—76, 101—2; home as maternal sanctuary, 家作为母亲的避难所, 14, 40—42, 63—65, 111, 117—18; household efficiency and, 家庭效率以及, 32, 47—49; household hygiene and sanitation, 家庭清洁和卫生, 47—48; "immoral" work environments, "不道德"的工作环境, 99; manufacturing as moral training, 作为一种道德训练的制造业, 65—69; morality of success and, 成功的道德以及, 10—11; prostitution and, 妓女以及, 116; social Darwinism, 社会达尔文主义, 121; temperance movement and, 戒酒运动以及, 122; women as moral reformers, 作为道德改革者的妇女, 111—12; women's office work and, 妇女的办公室工作以及, 103, 158。See also home as moral space; reform movement; religion, 还可参阅作为一种道德空间的家庭; 改革运动; 宗教

Morgan, Edmund, 摩根, 埃德蒙, 4

Morgan, Marabel, 摩根, 马拉贝尔, 145

Mott, Lucretia, 莫特, 柳克丽霞, 114

Nathan, Maude, 内森, 莫德, 126—27

National Advisory Committee on Women, 美国全国妇女咨询委员会, 168

National American Women's Suffrage

Association (NAWSA),美国全国妇女选举权协会,96

National Association of Colored Women,美国全国有色人种妇女协会,120,*128*

National Association of Manufacturers,美国全国制造商协会,100

National Association of Working Women ("9 to 5"),美国全国职业妇女协会("朝九晚五"),164

National Consumers League (NCL),美国全国消费者联盟,95,106,126

National Labor Union,美国全国劳工联合会,74

National Organization for Women (NOW),美国全国妇女组织,165,168

National Trades Union,美国全国行业工会联盟,71

National Welfare Rights Organization (NWRO),美国国家福利权利组织,162,165

National Women's Party,美国全国妇女党,101

National Women's Political Caucus,美国全国妇女政治党团,165

National Women's Trade Union League (NWTUL),美国全国妇女工会联盟,95,99,101,127—29,*127*

Native American women,本土美国妇女,4,186

neoliberalism,新自由主义,161—64

neurasthenia,神经衰弱症,117—18,123

Nevinson, Elizabeth,内文森,伊丽莎白,32

Newman, Pauline,纽曼,保利娜,128

New Woman movement,新妇女运动,95—96

"9 to 5" (National Association of Working Women),"朝九晚五"(美国全国职业妇女协会),164

Nixon, Richard,尼克松,理查德,171—72

nursing profession,护士职业,123—24,134

nutrition and cooking,营养和烹饪,43—44,47—48,*48*,56—57,142—43

office work,办公室工作:childcare policies for,对……的儿童托育政策,184,194—95,203—4;information society and,信息社会以及,1—2,176,206;New Deal office jobs,罗斯福新政的办公室工作,151;Taylorism and scientific management,泰勒主义和科学管理,105—6,*105*;women's office jobs,妇女的办公室工作,*104*,158,167—68

Oppenheimer, James,奥本海默,

詹姆斯，16
O'Sullivan, Mary Kenney，奥沙利文，玛丽·肯尼，124，127

Parton, Sarah Payson Willis，帕顿，莎拉·佩森·威利斯，16
Peirce, Melusina Fay，皮尔斯，梅鲁西娜·费伊，45
Penny, Virginia，佩妮，弗吉尼亚，77—78
personnel service profession，个人服务业，133
Philadelphia Trades Association，费城行业协会，72
Pinchbeck, Ivy，平奇贝克，艾维，14
poverty，贫困：anti-poverty programs，反贫困项目，159—60，162，163；household work and，家务工作以及，49—57，*52*，*55*；living wage，生活工资，70—71；minimum wage and，最低工资以及，70—72，99—100，189，*190*，196—97，204—5；moral reform and，道德改革以及，112，120—21；tenements and slums，租房和贫民窟，48，53，112，125；unemployment rate，失业率，172—73，187—89；wage work as necessity and，作为一种必需品的工资工作以及，59—60，85—86。See also class，还可参阅阶级
prison incarceration，大规模监禁，112，186—87
progressivism，进步主义，129—30。See also reform movement，还可参阅改革运动
property，财产：inheritance and property laws，继承和财产法，3，6；marital property rights，婚姻财产权，15—16；as masculine concern，作为一种男性关切，132；preindustrial commons，前工业时代的公地，4；women's socioeconomic status and，妇女的社会经济地位以及，30—31
prostitution，妓女，71，77—78，93，116
protective labor legislation，保护性劳工立法，99—102，126—27
Puritanism，清教主义，5，7，69—70

reform movement，改革运动：consumer leagues，消费者联盟，126—27；domestic reform movement，家庭改革运动，56—57，87；equal rights movement，平权运动，147—49；Female Moral Reform Society，女性道德改革协会，116；leisure-class boredom and，有闲阶级的无聊以及，95—96，117—18，123，144—46，201—2；maternal virtue and，母性的美德，117—18；post-WWII volunteerism，二

战后的志愿主义，139—42；social justice and，社会正义以及，122—29；temperance movement and alcohol，戒酒运动和酗酒，83，110，122；utopian reform communities，乌托邦改革公社，112；women as Christian reformers，妇女作为基督教改革者，111—12；women as moral reformers，妇女作为道德改革者，111—12；women's auxiliary units，妇女的辅助单位，116。See also morality; progressivism; settlement houses，还可参阅道德；进步主义；定居屋

religion，宗教：communal resistance and，公共抵抗以及，143—44；morality of success and，成功道德以及，10—11；Puritan work ethic，清教工作伦理，4—5；women as Christian reformers，妇女作为基督教改革者，111—12。See also morality，还可参阅道德

rent strikes and anti-eviction actions，房租罢工和反驱逐行动，144

Richards, Ellen，理查兹，艾伦，47

Robins, Margaret Dreier，罗宾斯，玛格丽特·德赖尔，127

Rodman, Henrietta，罗德曼，亨丽埃塔，96

Roosevelt, Eleanor，罗斯福，埃莉诺，149

Roosevelt, Theodore，罗斯福，西奥多，129

Rossi, Alice，罗西，爱丽丝，11

Rothman, Sheila，罗斯曼，希拉，119，121

Sandberg, Sheryl，谢丽尔，桑德伯格，*183*，184—85

Sanders, Bernie，桑德斯，伯尼，198，*198*

Sanger, William W.，桑格，威廉·W.，*77*

Schafly, Phyllis，沙夫利，菲莉丝，*174*

Schneiderman, Rose，施奈德曼，罗斯，128

Schuyler, Louisa Lee，斯凯乐，路易莎·李，121

Scott, Anne Firor，斯科特，安妮·菲罗，43

Scudder, Vida，斯卡德，维达，124

seamstresses/sewing women，女裁缝或缝衣女工：as communal work，作为公共工作，34；as consumer good，作为消费品，37—38，58；home-sewing income，家庭缝纫收入，83，85，136；as household work，作为家务劳动，23—24，43，137；training for，对……的培训，10，21，*124*；as wage work，作为工资工作，76，80—81，84，90—92；WWPU representation of，WWPU代表，94

Sears and Roebuck catalog，西尔斯和巴罗克商品目录，50

separate spheres，分离领域：consumption ethic and，消费伦理以及，58；decline of，的衰落，176；feminist agenda and，女权主义议程以及，165—66；home economics as gendered training，作为一种性别化培训的家庭经济学，47，159；maternal child-rearing and，母亲养育孩子以及，41，200；melding of wage and caring，融合工资劳动和照顾性劳动，206—8；moral reform and，道德改革以及，117—18；opposition to working women，反对劳动妇女，155—56；overview，概况，12—16；unemployment statistics and，失业统计以及，172—73；welfare reform and，福利改革以及，191—92；women in combat，争议中的妇女，199；WWII and，二战以及，137—38，147。See also caring labor; gender; home as moral space; home as workplace; marriage and domestic partnership，还可参阅照顾性劳动；性别；作为一种道德空间的家庭；作为工作场所的家庭；婚姻和家庭伴侣

servants，佣工。See domestic servants; service industry; slavery，可参阅家庭佣工；服务业；奴隶制

Service Employees International Union (SEIU)，国际服务业雇员工会，164

service industry，服务业：employment discrimination and，就业歧视以及，83—84；globalization and，全球化和服务业以及，177，178，*179*；poverty as motivation for，贫穷作为动机，85—89；professionalized caring labor，专业照顾性劳动，177，193，*194*，200—201，205—6；prostitution and，妓女以及，77—78；tipping income，小费收入，196。See also caring labor; domestic servants，还可参阅照顾性劳动；家庭佣工

settlement houses，定居屋：56，122—23，*124*。See also reform movement，还可参阅道德改革

sexual violence，性暴力：austerity politics and，紧缩政治以及，186；labor movement anti-harassment initiatives，劳工运动反性骚扰倡议，164；#MeToo movement，#"我也是"运动，181—82；slave rape and forced pregnancy，奴隶强暴和被迫怀孕，25—26，39—40；in WWII-era factory jobs，二战时期工厂的性骚扰，153—54

sharecropping，分成制，49—50，*51*

Simkhovitch, Mary Kingsbury，西姆霍维奇，玛丽·金斯伯格，

122—23

single women，单身母亲。See unmarried women，可参阅未婚妇女

Slater, Samuel，斯莱特，塞缪尔，61，63

Slaughter, Anne-Marie，斯劳特，安妮-玛丽，184

slavery，奴隶制：in colonial households，殖民地家庭中的，23—34；earned freedom and，挣得自由以及，6，27；industrialization and，工业化以及，38；plantation mistresses，种植园女主人，24—25；post-emancipation domestic work，后解放时代的家庭工作，49—50；preindustrial work and，前工业化时代的工作以及，1—2；resistance movement and，反抗运动以及，6，30；sharecropping and，分成制以及，49—50，*51*；slave women and children，妇女和儿童奴隶，5—6，*5*，38—39，*39*；women's antislavery movement，妇女废奴运动，112—14，*113*；work motivation and，工作动机以及，6。See also domestic servants，还可参阅家庭佣工

social work，社会工作，129，*131*，*133*，134，135

Spriggs, Elizabeth，斯普利格斯，伊丽莎白，29—30

Spruill, Julia，斯普鲁伊尔，朱莉亚，6，24

Stanton, Elizabeth Cady，斯坦顿，伊丽莎白·卡迪，114

Stevenson, Mary，史蒂文森，玛丽，167—68

Stokes, Rose Pastor，斯托克斯，罗斯·帕斯特，124

Stowe, Harriet Beecher，斯托，哈丽雅特·比彻，43

suburban households，郊区家庭，138—42

success ethic，成功伦理，8—11，109—11。See also individualism and competitiveness; work，还可参阅个人主义和竞争力；工作

suffrage movement and voting，选举权运动和投票，96，*97*，130，*141*，187

Tarbell, Ida，坦贝尔，艾达，130

Taylor, Frederick，泰勒，弗雷德里克，48—49，105—6

Taylorism and scientific management，泰勒主义和科学管理，48—49，105—6

temperance movement and alcohol，戒酒运动和酗酒，83，122

Temporary Assistance to Needy Families (TANF)，贫困家庭临时援助计划，193

tenements and slums，租房和贫民窟，*48*，53，125

Terrell, Mary Church，特雷尔，玛丽·丘奇，*128*

textile and garment industry, 纺织和服装业。See garment and textile industry, 可参阅服装和纺织业

trade, 贸易: colonial-era barter, 殖民地时期的交易, 25, 34; commercial artisans and, 商业工匠以及, 3—4, 23, 61—62; mercantilism, 重商主义, 35—36; U.S. southern colonies and, 美国南部殖民地和贸易以及, 4—5。See also market economy, 还可参阅市场经济

transgender identity, 跨性别身份, 192, 202—3, 203

*Treatise on Domestic Economy* (Beecher), 《家政论》(比彻), 43

Trump, Donald, 特朗普，唐纳德, 182, 192, 195, 199

Truth, Sojourner, 特鲁思，苏裘娜, *113*

Tryon, Rolla Milton, 特里昂，罗拉·米尔顿, 37

underbidding, 出价过低, 90

unions, 工会。See labor movement; women's labor movement; and particular unions, 可参阅劳工运动；女工运动；以及特殊工会

Union Wage, 工会工资, 165

United Auto Workers, 美国汽车工人联合会, 170

United States Children's Bureau, 美国儿童局, 125

United States Department of Health, Education and Welfare (HEW), 美国卫生、教育和福利部, 19—20

United States Department of Labor, Women's Division, 美国劳工部妇女局, 100

unmarried women, 未婚妇女: college education and, 高等教育以及, 117; colonial-era work opportunities, 殖民地时期的工作机会, 30—31; divorce and postponed marriage, 离婚和晚婚, 156—57; as domestic workers, 作为家庭工人, 3, 32; as land owners, 作为土地所有者, 6; as moral reformers, 作为道德改革者, 111—12, 125—26; professional careers, 职业生涯, 134—35; single mothers raising children, 单身母亲抚养孩子, 19, 145, 171, 186, 188, 189—90, 197—98; tax rate for, 对……的税率, 171—72; vagrancy laws and, 流浪法以及, 4; as wage workers, 作为工资工人, 38, 64, 74—76, 79—83, 98—99, 108, 151。See also marriage and domestic partnership, 还可参阅婚姻和家庭伴侣

urban households, 城市家庭: female wage-earners and, 妇女挣工资者以及, 74—76; post-

WWI Great Migration，一战后大移民，57—58；tenements and slums，租房和贫民窟，48，53，112，125；urban middle class，城市中产阶级，69；urban reform initiatives，城市改革倡议，120—21；volunteerism in，志愿主义，139—40；wages and cost-of-living in，……中的工资和生活成本，51—52。See also household work，还可参阅家庭工作

vagrancy laws，流浪法，4，20，49，82
Vanek, Joann，瓦内克，安娜，60
Van Kleeck, Mary，范·克利克，玛丽，92
Veblen, Thorstein，凡勃伦，索恩斯坦，117，142
Virginia Company，弗吉尼亚公司，4—5
Visiting Nurses Association，探访护士协会，123—24

wage/income inequity，工资或收入不平等：distribution of power and，权力分配以及，207—8；equal pay statute proposal，同工同酬提案，192；"maternal penalty"，"母职惩罚"，194—95；occupational segregation and，职业隔离以及，158—59；post-WWII wage overview，二战后工资概况，*182*；protective labor legislation and，保护性劳工立法以及，101—2；rationale for women's low wages，妇女低工资的原理，10—11，102—3；service industry and，服务业以及，164；Social Security and taxation and，社会保障和税收以及，172；twenty-first century wages，21世纪工资，177—79；underbidding，出价过低，90

wage work，工资工作：child labor，童工，33，64，81，82—83，125；domestic code and，家内准则以及，69—70，101—2；domestic workers and，家庭工人以及，13，184；economic independence as goal，经济独立作为目标，96；effect on household labor，对家务劳动的影响，1—3；gender competition for，性别竞争，71—72；jobs as identity component，工作作为身份构成要素，207；living wage，生活工资，70—71；minimum wage，最低工资，70—72，99—100，189，190，196—97，204—5；as moral obligation，作为一种道德责任，162—63，*163*，191；nineteenth-century wage work，19世纪工资工作，13，72，78—79，*79*，82；poverty as motivation for，贫穷是从事……的动机，59—60，85—86；real wages and benefits，真正的工资和福利，170—71，195—97；retail sales，零售，106；street-corner hiring，街角雇佣，88，89；supplemental wages，补充工资，71，74—76；twentieth-century wage work，21世纪工资工作，147；underbidding，出价过低，90；urban households and，城市家庭以及，51—52；volunteerism and，志愿主义以及，141—42；wages-for-housework movement，为家务争取工资运动，200—201；women as supervisors，妇女作为监督者，101，165—66；workforce efficiency，劳动力效率，204。See also job market for women; market economy; service industry; work，还可参阅妇女的就业市场；市场经济；服务业；工作

Wald, Lillian，沃尔德，莉莲，122—23

Wallace, Anthony，华莱士，安东尼，55

Walling, William English，沃林，威廉·英格利希，127

Walmart，沃尔玛，196

Ware, Carolyn，瓦雷，卡洛琳，68

Washington, George，华盛顿，乔治，7

Watson, John，沃森，约翰，135

Weinstein, Harvey，韦恩斯坦，哈维，182

Welter, Barbara，韦尔特，芭芭拉，14—15

Willard, Emma，威拉德，艾玛，112

Willard, Frances，威拉德，弗朗西斯，122

Wishy, Bernard，维西，伯纳德，42

Woman's Christian Temperance Union (WCTU)，基督教妇女禁酒联合会，122

Women Office Workers，办公室女职员，165

Women's Bureau，妇女局，153

Women's Educational and Industrial Union，妇女教育和工业联合会，95，107

Women's Equity Action League，妇女平等行动联盟，165

women's labor movement，女工运动：alliances with male unions，与男工工会的联盟，94，97；"bread and roses" workplace demands，"面包和玫瑰"工作场所诉求，16—17；development of，的发展，93—95；domestic code and，家内准则以及，71—73，101—2；domestic worker resistance，家政工人反抗，87—88；eight-hour workday，8小时工时，4；forty-hour work week，40小时工作周，18；Lowell textile strikes，洛厄尔纺织厂罢工，65—68；negotiating skills of women，妇女的谈判技巧，98—99；protective labor legislation,

保护性劳工立法，99—102；strikes and，罢工以及，16，*94*，*98*，98—99。See also labor movement; *and particular unions*，还可参阅劳工运动；以及特殊工会

Women's Trade Union League (WTUL)，妇女工会联盟，99，102，*127*，128

work (definition and concept)，工作（定义和概念），1—5，19—20。See also wage work，还可参阅工资工作

Work Incentives (WIN)，工作激励计划，172

Working Girls Clubs，劳动女孩俱乐部，95

Working Women's Protective Union (WWPU)，劳动妇女保护联盟，94

World War II，二战，18—19，57，136—37，*137*，147，*148*，151—55，*152*，155

Wright, Carroll，赖特，卡罗尔，71，93

Wright, Frances，赖特，弗朗西斯，112

Wright, Martha Coffin，赖特，玛莎·科芬，43

Yezierska, Anzia，耶泽尔斯卡，安齐娅，54

Young Women's Christian Association (YWCA)，基督教女青年会，86，95

Young Women's Hebrew Association (YWHA)，希伯来女青年会，95

Zellner, Harriet，泽尔纳，哈丽雅特，167—68

# 致谢
（2018 年版）

在《妇女一直在工作》（2018 年版）中，我吸收了两代读者的评论和洞见，对文本稍微做了一些修改，还修订了一些说明性材料。我要感谢这些读者，磨炼了我的才智，让原本平淡的文字增色不少。同样要感谢詹妮弗·塔米（Jennifer Tammi）和艾莉森·柯克帕特里克·鲍尔斯（Allison Kirkpatrick Powers）的研究并为新插图提供了材料。詹姆斯·恩格尔哈特（James Engelhardt）、泰德·林格（Tad Ringo）以及伊利诺伊大学出版社的工作人员，包括埃琳娜·利思（Elena Leith）、阿列克夏·拉森（Alexxa Larsen）和艾莉森·塞林（Alison Syring）等，坚定又不失灵活地完成了整个出版过程。对此我深表感激。

自《妇女一直在工作》（1981 年版）出版以来的超过35年时间里，男人和女人的生活和期待发生了革命性的变化。我们不再把男人或女人当作固定的、彼此分离的类别来讨论。我们也不再像过去那样，把"工作"理解为生产过程中有酬劳的那部分。种族、性别、阶级，如今在历史叙述中是密不可分的，任何一个拿出来都无法独立解释经济和社会变迁。本书标题曾经让人震惊,但如今则成了老生常谈,不会让任何人感到意外。但本书作为一个整体,仍然在历史理解的框架之内,久而久之,这些历史理解,即便没有支配我们的想象力,至少也支配了我们的行为。

一如既往,我对挚爱伯特的感谢溢于言表。本书献给我的女儿伊洛娜。第一次出版时她16岁。和任何人一样,她和她的继姐妹们——朱莉和德沃拉——都非常清楚,妇女一直在工作。孩子们,感谢你们教会我。

# 致谢
（1981年版）

本书脱胎于更大范围的研究，也孕育了更大范围的研究。其中的很多观点都是其他研究的成果，只不过在本书中第一次出现而已——或许，本书的观点也会进一步启发更多研究，提出更多观点。自从20世纪70年代初开始研究工资女工的历史以来，我得到了各种机构慷慨的研究资助和支持，包括美国哲学协会、拉比诺维茨基金会和美国国家人文基金会。我非常感谢这些机构，同时也要感谢拉德克利夫研究所为我提供半年的住宿，还要感谢霍夫斯特拉大学给了我几次假期，让我能够充分利用研究基金。

本书草稿从很多挚友和同事的批评中获益良多。布兰奇·维尔森·库克（Blanche Wirsen Cook）、艾米·斯沃德罗（Amy Swerdlow）、菲莉丝·瓦因从头到尾阅读了草稿，提出了犀利的批评和很多具体的建议。女权主义出版社的伊丽莎白·菲利普斯（Elizabeth Phillips）是一位知识渊博的全能型编辑，充满鼓舞人心的热情。伯特·西尔弗曼（Bert Silverman）清晰的视野，鼓励我在本书中发现一些与社会变革斗争的联系，就像我们合作过的很多项目一样。

我把本书献给我的女儿伊洛娜。她不仅参与了本书的创作,还是本书的第一位读者。